3 8002 01532 2011

D1777910

Jo Pestum
wurde 1937 geboren, er ist verheiratet und hat zwei Kinder. Nach einem
Studium der Malerei und verschiedenen künstlerischen Berufen begann er
mit dem Schreiben von Kinder- und Jugendbüchern. Seit 1971 ist er freibe-
ruflich als Schriftsteller, Maler und Drehbuchautor tätig. Mittlerweile sind
über 100 Bücher von ihm erschienen, die in zahlreiche Sprachen übersetzt
wurden.

Jo Pestum

Abenteuer auf dem
Pferdehof

Schneider
Buch

Die Deutsche Bibliothek – CIP-Einheitsaufnahme

Pestum, Jo:
Abenteuer auf dem Pferdehof / Jo Pestum. – München :
Egmont Schneider, 2001
    ISBN 3-505-11627-0

Dieses Buch wurde auf chlorfreies,
umweltfreundlich hergestelltes
Papier gedruckt. Es entspricht den
neuen Rechtschreibregeln.

Der Schneider Verlag im Internet:
http://www.schneiderbuch.de

© 2001 by Egmont Franz Schneider Verlag GmbH
Schleißheimer Straße 267, 80809 München
Alle Rechte vorbehalten
Dieser Sammelband enthält folgende Titel:
Lenas neue Freunde (1993)
Der geheimnisvolle Schimmel (1993)
Lenas Fahrt zum großen Fest (1993)
Titelfoto: Ulla Rafail
Satz: FIBO Lichtsatz GmbH, Unterhaching, 11˙ Garamond
Druck und Bindung: Clausen & Bosse, Leck
ISBN 3-505-11627-0

01 02 / 8 7 6 5 4 3 2 1

Inhalt

Lenas neue Freunde

Der geheimnisvolle Schimmel

Lenas Fahrt zum großen Fest

Lenas neue Freunde

Ankunft auf dem Pferdehof

War das ein Tag! Die Morgensonne brachte die taunassen Wiesen zum Funkeln. Am Straßenrand leuchteten zwischen blühenden Gräsern Kuckucksnelken und Butterblumen, Löwenmäulchen, Disteln und Kornblumen, roter Klee, blaue Glockenblumen und Mohn. Verspielte Jungbullen übten Boxen auf den ausgedehnten Weiden, und ernsthafte Kühe grasten in Ruhe. Da waren auch Pferde auf den Koppeln, große Herden von braunen, grauen und schwarzen Pferden, Fohlen mit staksigen Beinen dazwischen und gescheckte Ponys. Außerdem hatten die Sommerferien begonnen. Doch noch schöner war, dass sie sich auf der Fahrt zum Pferdehof befanden, ihrem neuen Zuhause.

Lena spürte Schmetterlinge im Bauch. So ein verrücktes Gefühl aus Aufregung und froher Erwartung! Sie hockte mit Pitt, dem jüngeren Bruder, auf der Rückbank des Volvo-Kombi, und zwischen ihnen thronte Ronja, die zottelige Mischlingshündin. In der Stadtwohnung hatten die Eltern keinen Hund geduldet. Aber als der Tag für den Umzug aufs Land feststand, waren sie alle miteinander zum Tierheim gefahren und hatten sich sofort in den dunklen Wuschelhund verliebt. Weil Pitt behauptete, so sähen Räuberhunde aus, entschieden sie sich für den Namen Ronja, und der Hündin gefiel der Name offensichtlich. Wie sie früher einmal geheißen hatte, wusste auch der Leiter des Tierheims nicht, denn Ronja war von der Autobahnpolizei gefunden worden. Wahrscheinlich hatten gemeine Leute das Tier einfach ausgesetzt.

Hanna saß am Steuer und pfiff selbst erfundene Melodien. Auf dem Sitz neben ihr türmten sich Blumenvasen und Topfblumen, auch überall im Fußraum und auf der Ladefläche rumpelten und klapperten Kannen und Kästen und Küchengegenstände und all der Kleinkram, den sie gar nicht erst in die Verpackungscontainer der Transportfirma gestapelt hatten.

Im Vorbeifahren schaute Lena in die Pappelalleen, die rechts und links der Straße zu ausgedehnten Gehöften führten. Tauben und Krähen fielen in Schwärmen in die reifen Gerstenfelder ein. Die Maisstauden schienen zu zittern, und die Wipfel der fernen Waldungen wiegten sich im Takt eines leisen Windes, der wie mit einer feinen Bürste sanft über Büsche und Bäume strich. Lena reckte sich hoch und begegnete dem Blick der Mutter im Rückspiegel.

„Gefällt dir die Landschaft?", fragte die Mutter.

„Klar, Hanna! Schön ist es hier." Warum ihr in diesem Augenblick die Freundinnen einfielen, wusste Lena nicht. Wie ein kleiner Schmerz war das Gefühl. Feierlich hatten Kerstin, Dörthe und sie einander geschworen, für immer Freundinnen zu bleiben, sich nie aus den Augen zu verlieren und sich so oft wie nur eben möglich zu besuchen, doch trotzdem spürte Lena auf einmal körperlich die Trennung, je weiter sich das Auto von der großen Stadt entfernte. Beinahe trotzig dachte Lena: Das ist doch für alle Ewigkeit abgemacht, dass unsere Freundschaft weitergeht.

Hatte Hanna ihre Gedanken erraten? Sie sagte: „Wenn Dörthe und Kerstin von der Ferienreise zurück sind, kannst du sie ja gleich auf den Pferdehof einladen. Die werden Augen machen!"

„Das werden sie", bestätigte Lena.

„Was ist mit dir, Pitt?", fragte die Mutter. „Freust du dich auch ein bisschen auf das schöne Haus und auf dein neues Zimmer? Ein Superzimmer ist das!"

„Ich freue mich nicht!", knurrte Pitt. „Ich bin noch immer sauer, weil wir den Jonathan nicht mitnehmen."

„Aber Pitt!" Hanna schlug mit beiden Händen auf das Lenkrad. „Kannst du nicht endlich aufhören mit dem Quatsch? Als ob wir den Jonathan einfach mitnehmen könnten! Der geht doch nicht von seinen Eltern und seinen Geschwistern weg, bloß weil du dir das in den Kopf gesetzt hast."

„Der wohnt lieber bei mir als bei sich zu Hause", behauptete Pitt und kuschelte den Kopf in Ronjas Fell.

Wuff!, machte Ronja und schleckte mit ihrer langen Zunge Pitts linkes Ohr ab.

„Pitt ist Weltmeister im Blödsinnreden", sagte Lena kichernd.

Jetzt wäre Pitt eigentlich an der Reihe gewesen, seiner Schwester irgendetwas Freches zu antworten, doch seine Aufmerksamkeit wurde plötzlich von einer Maschine gefesselt, die von einem schweren Trecker über eine Wiese gezogen wurde und Heubündel zu riesigen Rollen presste.

Hanna zeigte mit der Hand schräg nach vorn. „Könnt ihr's sehen? Das ist Uhlendorf!"

Lena blinzelte gegen das helle Licht an. Fern am Horizont sah sie die Häuser des Dorfes, die wie Küken um eine fette Henne geschart waren, und die Henne war die Kirche, deren wuchtiger Turm viel zu groß schien für solch ein Dorf. Lena wusste: Ab jetzt wohnte sie in Uhlendorf. Zwar lag der Pferdehof mehr als sechs Kilometer vom Ort entfernt, doch ihre neue Anschrift hieß: Lena Belker, Pferdehof, Uhlendorf. Kerstin und Dörthe hatten sich diese Adresse längst aufgeschrieben.

Hanna ließ den Volvo langsam rollen. Lena fand es gut, dass sie sich ruhig und beinahe Schritt für Schritt der neuen Heimat näherten. Sie bogen an einem Bildstock, dessen Sandsteinrelief nicht mehr zu erkennen war, von der Straße in einen Fahrweg ein; der war mit Betonplatten belegt und von Haselnussbüschen und Birken gesäumt. Vier Fasanenhennen stoben flatternd und kreischend ins Rübenfeld davon.

Ronja schreckte auf und tobte und bellte, als hätte sie eine Bande von Einbrechern zu verjagen.

„Hör auf, du blöder Hund!", quiekte Pitt. „Du zerquetschst mich ja!" Dann begann er einen Ringkampf mit Ronja. Anscheinend war seine schlechte Laune verflogen.

„He, ihr Halbstarken! Der Wagen fällt auseinander, wenn ihr euch so kabbelt. Könnt ihr nicht warten, bis wir zu Hause sind?" Hanna hatte Mühe, das Lenkrad festzuhalten, weil ihr entweder der Junge oder der Hund im Nacken hing.

Bis wir zu Hause sind! Das hörte sich ganz neu und ganz aufregend an, aber Hanna sagte es so, als sei es etwas Selbstverständliches. Zu Hause! Lena flüsterte es unhörbar. Der Gedanke war noch unwirklich wie ein Zauber für sie. Die Schmetterlinge in ihrem Bauch rührten sich wieder.

Ein paar Wegkreuzungen noch, ein paar Kurven, dann lag der Pferdehof vor ihnen. Beim Heckenrosenrondell, das mitten auf dem gepflasterten Vorplatz lag, hielt Hanna den Wagen an. Pitt und Ronja kullerten als Erste nach draußen, Hanna folgte rasch. Lena stieg langsam und wie betäubt aus. Sie dachte: Ich träume.

Das Haus!

Wie schön es war! Als Lena es zuletzt gesehen hatte, waren drinnen und draußen die Handwerker herumgewieselt: Maurer und Stukkateure, Maler und Zimmerleute, Elektriker und Klempner. In der Hektik hatte Lena sich nur ein unvollständiges Bild machen können, doch nun lag das alte Haus ruhig und schön vor ihr und schien nur auf sie gewartet zu haben. Zu Hause! Ja, jetzt verstand Lena das. Sie schaute und schaute.

Buchsbaumstauden säumten den Kiesweg, der zur Freitreppe führte. Lena zählte fünf Stufen. Die Balken des Fachwerks bildeten formschöne Rahmen, die mit rotbraunen Ziegelsteinen ausgefüllt waren. Sandsteinblöcke umgaben die Fenster. Über der rundbogigen Haustür zeigte eine Steinmetzarbeit ein Blätterornament mit der Jahreszahl 1761. Über dem Obergeschoss lief das große Dach spitz zusammen. In diesem Dreieck gab es nur *ein* Fenster. Mein Zimmer, dachte Lena, dort ist mein Zimmer! Von dort aus kann ich über das ganze Land schauen. Über diesem Fenster war nur noch das runde Fledermausloch, das zum niedrigen Dachboden gehörte.

Doch gekrönt wurde der Dachfirst von den zwei hölzernen Pferdeköpfen, die wie Signale zu verkünden schienen: Hier ist der Pferdehof!

Von der Scheune, die links vom Haus stand, konnte Lena von ihrem Standpunkt aus nur einen efeubewachsenen Zipfel sehen. Der Pferdestall schloss sich an die Rückfront des Hauses an, der war von hier aus überhaupt nicht zu sehen. Überragt wurde das Wohnhaus von gewaltigen Ulmen.

„Träumst du?“, fragte Hanna leise.

Lena nickte. „Dass wir jetzt hier zu Hause sind!“

„Schön?“

„Ja, Hanna, wunderschön!“

Pitt hatte schon den Schlüsselbund aus Hannas Jacken-tasche stibitzt, denn für ihn war es Ehrensache, dass er als Erster das Haus betrat. Doch kaum hatte er die schwere Eichenholztür aufgeschlossen, da schlüpfte Ronja an ihm vorbei und bellte ihr erstes Hauskonzert. Wie das hallte in den leeren Räumen!

Lena fasste die Hand der Mutter. Gemeinsam gingen sie durch die kühle Diele in den großen Wohnraum mit dem offenen Kamin. Wie eine Halle wirkte dieses Zimmer, und es füllte die gesamte Breite des Hauses aus. Dahinter lagen die gekachelte Küche mit dem Herdfeuer und dem Rauch-fang und kleinere Vorrats- und Wirtschaftskammern.

Eine dunkle Holztreppe, deren Stufen ein wenig knarr-ten, führte vom Wohnzimmer aus zu einer Galerie hinauf, die wie eine Bühne mit geschnitztem Geländer aussah. Hier oben im ersten Stock waren das Schlafzimmer der El-tern, das Badezimmer, Pitts Behausung und ein Gästezim-mer. Doch da gab es eine Stiege, die ging noch ein bisschen höher hinauf in den Hausgiebel. Und dort war Lenas Zim-mer. Schon damals, als sie sich gemeinsam zum allerersten Mal den Pferdehof angeschaut hatten, hatte Lena für sich entschieden: Wenn dieses Haus wirklich unser neues Heim wird, dann will ich das Dachzimmer haben, denn es ist der schönste und heimeligste Raum im ganzen Haus.

Ob es dort oben denn nicht ein wenig einsam und vielleicht sogar unheimlich sein werde, hatte Hanna zu bedenken gegeben. Sie hatte auch vorgeschlagen, dass Lena den Raum neben dem Elternschlafzimmer nehmen solle und dass man doch das Gästezimmer unter dem Dach einrichten könne, aber Lena hatte nur laut gelacht. „Das Dachzimmer mit den schrägen Wänden ist wie ein Indianerzelt, und ich wollte schon immer in einem Wigwam wohnen. Ein bisschen unheimlich darf's außerdem ruhig sein. Das hab ich gern!"

Jetzt stieg Lena zu ihrem Indianerzelt hinauf. Ihr war sehr feierlich zu Mute. Die Tür war nur angelehnt. Ein Lichtstrahl malte einen Pfeil auf die Fußbodenbretter. Unwillkürlich trat Lena leise auf, als sie nun in ihr Zimmer ging und den Blick wandern ließ. Die Luft war stickig. Lena öffnete das Fenster, und sofort drangen Vogelgezwitscher und Düfte von Blumen, Heu und reifem Korn herein. Lena atmete tief ein, dann stand sie minutenlang still.

Eine Autohupe weckte sie aus ihrem Tagtraum.

Der Vater war angekommen! Und da brummte auch schon der Möbelwagen heran, dem der Vater mit dem Vectra vorausgefahren war, um für die Möbelpacker den Lotsen zu spielen. Schließlich war der Pferdehof für Ortsfremde nicht leicht zu finden.

Lena sprang zum Fenster. „Hallo, Gregor!", rief sie hinaus.

„Hallo, Lena!", rief der Vater. „Alles klar?"

„Alles klar!"

„Dann komm runter, Mädchen! Die Arbeit fängt an!"

Und wie die Arbeit anfing! Die Möbelmänner langten sofort kräftig zu. Auf eingeübte Weise trugen sie Schränke, Tische, Sofas, Sessel und Stühle ins Haus. Sie wuchteten Waschmaschine, Klavier, Elektroherd und Spülmaschine von der Ladefläche ihres Möbelwagens, schleppten Kisten und Kästen und Bücherregale ins Haus, trugen vorsichtig Bilder und Grünpflanzen und Keramikfiguren. Der Fahrer des Möbelwagens war Schreiner und schraubte im Handumdrehen Schrankwände und Bettgestelle zusammen.

Lena hatte in ihrem Wigwam mit Kreide auf den Fußboden gezeichnet, wo sie den Schreibtisch und das Bett, den Kleiderschrank, das Bücherregal und die Geheimnistruhe stehen haben wollte.

„Prima", sagte der jüngste der Männer, der eine lustige grüne Haarsträhne hatte und eigentlich viel zu dünn wirkte für seinen schweren Beruf, „wirklich gut, dass du schon vorgeplant hast. Das erleichtert uns die Arbeit." Er schaute sich in Lenas Zimmer um und nickte anerkennend. „Ein klasse Zimmer hast du. Da beneide ich dich richtig drum. Überhaupt, dieses Gehöft, das ist was Feines." Er zeigte in die Richtung, in der sich der Stall ans Wohnhaus anschloss. „Ihr schafft euch doch bestimmt auch Pferde an, oder?"

„Ich ... also, ich weiß nicht ..." Lena geriet ins Stammeln und Stottern. „Vielleicht ... eigentlich müssten wir ... Ich liebe alle Tiere ... und Pferde ganz besonders!" Ja, Pferde liebte sie besonders.

„Auf so einen Pferdehof gehören auch Pferde", sagte der junge Möbelpacker entschieden. „Ist doch klar!"

Während Lena dann Hanna und Gregor fleißig half beim Kistenauspacken und Schränkeeinräumen, ging ihr der Satz nicht aus dem Kopf: *Auf einen Pferdehof gehören auch Pferde!*

Natürlich arbeiteten auch Pitt und Ronja mit. Pitt allerdings kümmerte sich vor allem um seine Spielsachen, den Kassettenrecorder und um die Kühltasche mit den Essensvorräten, während Ronja an Teppichfransen nagte und die Zimmerpalme ruinierte. Alle waren mit Eifer und Spaß bei der Sache, und sie schufteten und schleppten und kramten noch, als die Möbelpacker längst weggefahren waren und die Sonne hinter dem Eichenwäldchen verschwand.

„Ich stöpsele mal ein paar Stehlampen an", sagte Hanna. Das braune Haar klebte ihr schweißnass im Gesicht. Ihre leinene Latzhose war verschmutzt wie der Arbeitsanzug eines Kanalreinigers.

Pitt protestierte. „Gregor kann doch so richtig die Lampen aufhängen und den Herd anschließen, und dann kochen wir uns Spagetti mit Fleischsoße und Fritten!"

„Kommt gar nicht in Frage." Der Vater winkte heftig ab und kämmte sich mit den Fingern Holzwollereste aus dem Kinnbart. „An Elektrogeräte traue ich mich nicht ran, und mit dem Lampenanschließen kann man gar nicht vorsichtig genug sein. Das muss ein richtiger Fachmann machen."

„Andere Väter können das aber", behauptete Pitt.

„Kannst dir ja einen anderen Vater aussuchen", sagte Gregor.

„Dann mach ich eben die Leitung dran an den Elektroherd", erklärte Pitt, der wie immer mächtigen Hunger hatte. „Ich bin Spezialist."

Gregor lachte. „Das hab ich nicht gewusst. Dummerweise habe ich für morgen schon einen anderen Spezialisten bestellt. Tut mir Leid, Sohnemann!"

Hanna sagte: „Vielleicht ist der Pitt ja auch Spezialist im Brennholzbesorgen. Dann könnten wir in der Küche das Herdfeuer anmachen. Na?"

Pitt stürmte schon nach draußen, die Wuschelhündin begleitete ihn. Durch das Westfenster fielen letzte Sonnenstrahlen in die Wohnhalle ein. In den dicken Deckenbalken tickte die Wärme des Sommertages. Die beiden Stehlampen verströmten mildes Licht.

„Schluss für heute!", entschied Gregor. „Morgen ist auch noch ein Tag. Hauptsache, die Betten sind aufgebaut. Bin ich vielleicht müde!" Um das allen zu beweisen, gähnte er herzhaft. „Ich hab mir extra ein paar Tage Urlaub genommen. Da können wir unser schönes Haus doch wohl in Ruhe einrichten. Hab ich Recht?"

Er bekam keine Antwort, denn Pitt und Ronja kamen mit viel Lärm zurück. Pitt trug so viele Holzscheite, dass er unter der Last fast zusammenbrach. Ronja hatte ein Scheit wie eine übergroße Zigarre zwischen den Zähnen. „In der Scheune ist ein Riesenstapel Kaminholz!", rief Pitt aufgeregt. „Und ein Wespennest hab ich da auch entdeckt. Ich glaube, wir waren richtig in Lebensgefahr, die Ronja und ich."

„Wie schön, dass ihr euch noch retten konntet!" Hanna versuchte ernst zu bleiben. „Kommt, wir zünden das Herdfeuer an und braten uns Würstchen!"

Nach einigen Fehlversuchen schafften sie es, das Holz mit Papier und Holzwolle in Brand zu setzen, und über der Glut grillten sie dann an langen Eisenspießen die Bratwürstchen. Lena genoss es, mit den Eltern und Pitt und Ronja wohlig müde auf den Sitzkissen zu hocken, Sprudelwasser zu schlürfen und heiße Würstchen zu futtern. Funken stiegen auf wie winzige Sterne. Irgendwo beim Haus gurrten Tauben.

Pitt hatte den Kopf auf die schlafende Ronja gelegt und fing ganz plötzlich an zu schnarchen. Da nahm Gregor ihm vorsichtig das angebissene Würstchen aus der Hand und trug ihn zu seinem Zimmer hinauf.

„Hoffentlich muss Pitt nicht kotzen", sagte Hanna. „Ich glaube, er hat mindestens acht Würstchen gegessen."

Lena nickte. „Und den ganzen Tag über hat er auch immer an irgendwas herumgekaut. Der Pitt ist eine richtige Fressmaschine. Was Gregor immer sagt: Satt ist der Pitt nie. Entweder hat er Hunger, oder ihm ist schlecht."

Ronja wimmerte leise im Schlaf.

Später lag Lena in ihrem Wigwam im Bett und lauschte im Halbschlaf auf die Geräusche des alten Hauses. Es war, als ob das Haus atmete. Auf dem Dachboden trippelten

Mäuse, vielleicht waren es auch kleine Vögel. Lena blinzelte den Sternen zu.

„War das ein Tag!“, flüsterte sie. Dann schlief sie ein.

Annette, die Reiterin

Was sollte denn das bedeuten? Jäh fuhr Lena in ihrem Bett hoch. Sie kam aus einem tiefen Traum, konnte sich aber überhaupt nicht erinnern, wovon sie geträumt hatte. Dies wusste sie aber genau: Von Weihnachten hatte sie nicht geträumt. Doch was sie geweckt hatte, das war eindeutig die Melodie „Ihr Kinderlein, kommet!“

Da begriff Lena: Ich liege hier in meinem Wigwam auf dem Pferdehof im Bett, und unten spielt Hanna auf dem Klavier eine Aufforderung an Pitt und mich, dass wir endlich zum Frühstück kommen.

Lena langte sich ihre Armbanduhr vom Fußboden. Großer Manitou, schon fast elf Uhr! Sie sprang aus dem Bett und stürmte die Treppe hinunter zum Badezimmer, doch da hätte sie beinahe eine Bauchlandung gemacht, als sie über Ronja stolperte, die gerade aus Pitts Zimmer getrottet kam.

„Blöder Köter!“, schimpfte Lena.

Nach einer hastigen Dusche zog sie sich an und eilte in die Wohnhalle hinunter, und da stand plötzlich ein wildfremder Mann vor ihr. Lena erschrak.

Der Mann trug einen blauen Arbeitsanzug. Er lächelte: „Ich heiße Katsanakis und bin der Elektriker von Uhlendorf. Und ich wette, du bist die Lena."

Lena schluckte. Dann nickte sie verwirrt. Da sah sie auch den jungen Mann, der auf einer Leiter turnte, an der Aufhängung der Deckenleuchte herumschraubte und offensichtlich der Gehilfe von Herrn Katsanakis war.

„So früh sind Sie schon beim Arbeiten?"

„Früh?" Der junge Mann auf der Leiter kicherte. „Wir haben gleich schon Mittagspause."

Herr Katsanakis sagte: „Alle Elektrogeräte sind bereits angeschlossen, gleich sind wir mit den Lampen hier unten fertig, und dann kommt noch das Obergeschoss an die Reihe. Das ist rasch erledigt."

„Aber das Dachzimmer, das ist meins, das dürfen Sie nicht vergessen!" Lena zeigte mit beiden Händen zur Galerie hinauf. „In mein Zimmer kommt die honiggelbe Ballonlampe."

„Wir sind bestens informiert!" Herr Katsanakis schmunzelte.

Im Hintergrund war der Vater angestrengt dabei, die Bücher in die hohen Wandregale einzuordnen. Jedes Buch hatte seinen ganz bestimmten Platz, da war Gregor ungemein pingelig. Hanna hatte sich einen der Wirtschaftsräume als Arbeitszimmer ausgesucht. Sie war Übersetzerin und übertrug für verschiedene Verlage Bücher aus skandinavischen Sprachen ins Deutsche. Lena sah, dass der Schreibtisch mit dem Computer und die offenen Schränke mit Nachschlagewerken und Manuskripten bereits ordentlich eingerichtet waren. Also hatten die Eltern schon seit Stunden gearbeitet, während sie fest geschlafen und komisch geträumt hatte!

Lena dachte: Ich hab ja Ferien! Umzug oder nicht, ich hab Ferien. Und die Schlafmütze Pitt hat sich ja wohl auch noch nicht blicken lassen bisher. Also!

Doch in diesem Augenblick kamen Pitt und Ronja die Treppe heruntergepoltert. Sie steuerten sofort den Frühstückstisch an, der in der großen Küche gedeckt war.

Hanna bat auch die beiden Elektriker an den Tisch, die beiden Männer nahmen aber nur eine Tasse Kaffee. Pitt, noch ungewaschen und im Schlafanzug, fiel über Brot und Wurst und Käse her, als hätte er seit Wochen gehungert. Ronja saß bettelnd zu seinen Füßen. Lena biss kleine Stücke von ihrem Brombeermarmeladenbrot und war wieder einmal mit dem verwirrenden und beglückenden Gedanken beschäftigt, dass sie jetzt hier zu Hause war.

„Ein wunderbarer Hof", sagte Herr Katsanakis, „da kann man Sie nur beneiden. Natürlich werden Sie auch Pferde halten, oder?"

Gregor setzte die Tasse ab. „Nein, nein! Das fehlte noch! Wir haben ganz andere Sorgen. Außerdem verstehe ich nichts von Pferden."

„Aber die Ställe und die Scheunen und ..."

Gregor unterbrach den Elektriker. „Die Scheune nehmen wir als Garage und Geräteschuppen und so. Und den Stall, den lassen wir vielleicht später mal in ein Gewächshaus umbauen. Was weiß ich! Das hat ja alles noch Zeit."

Herr Katsanakis ließ die Brille auf die Nasenspitze rutschen. „Verzeihen Sie, es geht mich ja nichts an, aber dieser Hof verlangt geradezu nach Tieren. Mir kommt es so vor, als kaufte sich jemand einen Fußball, hätte aber keine Lust, damit zu spielen. Das macht doch keinen Sinn. Aber nichts für ungut! Es ist ja Ihre Sache."

Gregors Gesicht hatte sich ein wenig verdunkelt.

Lena spürte so etwas wie Kälte in ihrem Kopf.

Pitt sagte kauend: „Ein Tier haben wir schon. Die Ronja."

Hanna guckte angestrengt auf ihren Teller. „Die Weiden und Koppeln, die zum Pferdehof gehören, können die Bauern der Umgebung ja benutzen. Das haben sie bisher auch getan." Dann richtete sie sich auf und schaute Lena an.

Lena dachte: Warum schaut sie mich an? Dann hatte sie auf einmal die Idee, dass dies ein Verschwörerblick war. Warfen sich nicht Leute, die ein Geheimnis miteinander hatten, solche Blicke zu? Quatsch, sagte sie sich dann, ich träume wohl noch immer.

Als die beiden Elektriker ihre Arbeit beendet hatten und zurück nach Uhlendorf gefahren waren, kümmerte Gregor sich weiter um die Bücherstapel, Hanna räumte die Kleiderschränke ein, und Lena und Pitt bekamen die Aufgabe, Küchengeräte, Geschirr und Bestecke in Schubladen und Schränke einzusortieren.

Aber Pitt fand wie üblich einen Trick, sich vor der Ar-

beit zu drücken. „Ich glaube, Ronja muss mal pinkeln!",
rief er auf einmal, ließ die Bratpfannen aus den Händen
gleiten und hopste mit der Hündin ins Freie.

„Fauler Sack!", schrie Lena ihm nach. Sie wusste, dass
sie den Bruder in den nächsten Stunden nicht wieder
sehen würde. Schimpfend schnitt Lena das Klebeband von
dem Karton mit den Gläsern und Porzellanbechern.

Es war längst Nachmittag, als Pitt und Ronja wieder erschienen. Die beiden hatten einen Bach entdeckt, und so
sahen sie auch aus.

„Los, Pitt, zieh dir trockene Sachen an!", rief Gregor.
„Wir wollen einen kleinen Antrittsbesuch machen bei den
nächsten Nachbarn."

„Er muss sich 'ne trockene Windel anziehen", spottete
Lena.

Pitt war schon auf der Treppe. Er rief über die Schulter:
„Und du hast noch Eierschalen hinter den Ohren!"

Als Pitt dann in seiner himmelblauen Sporthose das
Treppengeländer heruntergerutscht kam, holten sie ihre
Fahrräder aus der Scheune. Ronja musste das Haus hüten.
Das gefiel ihr gar nicht. Lena hörte das Gebell noch, als
sie schon mindestens einen Kilometer vom Hof entfernt
waren.

Obwohl der Wind eingeschlafen war, schien die Landschaft von Geräuschen erfüllt zu sein. In den Rapsfeldern
tuschelten die Rispen, fast ohrenbetäubend sirrten die
Heerscharen der Bienen in den Wipfeln der blühenden
Lindenbäume, Schwalben schwätzten sich auf den Tele-

fondrähten aufgeregt ihre Geschichten zu, hinter den Hügeln jaulte eine Erntemaschine.

Plötzlich hielt Gregor an und zeigte in das Weizenfeld hinein, durch das tiefe Furchen von Treckerrädern liefen. „Guckt euch diesen Wahnsinn an! Da fahren die Bauern mit ihren großen Giftspritzen quer durchs Getreide und walzen den halben Acker nieder, bloß damit kein Blümchen oder Unkrautpflänzchen ein bisschen Nährstoff aus dem Boden saugt. Aber die Überproduktion an Getreide, die wird dann vernichtet, und vom Staat gibt es auch noch Geld dafür."

Hanna nickte heftig. „Und dass sie mit den Unkrautvernichtungsmitteln und all den anderen giftigen Chemikalien und der Irrsinnsmenge an Gülle den Boden und das Grundwasser versauen, das stört sie auch nicht. In den Obstplantagen geht es ähnlich zu. Ein Apfel sieht dann aus wie der andere, als ob alles aus Plastik wär!"

Lena wusste, dass ihre Mutter sich mächtig aufregen konnte über jede Form der Umweltzerstörung. „Umsatz, Umsatz!", schimpfte sie oft. „Hauptsache, der Umsatz stimmt. Die Gesundheit der Menschen ist denen doch piepegal. Die tun so, als ob man Geld essen könnte!" Besonders beklagte Hanna es, dass die Käufer das böse Spiel mitmachten und völlig unkritisch die Waren kauften. Einmal war Lena mit Hanna auf einem Bauernhof gewesen, wo es Apfelbäume gab, die niemals mit irgendwelchen Chemikalien bespritzt worden waren. Natürlich gab es da Äpfel mit Schorf und faulen Stellen, manche waren von

Vögeln und Wespen angepickt worden, und einige waren auch voll von Wurmlöchern. Doch diese Äpfel hatten wirklich wie Äpfel geschmeckt. Noch nach Stunden hatte Lena den prickelnden Geschmack von sauersüßem Saft im Mund gespürt.

Pitt war inzwischen vorausgeradelt. Dabei schaute er hingerissen den Bussarden zu, die über den Feldern ihre Kreise zogen; so bemerkte er die Kurve nicht, und dann lag er im Graben.

„Hast du dir wehgetan?", rief Hanna.

„Nö. So steig ich immer ab!" Pitt gab sich alle Mühe, nicht zu heulen. Er bog den Lenker zurecht und stieg wieder auf.

Gewaltige Kastanienbäume überragten den Hof von Schulze-Gehling. Gegenüber der Einfahrt, an deren Bogen wilder Wein wucherte, lag das Wohnhaus. Hinter den Stallungen an der linken Seite ragten Futter- und Güllesilos. An die Scheune auf der rechten Seite schlossen sich offene Geräteschuppen an. In einem Zwinger tobte ein Jagdhund.

Als die Radler in den Hof fuhren, kam ihnen ein Mädchen entgegen, das einen gesattelten Fuchswallach am Zügel führte. Das Mädchen trug Reitstiefel und hatte die Kappe unter den Arm geklemmt.

Was für ein schönes Pferd!, dachte Lena.

„Hallo!", rief das Mädchen fröhlich. „Ich wette, Sie sind die neuen Nachbarn."

„Sind wir", antwortete Gregor und stieg von seinem

Hollandrad. „Wir wollten mal kurz Guten Tag sagen." Er ließ den Blick schweifen.

Das Mädchen zeigte auf die Lücke zwischen Wohnhaus und Geräteschuppen. „Mutter ist im Garten. Ich bringe nur schnell den Odin auf die Koppel, dann komme ich auch."

Lena konnte den Blick nicht fortreißen von dem Fuchs und der jungen Reiterin. Das Mädchen mochte in ihrem Alter sein. Sie hatte helles, beinahe weißes Haar und wirkte in der Reithose ungemein schlank und federleicht. Das seltsame Gefühl in Lenas Bauch stellte sich wieder ein.

Das Mädchen schaute Lena neugierig an. „Ich heiße Annette."

„Ich heiße Lena." Lena wollte fragen: Gehört das Pferd dir? Doch im letzten Augenblick schluckte sie die Frage wieder herunter. Sie schämte sich, wusste aber nicht, warum. Schnell stellte sie ihr Fahrrad zu den anderen Rädern und lief Gregor, Hanna und Pitt nach. Als sie an der Hausecke ankam, sah sie unterhalb eines Wiesenhanges die lang gestreckten Baracken, in denen Schweine gemästet wurden. Doch an diesem Sommertag standen die Stalltüren offen, und die riesige Herde der Schweine hatte sich im Schlamm des Bachufers zum Schlafen niedergelegt. Na, wenigstens lassen sie die Tiere mal an die frische Luft!, dachte Lena.

Dann blieb sie erst einmal verwundert stehen. So einen großen und bunten Bauerngarten hatte Lena noch nie gesehen. Er reichte von der Rückfront des Geräteschuppens bis zu den Obstbäumen und hatte die Ausmaße von drei Tennisplätzen. Beerenstauden wechselten ab mit Gemüsebeeten und Blumenrabatten, dazwischen wuchsen Küchenkräuter und Kürbisse, Paprikapflanzen und Rosenstöcke. Rittersporn, Nelken und Schwertlilien protzten mit all ihrer Farbenpracht, und alles wirkte gepflegt und natürlich gewachsen zugleich.

Frau Schulze-Gehling wischte sich die Hände an ihren Jeans ab und hüpfte ihnen über Kohlköpfe und Erdbeerbestände entgegen. Sie hatte strohblondes Haar und ein Lachgesicht. „Ich pflücke gerade die letzten Stachelbeeren!", rief sie. „Die Beerenernte war in diesem Jahr ganz toll!"

Gregor stellte sich und Hanna vor. „Das ist unsere Lena, und das ist unser Peter, aber der lässt sich nur Pitt nennen."

Frau Schulze-Gehling reichte allen schwungvoll die Hand. „Ich freue mich, unsere neuen Nachbarn kennen zu lernen! Ich hoffe, mit Ihnen zieht auch ein neuer Geist auf dem Pferdehof ein."

„Ein Geist?", schrie Pitt. „Ein Gespenst?"

Als alle lachten, schoss ihm das Blut ins Gesicht, und er hatte es plötzlich sehr eilig, den Reifegrad der Tomaten zu prüfen.

„Sie übersetzen Bücher?", fragte Frau Schulze-Gehling.

„Dass Sie das schon wissen!" Hanna staunte.

„Ach, wir sind schrecklich neugierige Leute", kicherte Frau Schulze-Gehling, „und hier draußen spricht sich alles schnell herum. Eine interessante Tätigkeit! Darf ich mir das einmal anschauen?"

Hanna spreizte die Finger. „Da gibt's nicht viel zu sehen! Aber Sie sind selbstverständlich jederzeit herzlich eingeladen."

Die Bäuerin wandte sich Gregor zu. „Und dass Sie Richter von Beruf sind, Herr Belker, das weiß ich auch schon. Das ist ein schöner Beruf."

Gregor wehrte mit verkniffenem Gesicht ab. „Machen Sie sich mal nur keine falschen Vorstellungen! Ich bin übrigens, um genau zu sein, Jugendrichter, und bei diesem Job erfährt man vor allem, dass die meisten Menschen unfähig sind, aus ihren Fehlern zu lernen. Das geht einem ganz schön aufs Gemüt, das kann ich Ihnen sagen!"

Ein bisschen unsicher knetete Frau Schulze-Gehling die Hände. „Wollen wir ins Haus gehen?"

„Ach, bitte, lassen Sie uns hier draußen bleiben!" Hanna breitete die Arme aus, als wollte sie die ganze Landschaft umfassen. „Sie haben einen so wunderbaren Garten!"

„Darauf bin ich auch ziemlich stolz", sagte die Bäuerin. „Hier haben sogar schon Fotografen von Fachzeitschriften Fotos gemacht, und im Regionalfernsehen haben sie im vorletzten Jahr meinen Garten gezeigt."

„Macht aber auch eine Menge Arbeit, ja?", fragte Gregor.

Es schien, als müsste Frau Schulze-Gehling erst einmal über diese Frage nachdenken, dann nickte sie, doch es wirkte wie eine halbherzige Zustimmung. Vielleicht war dieser Garten so sehr ein Teil ihres Lebens, dass sie das

Wort Arbeit nicht damit verband. Sie sagte: „Sie werden sich gewiss Pferde zulegen. Hab ich Recht?"

„Oh, nein!" Gregor machte ein Zahnschmerzengesicht. „Wir haben ganz andere Sorgen. Außerdem versteht bei uns niemand etwas von Pferden."

Lena starrte verlegen auf ihre Schuhspitzen. Sie schämte sich schon wieder, doch auch dieses Mal wusste sie den Grund nicht. Wie gern hätte sie jetzt dem Vater widersprochen!

Frau Schulze-Gehling stemmte fast empört die Hände in die Hüften. „Aber auf den Pferdehof gehören doch Pferde! Das soll ein Mensch verstehen! Warum kaufen Sie sich denn einen Hof mit einem großen Pferdestall, wenn Sie sich keine Pferde anschaffen wollen?"

Gregor sagte: „Wir wollen einfach nur dort wohnen, sonst nichts. Außerdem verstehen wir nichts von Pferden. Aber das sagte ich ja schon."

„So etwas kann man lernen", murmelte Frau Schulze-Gehling, die geradezu enttäuscht wirkte. Dann sagte sie laut: „In dieser Gegend haben fast alle Leute ein paar Pferde. In unserer Familie reitet jeder." Sie zeigte mit der Hand in die Richtung, in der Pitt auf einer Leiter stand und Kirschen pflückte. „Drüben in Temming haben wir eine erstklassige Reithalle und ein Gelände mit Parcours und Trainingsplätzen. Zu unseren Turnieren kommen immer haufenweise Zuschauer."

Lena sah, dass Hanna Gregor einen Stoß mit dem Ellenbogen gab. Das sollte wohl bedeuten: Halt jetzt bloß den

Mund! Alle in der Familie wussten nämlich, dass der Vater bei diesem Thema gereizt reagierte.

Die Warnung erwies sich jedoch als überflüssig. Eine fast puppenhaft wirkende alte Frau, die aus einem Märchenbuch zu stammen schien, kam mit Trippelschritten vom Haus her. Sie trug ein Tablett mit einer Schnapsflasche und mehreren Gläsern geschickt wie eine Jongleuse auf spitzen Fingern. „Jetzt wird erst einmal ein Gläschen zur Begrüßung getrunken!", rief sie mit tiefer Stimme, die gar nicht zu ihrer Erscheinung passte. „Das ist alter Brauch bei uns!"

„Meine Schwiegermutter", erklärte Frau Schulze-Gehling.

„Und wir sind die Belkers", sagte Hanna und erwiderte das Lächeln der freundlichen alten Dame.

„Das weiß ich doch! Und nennen Sie mich einfach Oma Toni. Das machen alle."

Gekonnt füllte Oma Toni die Gläser. Man prostete sich auf gute Nachbarschaft zu, dann kippten Frau Schulze-Gehling, Gregor und Oma Toni den Kornschnaps auf einen Zug, während Hanna das Gesicht verzog und tapfer am Gläschen nippte. Lena wusste, dass die Mutter scharfe Getränke nicht mochte.

„Selbstgebrannter vom Schwager Jupp", verkündete Oma Toni und schenkte sofort nach. Dann war es so, als hätte man ihr eine Kassette eingelegt, denn nun sprudelte sie − beinahe ohne Luft zu holen − die Geschichte vom Pferdehof herunter.

„Wo Sie ja jetzt auf dem Pferdehof wohnen", begann sie, „müssen Sie unbedingt wissen, wie's dort früher war. Das war die Zeit, als Mattes Jansen das alles unter sich hatte. Der war im ganzen Münsterland bekannt, der olle Mattes. Alle Bauern kauften bei ihm ihre Pferde. Starkknochige Tiere, versteht sich. Westfälisches Blut. Und Holsteiner, Oldenburger, Hannoveraner. Wenn jemand schwere Kaltblüter brauchte, beschaffte der olle Mattes mit seinen Beziehungen auch die von heute auf morgen. Was er nicht selber im Stall hatte, das holte er sich von anderen Züchtern. Da kannte jeder jeden. Auf Mattes Jansen war Verlass, der haute auch niemanden übers Ohr. Pferdehandel ist Vertrauenssache. Damals waren die Bauern auf tüchtige Gäule angewiesen, Arbeitstiere, die sie vor die Pflüge und Eggen und Erntewagen spannten. Und am Sonntag fuhr man mit sauber herausgeputztem Gespann nach Uhlendorf zur Kirche. Ein schönes Bild war das! Natürlich konnte man auf solchen Pferden auch reiten, obwohl es ja eigentlich keine Reitpferde waren, aber das tat kaum jemand."

„Die Mode mit den Reitpferden", sagte Frau Schulze-Gehling schnell dazwischen, „die kam in dieser Gegend erst später auf!"

Oma Toni redete längst weiter. „Aber dann musste ja auf einmal jeder Bauer einen Traktor haben. Die Pferde wurden überflüssig. Ich weiß noch, da sagte der Mattes eines Tages: ‚Ich geb's auf.' Ja, und dann ist er auch bald gestorben. Seine Tochter und die Söhne machten noch ein bisschen weiter. Das plätscherte so dahin. Die zogen nach außerhalb, hatten auch ganz andere Berufe, betrieben den Pferdehof nur noch mit der linken Hand. Das brachte nichts. Tewes, der Stallmeister, kümmerte sich um alles, so gut es ging. Er schaffte es aber nicht allein, außerdem bezahlten die Erben vom ollen Mattes ihn auch nicht mehr. Uns Nachbarn brach es fast das Herz, wie wir so mit ansehen mussten, wie der Pferdehof verkam. Na, dann nahmen sich die Leute aus der Gegend der restlichen Tiere an. Der Pferdehof verödete. Traurig, traurig. Also, dann mal prost!"

Wieder wurden die Schnapsgläser geleert, nur Hanna machte nicht mit. Oma Toni füllte die Gläser wieder.

„Zum Glück entschloss die Erbengemeinschaft sich dann endlich, den Pferdehof zu verkaufen. Und nun sind Sie ja da. Trinken wir auf das neue Leben auf dem Hof!"

Lena schüttelte sich, als Gregor und die beiden Bauersfrauen die Gläser ergriffen. Dann lauschte sie auf das scheppernde Geräusch, das von der Einfahrt des Gehöfts herüberschallte. Ein Mähdrescher, ganz klar! Wenig später kam Bauer Schulze-Gehling mit schnellen Schritten gelaufen. Er winkte schon von weitem. Sein Gesicht war gerötet, die lederne Schirmmütze hatte er sich aus der Stirn geschoben. Und mit ihm kam der Jagdhund getrottet und wich keinen Meter von den Beinen des Bauern. Lena dachte: Bestimmt ist der Hund streng erzogen worden. Eigentlich müsste der Hund doch jeden von uns überschwänglich begrüßen.

„Da komme ich ja gerade richtig!" Schulze-Gehling lachte dröhnend. „Ein Begrüßungsschnäpschen mit den neuen Nachbarn! Da sage ich nicht Nein. Und herzlich willkommen auch!"

Während die Erwachsenen nun lebhaft miteinander redeten und Pitt noch immer mit den Kirschen beschäftigt war, ging Lena tiefer in den Garten hinein, und genau bei den verblühenden Lupinen stieß sie um ein Haar mit Annette zusammen.

„Da bin ich!", rief Annette atemlos. „Der Odin, diese alte Schmusebacke, der wollte mich überhaupt nicht gehen lassen. Ich glaube, ich hab ihn zu sehr verwöhnt."

„Reitest du oft?", fragte Lena.

„Klar, jeden Tag! Und jetzt in den Ferien ganz besonders. Im September mache ich bei den Kreismeisterschaften im Leichten Springen mit. Dafür muss ich noch ganz schön üben. Aber es wird schon werden. Reitest du auch?"

„N-n-nein", sagte Lena leise, „eigentlich nicht."

„Aber jetzt bekommt ihr doch auch Pferde, oder?"

„Ich weiß nicht. Wahrscheinlich nicht." Lena fühlte sich ganz elend. Sie starrte auf Annettes Stiefel, auf die Reithose, und dann schaute sie Annette direkt ins Gesicht. „Ich habe noch nie auf einem Pferd gesessen!" So, da war es heraus.

„Das gibt's doch gar nicht!" Annette konnte das anscheinend nicht fassen, denn für sie war der Umgang mit Pferden etwas Alltägliches. „Noch nie? Ich sag dir, Reiten ist das Allerschönste auf der Welt!"

Lena hob die Schultern und sagte leise: „Bestimmt hast du Recht."

„Du kannst mich immer besuchen!" Voll Eifer fasste Annette Lena bei den Händen. „Wenn du willst, also, wenn du Lust drauf hättest ... Ich meine, du könntest ja bei uns reiten. Meine Eltern hätten bestimmt nichts dagegen."

„Aber meine vielleicht", antwortete Lena und gab sich Mühe, dabei zu lächeln.

„Soll ich dir unsere Pferde zeigen?"

„Lieber ein anderes Mal", sagte Lena. Der Anblick schöner Pferde würde sie nur traurig machen. „Ich finde es stark, dass wir jetzt Nachbarn sind."

„Das ist ganz große Klasse!" Annette kickte vor Begeisterung einen Erdklumpen ins Zucchini-Beet hinein. „In welcher Jahrgangsstufe bist du?"

„Nach den Ferien komme ich in die siebte."

„Mensch, Lena!" Annette führte eine Art Pirouette vor. „Ich auch! Du, da können wir ja immer zusammen nach Habichtsbeek zur Schule fahren. Der Schulbus hält direkt bei uns am Hof. Und Hausaufgaben können wir auch gemeinsam machen. Abgemacht?"

„Abgemacht!" Lena schlug ihre Handflächen gegen Annettes Handflächen und wusste nicht genau, ob sie lachen oder weinen sollte.

Tränen am Abend

Sie besuchten noch drei weitere Höfe an diesem Nachmittag. Pitt saß ein bisschen verquält auf dem Rad, weil ihn der Bauch zwickte, der war nämlich angefüllt mit Kirschen. Gregor fuhr in Schlangenlinien, denn die Schnäpse waren ihm ins Blut gegangen bei diesem warmen Wetter.

Ungefähr zwei Kilometer mussten sie zum Gehöft der Gerlinghoffs radeln, wo der Bauer gerade dabei war, den Trecker aufzutanken, um wieder zur Erntearbeit aufs Feld zu fahren. Wenn auch nur wenig Zeit für einen Schwatz mit Herrn und Frau Gerlinghoff und dem bohnenstangenlangen Angestellten Linus blieb: Die Flasche mit Weizenkorn musste her, weil das nun einmal zum Brauch gehörte – jedenfalls erzählten die Bauersleute das. Und nicht viel anders ging es beim Schneidthof zu, wo man gerade damit beschäftigt war, Netze über die Forellenteiche zu spannen, weil die Fischreiher reichlich dreist geworden waren. Lena wunderte sich längst nicht mehr über die Frage: Was, Sie wollen allen Ernstes keine Pferde halten auf dem berühmten Pferdehof?

Zuletzt fuhren sie zu dem kleinen Wasserschloss, das auf einer Gräfte-Insel lag und mit dem spukigen Rundturm und dem von Efeu überwucherten Giebelhaus wie eine Kulisse für das Märchenstück von Dornröschen wirkte.

Im Wasser platschten fette Karpfen, und mitten im Pulk schnatternder Enten zogen zwei weiße Schwäne gelassen ihre Bahn. Gänse gründelten im Uferschlamm, ein Pfau saß in der Krone eines Kastanienbaums und klagte laut, in den Blüten der Königskerzen surrten pelzige Hummeln.

Lena dachte: Bestimmt erscheint gleich eine Zauberfee!

Nein, eine Zauberfee war die Frau mit dem Faltengesicht und dem grauen Haar, das strähnig abstand unter dem Strohhut, gewiss nicht, doch dass sie sich für etwas Besonderes hielt, das war ihr anzusehen, als sie den Rechen an eine Korkenzieherbuche lehnte und zum verschlossenen Gatter auf der Brückenzufahrt schritt.

Sie sagte mit leiser, doch durchdringender Stimme: „Hier ist kein Zugang für Unbefugte."

Am liebsten hätte Lena jetzt geantwortet: Du dumme Kuh! Doch sie hielt lieber den Mund und fummelte am Dynamo ihres Fahrrades herum. Dass so eine unfreundliche Frau in einem so schönen Schlösschen wohnte!

„Wir sind die Belkers", rief Hanna, „Ihre neuen Nachbarn vom Pferdehof! Wir wollen uns nur bei Ihnen bekannt machen!"

Der dürftige Anflug eines Lächelns war auf einmal im Gesicht der alten Frau. „Ich bin Amelie von Alfhaus. Ich wünsche Ihnen, dass Sie sich wohl fühlen im Außenbezirk von Uhlendorf. Gewiss werden wir uns ja nun öfter sehen. Entschuldigen Sie mich jetzt bitte!"

Sie drehte sich um, nahm den Rechen und stocherte im verwelkten Gras am Ufer der Gräfte herum. Das Gespräch war beendet. Sie hatte die Familie Belker zur Kenntnis genommen, und größer war ihr Interesse an den Leuten, die neu in ihre Nachbarschaft gezogen waren, wohl nicht.

„Ich hab diese Affen noch nie gemocht", zischte Gregor und wendete sein Fahrrad. „Ob die jemals kapieren, dass das Mittelalter vorbei ist?"

„Vielleicht ist sie ja gar nicht so hochnäsig", gab Hanna zu bedenken. „Eine besondere Sorte von Unsicherheit ..."

Gregor, der fast wütend in die Pedale trat, unterbrach sie lachend. „Nimm du sie auch noch in Schutz, Hanna! Du bist mir eine schöne Demokratin!"

Lena und Pitt mussten sich sehr anstrengen, das Tempo der Eltern mitzuhalten. Aus irgendeinem Grund schienen es Hanna und Gregor eilig zu haben, nach Hause zu kommen.

Wieder dachte Lena: Ich bin jetzt hier zu Hause!

Die Ostseite der kleinen Hügelkette lag schon im Schatten. Im Fichtenforst, durch den der asphaltierte Fahrweg führte, hing schwer und voll süßlichem Duft die Hitze des Tages. Mücken drangen auf die vier Radfahrer ein. Gregor nahm die Brille ab und blies die winzigen Fliegen von den Gläsern.

Dann lag der Pferdehof vor ihnen. Die Pferdeköpfe am Hausgiebel schienen ihnen zuzuwiehern. Ronjas Freudengebell übertönte jedes andere Geräusch, und als Hanna dann die Haustür aufschloss, stürzte die Hündin sich zuerst auf Pitt, und es sah so aus, als wollte sie ihn aus lauter Liebe auffressen.

Lena wusch sich das verschwitzte Gesicht und trank am Kühlschrank Unmengen Sprudelwasser.

„Trinkst du immer aus der Flasche?", fragte Gregor.

„Nur manchmal", sagte Lena. „Zum Beispiel dann, wenn ich ausgetrocknet bin. Solche Nachbarnbesuche strengen ganz schön an."

Gregor nickte. „Jetzt haben wir's ja hinter uns. Die anderen Leute aus der Bauernschaft werden wir schon so nach und nach noch kennen lernen. Du hast bereits eine Freundin gefunden, oder wie sehe ich das?"

„Vielleicht", antwortete Lena zögernd. „Das wär schön, wenn Annette wirklich meine Freundin würde. Sie ist übrigens Springreiterin und macht bei den Kreismeisterschaften mit!"

Nein, Gregor ging nicht darauf ein. Hatte er überhaupt zugehört? Eigentlich war Lenas Bemerkung doch in Wirklichkeit eine Frage gewesen. Aber der Vater stopfte sich eine Pfeife und erklärte, er werde jetzt Bilder aufhängen.

„Triffst du denn die Nägel noch nach all den Schnäpsen?", fragte Hanna halb amüsiert und halb besorgt. „Warte lieber, bis ich vom Einkaufen zurück bin."

„Gibt's dann was zu essen?" Pitt schrie das fast. Wenn es um die Vorbereitung von Mahlzeiten ging, war er immer hellwach.

„Sag bloß, du hast schon wieder Hunger?" Hanna starrte ihren Sohn verblüfft an. „Eben hattest du doch noch Bauchkneifen vom Kirschenessen."

„Das ist schon lange her", erklärte Pitt. „Wenn ich nicht

bald was zu essen kriege, falle ich in Ohnmacht. Also, Hanna, was ist? Fahren wir jetzt zum Einkaufen?"

„Ja, du alter Fresser, wir fahren zum Einkaufen."

„Ronja, wir fahren mit!", schrie Pitt und sauste schon mit dem Hund nach draußen.

Lena hörte, wie Hanna den uralten Volvo aus der Scheune fuhr, wie Ronja fröhlich bellte und Pitt ein Seeräuberlied sang, sie vernahm das Gehämmer von Gregor, der offenbar oben im Schlafzimmer mit dem Bilderaufhängen begann. Dann war sie eine Weile damit beschäftigt, sich vorzustellen, wie im großen Kamin der Wohnhalle ein Feuer prasselte. Wenn Kerstin und Dörthe dann zu Besuch sind, dachte sie, und wenn Annette auch dabei ist und wir vor dem Feuer hocken und uns was erzählen ... Doch da wachte Lena auf aus ihren Gedanken. War jetzt nicht die beste Zeit, ganz in Ruhe den Pferdehof zu erkunden?

Durch die Seitentür in der Küche verließ Lena das Haus. Überall wucherten Brennnesseln und hüfthohe Gräser. Da war noch eine Menge zu arbeiten, bis all die Wege ums Haus begehbar sein würden! Im verwilderten Garten, der seit Jahren nicht mehr gepflegt worden war und dessen Holzzaun zerfallen und beinahe schon vermodert war, entdeckte Lena zwischen Gestrüpp und Dornenranken die Reste der alten Blumenbeete und Beerenbüsche, der Zierbäumchen und Bohnengestänge. Da gab es auch einen ausgetrockneten kleinen Springbrunnenteich, angefüllt mit faulem Laub und verkrusteter Matsche. Zwischen

Moosen und Farnen schimmerten verschrumpelte Erdbeeren. Im Schnittlauch fand Lena einen Gartenzwerg mit
abgebrochener Mütze und herrlich doofem Gesicht. Der
Winzling schaute sie so komisch an, dass sie laut lachen
musste.

Das wird ein wunderbarer Garten werden, sagte Lena
sich. Wir helfen alle mit und zupfen Unkraut und jäten
und hacken und graben und pflanzen. Ob man auf Pitt
wohl zählen kann? Oder macht der nur Quatsch?

Dann schaute Lena sich die Scheune an. Die war ziemlich leer. Spinnennetze zogen sich von Balken zu Balken.
In den Spalten der Dachziegel hingen noch Heufetzen.
Ein paar rostige Geräte, von denen Lena nicht wusste,
wozu sie zu gebrauchen waren, lagen herum, und dann
gab es noch den Kaminholzstapel. Der Vectra war voll von
Vogelschissen.

Den Pferdestall hatte Lena sich bis zum Schluss ihres
Rundgangs aufgehoben. Fast scheu schob sie die Doppel-
tür auf und wartete, bis sich die Augen an das Halbdunkel
gewöhnt hatten. Da waren mindestens zehn Boxen an jeder der beiden langen Wände. Unter der niedrigen Decke
klebten Schwalbennester, doch die wirkten so leer und un-
genutzt wie der gesamte Stall.

Lena saugte tief die Luft ein. Pferde! Ja, ganz deutlich
schnupperte sie den strengen Geruch der Tiere, obwohl
dieser Stall doch schon seit Jahren nicht mehr gebraucht
wurde. Solch ein Duft bleibt vielleicht für immer im
Gemäuer haften, dachte Lena. Sie nahm auch die Spuren

von vertrocknetem Pferdedung und Stroh in den Ritzen der Fußbodenplatten wahr. Lena lehnte sich an den Balken einer Box und fing an zu träumen.

Ja, sie sah die Pferde! Hellbraune, dunkelbraune, fuchsfarbene und weißgrau gescheckte. Ein mächtiger Rappe war auch dabei. Ein Zucken lief über sein Fell, als ihn die Fliegen störten, dann schlug er mit dem Schweif auf die Flanken, dass es zischte wie Peitschengepfeife. Andere Pferde prusteten sich Häckselreste aus den Nüstern und schrappten mit den Hufeisen über die Steinplatten. Halfter und Lederzeug hingen an den Wandhaken. Lena streckte die Hand aus, um den Hals einer kastanienbraunen Stute zu streicheln, und griff ins Leere. Da war der Tagtraum zu Ende.

Lena hob nun den Türriegel an, und knarrend schwang der Holzlattenrost vom Eingang zur Futterkammer zur Seite. Staubflocken wirbelten hoch und hingen im Lichtstrahl wie Girlanden. Eine größere Geschirr- und Sattelkammer war dahinter.

Dann quiekte plötzlich etwas in der offenen Haferkiste der Futterkammer. Ein kleines Tier schoss an der Wand hoch und huschte durch die Lücke der zerbrochenen Fensterscheibe ins Freie davon. Eine Ratte? Ein Marder?

„Hilfe!", schrie Lena auf. Sie zitterte am ganzen Körper und spürte den Herzschlag in den Ohren. Der Schreck lähmte sie eine ganze Weile, doch dann atmete sie dreimal tief ein. Vorbei!

Dennoch waren die Knie weich wie Pudding, als Lena

auch den anderen Hinterraum des Stalles betrat, der anscheinend das Büro gewesen war. Ein Stehpult, dem ein Bein fehlte, lehnte an der Wand. Allerlei Notizen waren mit dickem Bleistift an die Wände gekritzelt worden. Hatte der olle Mattes Jansen hier die Verträge mit den Kunden abgeschlossen?

Lena wurde aus ihren Gedanken gerissen. Die misstönende Hupe des Volvo hörte sich an wie das Trompeten eines sehr erkälteten Elefanten. Also waren Hanna und Pitt schon zurück vom Einkaufen! Fröhlich schlug Ronja an. Die Hündin hatte offenbar längst begriffen, dass der Pferdehof nun auch ihr Zuhause war.

„Wir haben Eis mitgebracht!", schrie Pitt, als er Lena erblickte. „Schoko, Erdbeer und Nougat! Und zum Abendessen gibt es Spagetti mit Basilikumsoße!"

Hanna hatte die Heckklappe des Wagens geöffnet und lud den Einkaufskorb aus. „Hast du dir den Pferdestall angeschaut, Lena?"

Lena strich sich mit einer heftigen Geste das lange Haar zurecht. „Ja, hab ich. Ein schöner Stall ist das!" Wie eine Anklage hörte sich das an. Lena merkte das selbst und fügte rasch hinzu: „Und in dem verwilderten Hausgarten war ich auch. Den kriegen wir bestimmt wieder hin!"

„Bestimmt", sagte Hanna. „Kannst du das Kistchen mit Obst und Gemüse ins Haus tragen?"

Lena nickte nur.

Später saßen sie in der Wohnhalle am Tisch. Gregor hatte eine Vivaldi-Schallplatte mit Flötenmusik aufgelegt.

Ronja, die ihre Mahlzeit in Blitzesschnelle verschlungen hatte, erbettelte sich nun bei Pitt lange Nudeln. Und dann, als sie Eis mit roter Grütze löffelten, stellte Lena die Frage, die ihr seit dem Nachmittag auf der Seele brannte.

„Geht das denn wirklich nicht, dass wir uns Pferde halten?"

Zuerst herrschte Stille am Tisch.

Dann hob Gregor den Kopf zur Decke, als müsste er sich von dort oben Hilfe erflehen. „Erstens", sagte er und klatschte die Handflächen gegeneinander, „erstens haben wir keine Ahnung von Pferden. Das hab ich schon mal erklärt. Zweitens kosten solche Gäule einen Haufen Geld. Es geht ja nicht bloß um die Anschaffung. Die fressen und fressen und brauchen Pflege, und dauernd müssen der Tierarzt und der Hufschmied kommen. Nein, nein, für solche Sonderwünsche haben wir kein Geld, Lena. Hannas Anteil aus der Erbschaft von Oma Elsbeth, all unser Erspartes, mein Beamtendarlehen: Das alles hat nicht ausgereicht, um dieses Haus zu kaufen. Wir haben auch noch eine Masse Geld von der Bank aufgenommen und müssen es die nächsten zwanzig Jahre abstottern. In Ordnung. Das ist so geplant. Denn wir möchten ja gern in diesem großen Haus und in dieser schönen Landschaft wohnen. Aber Extrawürste können wir uns nun nicht noch zusätzlich leisten. Hast du das verstanden, Lena?"

Lena verrührte ein Stück Nougateis in der roten Soße und gab keine Antwort. Sie schaute den Vater auch nicht an.

Gregor stand vom Stuhl auf, als müsste er eine Rede halten, und wurde laut. „Und jetzt kommt drittens! Drittens kann ich es nämlich nicht leiden, dass sich Menschen einfach auf die Pferde setzen und die armen Viecher zwingen, sie durch die Gegend zu tragen. Hat jemals jemand die Gäule gefragt, ob ihnen das Spaß macht? Von wegen! Zack, Zaum zwischen die Zähne, Zügel über den Kopf, Sattel auf den Rücken gepackt und dann nix wie ran mit den Sporen und der Peitsche. Hauptsache, das Menschlein oben drauf hat seinen Spaß! Da wird so ein armes Pferd gezwungen, über wahnsinnige Hindernisse zu springen, ob es Angst hat oder nicht. Da werden Rassepferde von ehrgeizigen Pinkeln für teures Geld eingekauft, damit das Töchterchen oder Söhnchen beim Springen oder in der Dressur die große Show abziehen kann. Dressur! Wenn ich daran denke, wie da die Tiere zu Kasperlefiguren und Hampelmännern gedemütigt werden und ganz gegen ihre Natur die albernsten Verrenkungen vorführen müssen. Und diese Military-Quälerei erst mal! Dass das nicht verboten ist, die Tiere so durch die Landschaft zu schinden! Wenn die bekloppten Reiter sich die Hälse brechen, meinetwegen. Die machen den Unsinn ja freiwillig. Aber die Pferde, die werden gezwungen! Dieser so genannte hochkarätige Reitsport ist doch nichts anderes als Tierquälerei. Und da spiele ich nicht mit. Können wir das Thema jetzt beenden?"

Lena legte den Löffel hin und stand auf. In ihrem Kopf

war es ganz leer. Wie betäubt ging sie die Treppe hinauf. In ihrem Wigwam legte sie sich auf das Bett. Dass sie weinte, merkte sie selber nicht.

War eine halbe Stunde vergangen oder eine ganze? Als sie die leichten Schritte hörte, wusste Lena, dass Hanna zu ihr kam. Sie fühlte die Hand auf ihrem nassen Gesicht. Lena dachte erstaunt: Jetzt ist es so, als wäre ich wieder ein kleines Mädchen.

Hanna sagte leise: „Ich glaube nicht, dass ein Pferd etwas dagegen hätte, wenn so ein leichtes Persönchen wie du sich auf seinen Rücken setzte. Vielleicht würde es ihm sogar gefallen."

Lena schniefte. „U-u-und es müsste ja gar nicht rennen und über Hindernisse springen und so. Es ... Es könnte einfach durch die Wiese laufen. Ich würde doch niemals ein Pferd zwingen, etwas zu tun, was es nicht auch selber will. Warum redet der Gregor denn so etwas?"

Hanna wischte mit dem Ärmel ihrer Bluse Lenas Gesicht trocken. „Vielleicht hat er ein bisschen zu viel Schnaps getrunken. Da wird man leicht laut und böse. Außerdem weißt du doch selber, dass viele Leute ganz schlimm und brutal mit den Pferden umgehen. Gregor hasst so etwas."

„Ich hasse das auch", sagte Lena entschieden und richtete sich auf. „Wir hassen das alle. Wenn wir Pferde hätten, dann würden wir sie doch gern haben. Wir würden sie doch nicht quälen!"

„Natürlich nicht." Hanna legte ganz sanft die Hände

auf Lenas Gesicht. „Aber du musst ein wenig Geduld haben, Lenamädchen. Versprichst du mir das?"

Da war wieder dieses Verschwörerlächeln. Plötzlich verstand Lena ihre Mutter. Ihr wurde ganz warm.

Überraschungen

An manchen Tagen überschlagen sich die Ereignisse. Dies war so ein Tag, und eigentlich begannen die Aufregungen schon gleich nach Mitternacht.

Ein schriller Schrei riss Lena aus ihrem wohligen Schlaf. Und dann noch einmal: *Huuuaahhh!* Erschrocken fuhr Lena hoch. Das hörte sich an wie eine Mischung aus Tarzanschrei und Angstgeheul, und Lena wusste sofort, dass das nur von Pitt stammen konnte, denn nur ihr Bruder war zu einer solchen Lautstärke fähig. War Pitt in Gefahr? Wurde er von Raubtieren bedroht?

Lena gab sich einen Ruck und schoss wie eine Rakete aus dem Bett. Zuerst brach sie sich fast die Zehen am Schreibtischbein, dann knallte sie mit der Stirn gegen die Tür, und als sie die Treppe hinunterstürmte, prallte sie gegen Gregor, der nur die Shorts seines Schlafanzugs anhatte und ohne Brille wie ein blinzelnder Maulwurf aussah. Hanna im gelben Hemdchen stand bereits in Pitts Zimmer und knipste gerade das Licht an.

Pitt hockte stocksteif im Bett und machte ein Gesicht

wie ein gefangener Büffeljäger am Marterpfahl der Apachen. Mit beiden Händen zeigte er auf etwas Schwarzes, das an seinem Hals klebte. Und voll Entsetzen kreischte er: „Da! Ein Vampir!"

Mit zwei langen Schritten war Gregor an Pitts Bett. Er beugte sich vor, starrte das schwarze Etwas an und fing an zu lachen. „Ach, Pitt! Das ist eine winzige und ganz niedliche Fledermaus. Da brauchst du keinen Schiss zu haben. Ein harmloses Tierchen!"

„Aber es hat mich gebissen, das Tier!", stieß Pitt jammernd und empört aus angststarrem Mund hervor. „Es ist *doch* ein Vampir!" Er legte den Kopf schief. „Nehmt das Tier weg, schnell!"

Unten im Haus war Ronja aufgewacht und kam zur Verstärkung aus der Wohnhalle heraufgewetzt. Bellend zwängte sie sich zwischen den Menschenbeinen durch und schleckte mit der Zunge Pitts Zehen ab. Das Fledermäuschen beachtete sie gar nicht.

Neugierig betrachtete Lena das streichholzschachtelkleine Tier, dessen dunkles Fell sich unter Lenas Atemhauch bewegte. Die Flügel, die viel zu groß wirkten für den winzigen Körper, schienen beinahe durchsichtig zu sein. Die Fledermaus hielt sich mit dünnen Beinen an Pitts Hals fest. Lena staunte. Sie hatte vorher noch nie eine Fledermaus gesehen. Solch ein Tier kannte sie nur von Bildern.

Hanna hatte einen Bleistift geholt und hielt ihn der Fledermaus vor die Nase. „Da, du kleiner Einbrecher! Hopp, fass zu! Wir bringen dich wieder an die frische Luft."

„Blutet es?" Pitt zitterte sehr.

„Es blutet furchtbar", flüsterte Lena mit Gespenster-
stimme. Nein, sie fürchtete sich wirklich nicht vor dem
Mäuschen mit den Flügeln. „Wahrscheinlich hat Graf
Dracula diesen grauenhaften Vampir zu dir geschickt. Er
mag nämlich freche Jungen nicht leiden. Und jetzt hast
du die Wundmale am Hals, Pitt! Jetzt bist du selber zum
Vampir geworden. Aber beiß mich bloß nicht! Das ist
nämlich ansteckend!"

„Hör auf, Lena!", mahnte Gregor. „Da kann man schon
einen Schrecken kriegen, wenn man nachts auf einmal so
ein Tierchen im Gesicht sitzen hat." Er nahm die Fledermaus vorsichtig mit den Fingern von Pitts Hals und hielt
sie so, dass sie nach dem Bleistift grapschte. „Fledermäuse
sind ganz harmlos", sagte er zu Pitt. „Nur in Südamerika
gibt's eine bissige und gefährliche Sorte. Das sind Riesen-
brummis, die übertragen Rinderkrankheiten. Aber diese
hier ... Schau sie dir an, Pitt!"

Hanna hielt den Bleistift mit der baumelnden Fledermaus vor Pitts Augen. „Ja, schau sie dir an! Ist sie nicht
putzig?"

„Nein, sie ist furchtbar!", zischte Pitt. Er schämte sich
wohl ein wenig, weil er so ein Angstgeschrei veranstaltet
hatte und nun merkte, dass sich außer ihm niemand vor
dem Tier fürchtete. „Schmeiß sie aus dem Fenster!"

Gregor erklärte, dass die Bauern die Fledermäuse für
Glücksbringer hielten und außerdem für sehr nützliche In-
sektenvertilger. „Hast du das runde Loch über Lenas Zim-

merfenster gesehen?", fragte er Pitt. „Ein Fledermausloch ist das. Tagsüber hängen die Fledermäuse mit den Krallen ihrer Flügel an einem Balken und lassen die Köpfe nach unten baumeln. Da, sieh dir mal die Krallen an, Pitt!"

Rasch steckte Pitt den Kopf ins Kissen. „Ich will das nicht sehen! Weg mit ihr!"

Gregor redete einfach weiter. „Und nachts flattern die Fledermäuse los zur Insektenjagd. Und nur weil sich eine in dein Zimmer verirrt hat, brauchst du dir noch lange nicht in die Hose zu machen."

„Pitt ist ein Angsthase", sagte Lena.

„Bin ich nicht!", schrie Pitt.

Ronja setzte sich auf die Hinterbeine und wimmerte los, weil sie dieses ganze nächtliche Theater nicht verstand. Hanna hatte inzwischen das Fenster weit geöffnet und hielt den Bleistift mit der Fledermaus über die Fensterbank hinaus. Ein leichter Windhauch plusterte das samtene Fell auf. Und dann schwupp!, war der seltsame Gast verschwunden.

Pitt bestand darauf, den Rest der aufregenden Nacht bei geschlossenem Fenster und unter Hundebewachung zu verbringen, und wenigstens die Nachttischlampe sollte brennen. Er ließ sich den Handspiegel aus dem Badezimmer bringen, um sich zu vergewissern, dass er wirklich keine Bisswunden am Hals hatte.

Lena konnte nicht einschlafen nach dieser Aufregung. Sie wälzte sich auf der Steppdecke herum, hörte den Motten und Faltern zu, die gegen die Lampe und gegen die

Fensterscheibe tippten, und war mit ihren Gedanken bei Kerstin und Dörthe. Die waren jetzt schon irgendwohin verreist. Lena überlegte: Beneide ich sie deswegen? Doch dann dachte sie: Quatsch, es ist genau umgekehrt! Die beiden beneiden mich, weil ich jetzt auf dem Pferdehof lebe.

Leise schlüpfte Lena aus dem Bett und schlich zum Fenster. Die Fußbodenbretter knirschten nur ganz wenig. Fahles Sternenlicht lag über der Landschaft. Es war, als ob eine unhörbare Melodie die Bäume und Felder und Büsche und Blumen zum Schwingen brachte. Und ich gehöre nun zu dieser Landschaft, dachte Lena. Sie stand lange und schwebte zwischen Wachsein und Schlaf.

Noch vor der Morgendämmerung stieg im Osten ein silberner Schein am Himmel auf. So etwas hatte Lena vorher nie bemerkt. Ihr war ein wenig kalt, darum zog sie die Jeans an, holte die Turnschuhe unter dem Bett hervor und wickelte sich einen Pullover um die Schultern. Dann verließ sie leise ihr Zimmer. Sie hörte Hannas ruhigen Atem und Gregors Schlafgestöhne. Pitt stieß pfeifende Schnarchtöne aus. Auf der Schwelle seiner halb geöffneten Zimmertür lag Ronja. Sie sprang auf die Beine, als sie Lena bemerkte.

„Pssst!", machte Lena. „Komm mit, ich lasse dich raus zum Pinkeln. Aber bloß nicht bellen, hörst du?"

Sie huschten im Halbdunkel die Treppe hinunter. Der Schlüssel lärmte geradezu im Schloss der Haustür. Lena lauschte. Nein, niemand im Haus war aufgewacht. Ronja trabte zum Rhododendrongebüsch. Eine Drossel flatterte auf und schimpfte.

So früh bin ich noch nie draußen gewesen, dachte Lena. Sie genoss den Nervenkitzel, allein vor dem Haus zu stehen und in die Richtung zu schauen, aus der bald die ersten Sonnenstrahlen herüberblinken würden. Noch war es mehr Nacht als Tag.

Allein? Das war falsch. Ronja war doch auch noch da, und sie machte Lena deutlich klar, dass sie noch keine Lust hatte, in der Weltgeschichte herumzustrolchen, sondern lieber noch ein paar Stündchen vor Pitts Bett dösen wollte. Lena ließ den Hund ins Haus und verschloss die Tür von außen. Jetzt war sie wirklich allein.

Triefend vom Tau war das Gras. Lena gab sich Mühe, nicht vom Sandweg abzukommen, als sie an der westlichen Hausfront entlanglief. Im verwilderten Garten raschelte es laut. Lena fürchtete sich ein bisschen. Sie pfiff mit kälteharten Lippen das Lied von den drei Chinesen.

Doch dann verstummte sie plötzlich. Für einige Sekunden schien ihr Herzschlag auszusetzen, um dann rasend die verlorene Zeit aufzuholen. Gebannt starrte Lena zum Stall hinüber.

Wieso stand die Stalltür offen?

Lena zitterte und überlegte: Hab ich gestern die Tür vielleicht nicht zugemacht? Doch, ja, sie war sich ganz sicher, dass sie die Stalltür wieder geschlossen hatte. Aber nun stand die Tür eindeutig sperrangelweit offen.

Und wieso flackerte im Pferdestall ein Lichtschein?

Lena spürte, wie das Blut in ihren Ohren rauschte. Am liebsten wäre sie ins Haus gerannt, um Gregor und Hanna zu wecken. Doch sie stand da wie festgewachsen und konnte sich vor Schreck nicht bewegen. Nicht durchdrehen!, hämmerte es in ihrem Kopf. Das bildest du dir doch alles nur ein! In der Dämmerung sieht man leicht weiße Mäuse, und später lacht man sich selber aus. Es ist doch alles in Ordnung.

Nein, nichts war in Ordnung! Die Stalltür stand offen, ein kleines Licht brannte, und irgendeine dunkle Gestalt bewegte sich da hinter einer Fensterluke.

„Hallo! Ist da jemand?", rief Lena mit ganz dünner Stimme.

Ein leises Schnauben war die Antwort.

Und dann begriff Lena, dass sich im Pferdestall des Pferdehofes ein Pferd befand. Sie dachte: Es gibt Dinge, die gibt's gar nicht! Schrittchen für Schrittchen näherte sie sich der Stalltür. Wieder hörte sie das Schnauben. Sie hielt den Atem an und lauschte. Da raschelte Stroh, da schrappte ein Huf, da knirschte Leder. Lena zog den Pullover fest um den Hals, zählte bis drei und nahm dann allen Mut zusammen. Und als sie dann in der Stalltür stand, sah sie im Zwielicht aus Morgendämmerung und Lampenlicht das Pferd.

Das Pferd war dunkelbraun und knochig, ließ den schweren Kopf hängen und weitete die Nüstern, als wollte es Lenas Geruch aufnehmen. Es war ohne Zweifel ein sehr altes Pferd. Zuerst blickte es Lena mit dem linken Auge an, dann mit dem rechten. Große und ruhige Augen waren das. Das Pferd trug ein Halfter, daran baumelte ein Lederriemen.

Lena fürchtete sich nicht mehr. Sie berührte den Hals des Pferdes. Da lief ein Zucken über das Fell. Das Pferd hob ein wenig den Kopf und stieß mit der Nase sanft gegen Lenas Arm.

„Wer bist denn du?", fragte Lena.

Lächelte das große Pferd? Es schüttelte die Mähne, um eine große Fliege zu verscheuchen, doch das sah aus, als wollte es sagen: Ich verrate es nicht.

Lena nahm die Petroleumlampe vom Balken der Box und drehte den Docht höher. Sie wusste genau, dass diese Lampe am Tag zuvor noch nicht hier gestanden hatte, und der Wassereimer auch nicht. Im helleren Schein der Lampe entdeckte sie die Strohschütte und den Futtersack. Zauberei war das! Nein, sie konnte das alles nicht verstehen.

„Wo kommst du denn her, du Pferd?", flüsterte Lena und ließ die Hand über die Brust und über den Widerrist des Pferdes gleiten. „Wer hat dich hierher gebracht?" Sie spürte narbige und knotige Stellen im Fell, fühlte verfilzte Haarbüschel und kahle Flecken, ertastete dann die eingefallenen Lenden und die fleischlosen Rippenbögen. „Wie dünn du bist!"

Das Pferd atmete schnaufend und spitzte die Lippen nach dem Futtertrog, in den war ein Gemisch aus Häcksel und Hafer geschüttet worden. Der geheimnisvolle Unbekannte, der das Pferd gebracht hatte, schien an alles gedacht zu haben. Sogar die Hufe des Pferdes hatte er frisch eingefettet. Seltsam war das alles!

Dann, als das Pferd den Kopf drehte, entdeckte Lena den Zettel, der war an der rechten Seite des Halfters mit einem Faden festgemacht. Da stand in krakeligen Blockbuchstaben geschrieben:

ICH HEISSE RAJA UND GEHÖRE
ZUM PFERDEHOF.
SCHICKT MICH NICHT WEG!

Die verwirrte Lena riss den Zettel vom Halfter und stopfte ihn in ihre Hosentasche, dann drückte sie das Gesicht gegen die Nase des Pferdes, schlang die Arme um den großen Kopf und sagte feierlich: „Wir schicken dich nicht weg, Raja. Ich verspreche es dir." So stand Lena eine lange Weile und war mit ihren Gedanken nur bei diesem braunen Pferd, das jetzt ihr Geheimnis war.

Als die schwere Stute sich dann mit jähem Ruck bewegte und heftig mit der Flanke am Bretterverschlag der Box zu schaben begann, schreckte Lena auf. Plötzlich stürmten lauter Fragen auf sie ein: Was wird Gregor sagen, wenn er erfährt, dass wir ein fremdes Pferd im Stall haben? Darf man denn einfach so ein Tier behalten, oder muss man das melden? Wie kann ich mich um Raja kümmern, wo ich doch gar keine Ahnung von Pferden habe? Ob ich Hanna in das Geheimnis einweihen soll?

Da war noch eine sehr wichtige Frage: Wer war der

Fremde, der in der Nacht das Pferd hergebracht hatte? Er hatte auf den Zettel geschrieben: *Ich heiße Raja und gehöre zum Pferdehof.* Das konnte doch überhaupt nicht stimmen, wo es doch seit langem keine Pferde mehr gab in diesem Gehöft! Was bezweckte dieser Unbekannte mit seiner Behauptung? Welchen Grund hatte er, die Stute bei Nacht und Nebel zum Pferdehof zu führen und in den Stall zu bringen? Und auch dies war eigenartig: Die Stalltür war offen geblieben, das Pferd war nicht angebunden –, aber trotzdem hatte es den Stall nicht verlassen. Bedeutete das, dass es wirklich hier zu Hause war? Dass es den Stall kannte?

In Lenas Kopf summten tausend aufgeregte Hummeln. Ich muss vor allem Zeit gewinnen, sagte Lena sich, und zuerst muss ich das alles erst einmal richtig begreifen. Aber dann, und das wusste Lena genau, fingen die Probleme erst an.

„Ruhig, Raja!", forderte sie, als die Stute zu prusten und zu scharren begann. „Keiner darf wissen, dass du in diesem Stall bist. Hast du das verstanden? Du hast genug zu fressen und zu saufen, und du kannst dich im großen Stall bewegen. Aber verhalte dich ganz, ganz ruhig, kapiert? Sonst gibt es eine Katastrophe, und wir beide kriegen riesengroßen Ärger." Lena tätschelte der Stute die Backen. „Wir müssen Zeit gewinnen. Hörst du?"

Lena löschte die Petroleumlampe und stellte sie in die Futterkammer. Dann löste sie den langen Lederriemen vom Halfter und hängte ihn zu dem anderen Geschirr an einen Wandhaken. Der Stute warf sie einen beschwörenden Blick zu und verließ hastig den Stall.

Jetzt war es fast taghell. Lena stellte erleichtert fest, dass man von draußen kaum durch die staubblinden Scheiben ins Innere des Stalles schauen konnte. Aber wenn Raja Lärm machte, was war dann? Lena verscheuchte den Gedanken, als sie die Stalltür von außen verriegelte. Sie entfernte sich ein Dutzend Schritte vom Stall und prüfte noch einmal, ob man das Pferd auch wirklich nicht sehen konnte. Nein, da war Lena sich sicher, wenn im Stall kein Licht brannte, wirkten die Fenster schwarz.

Aber da! Deutlich waren im Sand die Abdrücke der Hufe zu erkennen, und da gab es auch eine Stiefelspur mit grobem Profil und eine schmale Linie, die anscheinend vom Rad einer Schubkarre stammte. Lena stellte den rechten Fuß in einen Stiefelabdruck. Donnerwetter! Der Unbekannte musste riesige Siebenmeilenstiefel getragen haben.

Lena wusste aus ihren Büchern, wie Indianer verdächtige Fährten beseitigten. Rasch holte sie aus der Scheune einen Kartoffelsack, legte ein paar Steine hinein und zog dann den beschwerten Sack wie eine Schleppe hinter sich her. Schon bald war von den verräterischen Spuren nichts mehr zu sehen.

Aber wenn Ronja das Pferd witterte! Lena verscheuchte den Gedanken. Sie hatte schon Probleme genug. Irgendwie musste sie es schaffen, den Hund nicht zu nah an den Pferdestall kommen zu lassen. Ob sie Pitt von dem Pferd erzählen sollte? Da brauchte sie nicht lange zu grübeln. Nein, nein und noch mal nein! Ihr Bruder trug sein Herz auf der Zunge. Bestimmt würde der sich verplappern.

Bauchschmerzen stellten sich ein. Lena wusste, dass das von der Aufregung kam. Sie atmete tief und ging langsam zum Wohnhaus zurück. Und wenn sie nicht so große Sorgen gehabt hätte, wäre sie wahrscheinlich in lautes Gelächter ausgebrochen, als sie um die Hausecke bog. Denn vor der Haustreppe stand ihr langer, dünner Vater in seinen Nachtshorts, hüpfte herum wie ein beschwipster Klapperstorch und wedelte mit Armen und Beinen.

„Gregor! Bist du vom wilden Mann gebissen worden?", rief Lena.

Jäh fuhr Gregor herum und machte das dümmste Gesicht der Weltgeschichte. „Mensch, Lena! Hast du mich erschreckt! Wo kommst du denn auf einmal her?"

„Erst hab ich Ronja rausgelassen, und dann hab ich zugeschaut, wie die Sonne aufgeht. Und was ist das, was du hier veranstaltest?"

„Na, was schon!", schnauzte Gregor ein bisschen gereizt, weil er sich schämte. „Ich absolviere mein Morgentraining. So etwas ist gesund."

Lena lachte. „Man sieht's. Deine Muskeln haben schon den doppelten Umfang gekriegt. Willst du nicht Berufsboxer werden?"

„Mach dich nur lustig über deinen alten Vater!" Lachend drohte Gregor mit beiden Zeigefingern. „Ist das nicht verrückt? Wenn ich zur Arbeit muss, komm ich nicht aus den Federn, aber heute, wo ich mich ausschlafen könnte, laufe ich schon in aller Herrgottsfrühe draußen herum."

„Irgendwie kommt mir das bekannt vor", kicherte Lena.

Gregor drückste ein bisschen herum. „Du, Lena, wegen gestern Abend ... Also, dass ich etwas laut geworden bin, das darfst du nicht übel nehmen. Ich kann Tierquälerei nun mal nicht ausstehen, auch dann nicht, wenn man sie Reitsport nennt. Das ging nicht gegen dich. In Ordnung?"

„Ich nehme es zur Kenntnis", sagte Lena spitz.

„Hast du Lust, schon mal Kaffee zu kochen?"

„Nein", rief Lena, „hab ich nicht! Aber ich mach's trotzdem." Sie dachte: Vielleicht ist es ganz gut, wenn ich etwas zu tun habe. Dann kann ich dabei in Ruhe überlegen. Ich brauche jetzt unbedingt eine erstklassige Idee.

Lena konnte nicht ahnen, dass an diesem Tag noch eine Menge anderer Aufregungen auf sie warteten!

Lenas Trick

Beim Frühstück besprachen sie ihre Pläne für den Tag. Pitt schlug einen gemeinsamen Streifzug in den Wald vor, doch er fand keine Mehrheit. Gregor musste zum Einwohnermeldeamt in Uhlendorf und zur Baubehörde in der Kreisstadt. Hanna wollte unbedingt ein paar Stunden im verwilderten Garten arbeiten.

Das passte Lena natürlich gar nicht. „Aber Hanna! Müsstest du nicht längst deine Übersetzung fertig haben?"

„Nanu!" Hanna setzte verblüfft die Tasse ab. „Sonst maulst du doch immer, wenn ich am Schreibtisch hocke. Wieso interessierst du dich auf einmal für meine Übersetzungen?"

„Weil die Frau Helwig vom Verlag dir sonst die Ohren abreißt. Du hast doch selber gesagt, dass du Ärger kriegst, wenn du den Termin nicht einhältst."

„Ach, Lena! Ich bin gut in der Zeit. Mach dir mal keine Sorgen wegen meiner Ohren." Hanna tippte Lena mit dem Kaffeelöffel auf die Nasenspitze. „Bis Mittag will ich mal versuchen, ein bisschen von dem Dschungel zu lichten, der wieder ein schöner Garten werden soll. Hilfst du mir?"

Lena nickte und gab sich Mühe, den Schrecken zu überspielen. Vom Gartentor bis zum Pferdestall waren es kaum fünfzig Schritte! „Aber wir nehmen den Kassettenrecorder mit und hören beim Arbeiten Musik, ja?"

Hanna hatte nichts dagegen.

„Ich und Ronja, wir kommen auch mit", sagte Pitt kauend. Mit den Marmeladentupfern im Gesicht sah er wie ein Clown aus. „Ich säge alle vertrockneten Äste ab."

„Der Hund muss im Haus bleiben!", widersprach Lena rasch. „Wenn wir mit der Sense und der Gartenschere rumfuchteln, dann ist das viel zu gefährlich für die Ronja. Stell dir mal vor, wir säbeln ihr aus Versehen 'ne Pfote ab!"

„Lena hat Recht", entschied Gregor. „Ronja muss zu Hause bleiben und auf das Telefon aufpassen."

Das fand Pitt überhaupt nicht witzig, und Ronja stimmte ein herzerweichendes Jammergeheul an, als die anderen ohne sie aus dem Haus gingen. Lena atmete erleichtert auf. Sie hatte noch einmal Glück gehabt.

Gregor fuhr mit dem Vectra davon, Hanna, Lena und Pitt holten aus der Scheune alle Gartengeräte, die sie finden konnten, sogar eine Mistgabel, und schleppten sie zum Garten hinüber. Lena spähte dabei immer wieder zum Pferdestall. Nein, da rührte sich nichts! „Du bist ein braves Pferd, Raja", flüsterte sie so leise, dass nur sie es hören konnte.

Hanna betrachtete mit krauser Stirn die zugewachsenen und überwucherten Gemüsebeete und Blumenrabatten. Dann stöhnte sie lachend: „Ich glaube, das dauert tausend Jahre, bis wir aus dieser Wildnis wieder einen Garten gemacht haben! Also, liebe Leute, es geht los."

Schmetterlinge, Wespen, Hummeln, Bienen und dicke Fliegen stoben in hellen Scharen von den Blüten auf, als Hanna, Lena und Pitt in das Gartendickicht eindrangen. Man konnte nur noch erahnen, dass hier einmal Spargel, Bohnen, Erdbeeren, Möhren und viele Salat- und Kohlsorten gewachsen waren. Doch allmählich gelang es Lena, zwischen wilden Pflanzen und Gartenkräutern zu unterscheiden. Mitten im Grasgewirr entdeckte sie Kerbel und Salbei, Petersilie und Schnittlauch, Basilikum und Dill. Sogar Tomaten, zwar noch klein und grün, und Paprikaschoten fand sie.

Pitt war auf einen Stachelbeerstrauch gestoßen. „Die

Beeren sind richtig reif und schmecken astrein!", schrie er.

Hanna hatte sich die wildledernen Gartenhandschuhe übergestreift und riss büschelweise Brennnesseln, Bärlapp und Dornenranken aus dem Boden. Manche Pflanzen, die man zum Unkraut zählt, ließ sie aber stehen, weil sie so schön waren: die hohen Disteln mit den violetten Blüten, die Weidenröschen, die Wicken und die Wegwarten.

Lena schabte mit dem Spaten die Platten sauber, damit erst einmal sichtbar wurde, wo früher die Wege durch den Garten verlaufen waren. Sie fand kleine Erbsen an umgeknicktem Spalier, die schmeckten süß, und man konnte sie mit den Schoten essen. Der Kürbis, der von faulendem Laub fast zugedeckt war, hatte Schimmel angesetzt. Unter der Birke wuchsen gelbliche Pilze.

Pitt kämpfte mit der Gartenschere gegen die Brombeerbüsche an, die ihre Ranken wie gierige Finger quer durch den gesamten Garten ausgestreckt hatten. Plötzlich schrie er gellend auf: „Ich bin gestochen worden!" Und dann heulte er.

Genau in diesem Augenblick kam ein Junge mit einem schockbunten Mountainbike angesaust. Am Gartentor vollführte er eine so rasante Vollbremsung, dass er mitsamt dem Rad in den morschen Jägerzaun stürzte. Das schien ihm aber nichts auszumachen. Von der schnellen Fahrt war er außer Puste, und dicke Schweißtropfen rannen ihm aus dem schwarzen Haar.

„Was ist los?", rief der Junge und zeigte auf Pitt. „Wespenstich? Ich kann den Stachel rausziehen, ich bin Experte!" Und schon eilte er zu dem weinenden Pitt hinüber und fing an, dessen Handballen zu quetschen und zu kneten.

„Aufhören!", kreischte Pitt. „Das wird immer schlimmer!"

„Dann lass mich wenigstens das Gift raussaugen", sagte der Junge und entblößte die Zähne, als wollte er sie in Pitts Hand schlagen.

Zum Glück griff jetzt Hanna ein. Sie besah sich Pitts lehmige Hand und das winzige Mal in der Haut und erklärte: „Das war bestimmt keine Wespe, sondern höchstens eine Stechfliege. Wir tun zur Vorsicht ein bisschen Arnika drauf."

Pitt schniefte und starrte grimmig den fremden Jungen an. „Der ist doof!", fauchte er.

„Der ist nicht doof", entgegnete Hanna scharf. „Er hat es gut gemeint und wollte dir helfen."

„Ich bin der Ioannis", sagte der Junge und lächelte freundlich.

„Tag, Johannes!" Hanna reichte dem Jungen die Hand. „Willst du uns einen Besuch machen?"

„Nicht Johannes!" Der Junge hob die Hand und wiederholte seinen Namen, indem er dabei jede Silbe betonte. „I-o-an-nis. Und mein ganzer Name geht so: Ioannis Katsanakis. Das ist ein griechischer Name."

„Das hört sich verdammt schön an!", platzte Lena heraus. Und dann wurde sie ein wenig rot. „Klingt jedenfalls gut."

„Bist du der Sohn vom Elektriker Katsanakis?", wollte Hanna wissen. Sie zog die Gartenhandschuhe aus und legte sie über einen Essigbaumast.

„Bin ich!" Ioannis nickte eifrig. „Eigentlich bin ich selber auch ein richtiger Elektriker. Wenn Sie mal eine Leitung zu reparieren haben, brauchen Sie's mir nur zu sagen. Von Gartenarbeit hab ich auch 'ne Menge Ahnung. Soll ich helfen?"

„Aber gern!" Hanna war schon am Gartentor. „Ich will nur mal schnell unseren Schwerverletzten behandeln, dann machen wir weiter." Sie eilte zum Haus.

Ioannis schaute Lena lange und neugierig an, dann sagte er bewundernd: „He, du siehst aus wie eine Indianerin!"

Da wurde Lena erst recht rot. Nein, nicht etwa, weil es ihr peinlich war, dass Ioannis das sagte, sondern weil sie sich darüber freute. Denn sie wollte ja wirklich ein wenig wie eine Indianerin aussehen! Hätte sie sonst die blaugrün-gelb gestreifte Fransenbluse zu den hellen Jeans angezogen und das silbern-türkis bestickte Stirnband und den geflochtenen Ledergürtel, den Dörthe und Kerstin ihr zum letzten Geburtstag geschenkt hatten? Lena schielte aus den Augenwinkeln zu Ioannis hinüber und tat verwundert. „Wie eine Indianerin? Wie kommst du denn auf die Idee?"

„Nur so", sagte Ioannis, „kommt mir jedenfalls so vor."

Es zeigte sich, dass Lena dem Besucher gar nichts über ihre Familie zu erklären brauchte, denn Ioannis war von seinem Vater offensichtlich hinreichend informiert worden. Aber Lena erfuhr etwas Neues: Ioannis würde nach den Ferien ebenfalls in Habichtsbeek in die siebte Jahrgangsstufe kommen.

Hanna brachte nicht nur das Fläschchen mit der Arnikatinktur, sondern auch einen Krug mit kühlem Birnensaft und dazu ein Tablett mit Gläsern. Während dann Lena und Ioannis tranken, verzog Patient Pitt geradezu bühnenreif sein Gesicht zu zahllosen Leidensgrimassen, als Hanna seine Haut mit Arnika betupfte und ein Pflaster auf den Einstich klebte. Pitt trug für sein Leben gern möglichst große Pflaster auf seinem Körper spazieren.

Gemeinsam stürzten sie sich dann in die Arbeit. Frischer Wind war aufgekommen und raschelte in Büschen und Baumkronen. Lena freute sich darüber. Zum einen brachte der Wind ein wenig Kühlung, zum anderen übertönte das Geraschel jedes andere Geräusch. Selbst wenn Raja im Pferdestall geschnaubt oder gestampft hätte, wäre das nun im Garten gewiss nicht zu hören gewesen.

Ioannis lief zu großer Form auf. In Weltrekordgeschwindigkeit lockerte er mit dem Karst die Erde in der quadratischen Fläche auf, die einmal das Kartoffelbeet gewesen war und jetzt so etwas wie die Festungsanlage der Wühlmäuse darstellte. Im gleichen Tempo zupfte und zerrte er anschließend die Unkrautstrünke aus dem Boden und warf sie über den Gartenzaun. Lena fand zwar, dass Ioannis das alles mehr schwungvoll als sorgfältig erledigte, aber sein Eifer war äußerst beeindruckend. Pitt, der die verpflasterte Hand so von sich streckte, als läge der ganze

Arm in Gips, erwies sich natürlich als nur noch bedingt einsatzfähig. Er spielte jetzt den Urwaldforscher und drang in die hinteren Bereiche des großen Gartens vor, um nach verborgenen Schätzen zu suchen.

Wer aber dann einen Schatz fand, das war Lena!

Sie stocherte mit dem Spaten herum und gab sich alle Mühe, die Erde gründlich umzugraben. Plötzlich stieß sie auf etwas Hartes, das ließ das Spatenblatt wieder aus dem Boden schnellen. Nanu, was war das? Wieder stieß Lena zu, das Ding gab aber nicht nach. Da stocherte Lena so lange herum, bis sie das geheimnisvolle Etwas freigelegt hatte, und dann hielt sie ein rostiges Hufeisen in die Höhe. „Schaut mal, was ich gefunden habe!"

„Toll! Das ist ein Glücksbringer!", rief Hanna.

„Das ist ein magisches Zeichen", sagte Ioannis ernst. „Es ist bestimmt kein Zufall, dass du das gefunden hast. So etwas hat immer was zu bedeuten. Ich wette, du hast jetzt ein ganzes Jahr lang lauter Glück."

Wenn ihr mal nur Recht habt, dachte Lena. Laut sagte sie: „Das nagel ich mir über mein Bett."

„Und dann fällt es runter", krähte Pitt aus der Ferne, „und du kriegst es auf den Kopf und bist deppert. Schenk es lieber mir, das Hufeisen!"

„Ausgerechnet", lachte Lena. Sie kratzte die lehmige Erde vom angerosteten Metall. Das Eisen schien kaum abgelaufen zu sein. Wer mochte es wohl vergraben haben? Und warum? Lena überlegte: Ob es wirklich ein Geheimzeichen ist?

„Vielleicht finde ich auch ein Hufeisen!", rief Ioannis und drosch wie besessen mit dem Karst in der Gegend herum. „Das wär doch gelacht, wenn ich nicht auch ..." Mitten im Satz brach er ab und ließ sich zu Boden fallen. Das Arbeitsgerät hielt er noch fest, doch seine Hände zitterten, und sein Gesicht war auf einmal käsig weiß. „Ich hab mir ins Bein gehackt!"

Hanna sprang mit zwei, drei Sätzen über den verwelkten Rhabarber. Sie riss das Hosenbein hoch. Zuerst war da nur eine bläulich weiße Linie, doch ganz plötzlich schoss das Blut aus dem Riss in der Wade. Hanna zog ihr Schweißtuch vom Hals und wickelte es hastig um die Wunde. Im Nu war das helle Tuch rot.

„Lena, bring ihn zum Gartentor!", rief Hanna. „Ich hole den Wagen. Wir müssen zum Arzt!" Und schon rannte sie los.

Mir wird schlecht, dachte Lena, als sie so viel Blut sah, doch tapfer griff sie dem Jungen unter den Armen durch und half ihm beim Aufstehen. „Komm, versuch zu humpeln!", forderte sie.

„Nicht zum Arzt!", rief Ioannis mit seltsam heiserer Stimme. „Das ist doch nicht so schlimm!" Er fasste nach dem blutigen Tuch und zog es fester um das Bein, dabei grinste er Lena mit schiefem Lächeln an, als wollte er zeigen, dass einer wie er so eine Verletzung locker wegstecken könnte. Doch dann liefen ihm die Tränen über das verschwitzte Gesicht.

„Wein ruhig!", sagte Lena.

Ioannis wischte sich übers Gesicht. „Cowboys weinen nicht", erklärte er trotzig.

Der Volvo röhrte auf. Hanna lenkte den Wagen in einer gewagten Kurve bis ans Gartentor. Sie hatte ein Handtuch mitgebracht, das schlang sie um Ioannis' Unterschenkel, nachdem sie den Jungen auf den Nebensitz bugsiert hatte.

„Weißt du, wo in Uhlendorf die Arztpraxis ist?"

„Klar", sagte Ioannis. „Ich zeig's Ihnen."

„Tut es sehr weh?", rief Lena, als der Wagen davonfuhr. Sie wusste, dass Ioannis das nicht mehr gehört hatte. Sie fühlte, dass ihr die Knie weich wurden.

„Kommt der jetzt ins Krankenhaus?", fragte Pitt und machte vor Aufregung ganz große Augen.

„Aber sicher!", fauchte Lena ihren Bruder an. „Auf die Intensivstation. Und dann wird er künstlich beatmet. Mensch, Pitt, du kannst vielleicht blöde fragen!"

Pitt streckte Lena die Zunge raus, dann riss er sich das Pflaster vom Handballen. Er wusste, dass er mit seiner Verletzung nun keinen Eindruck mehr machen konnte.

Vom Haus scholl Gebell herüber. Anscheinend hatte Ronja gewittert, dass etwas Außergewöhnliches geschehen war. Die Aufregung der Menschen hatte sich auf sie übertragen.

„Kümmer dich mal um Ronja!", forderte Lena. Sie wollte schnell die Gelegenheit nutzen und nach dem braunen Pferd schauen, doch es war bereits zu spät. Sie hörte, wie sich Motorgebrumm näherte. Gregor kam also zurück.

Natürlich wetzte Pitt sofort los, um dem Vater das

schlimme Ereignis zu berichten. Gregor war dem Volvo begegnet und hatte aus Hannas Handzeichen schon geschlossen, dass etwas passiert war. Nun beruhigte er erst einmal seine Kinder. So eine Fleischwunde sehe manchmal schlimmer aus, als sie wirklich sei, doch ein Arzt müsse sich so etwas schon ansehen, das sei wichtig, und ein richtiger Verband sei natürlich nötig und vielleicht auch eine Tetanusspritze.

Lena fand es gut, dass der Vater so ruhig mit ihnen redete. Allmählich löste sich ihre Anspannung, im Magen rumorte es nicht mehr, nur die Gedanken spielten noch ein bisschen verrückt.

„Kommt ins Haus", sagte Gregor, „bevor Ronja völlig durchdreht."

Die Hündin freute sich sehr, dass sie endlich wieder Gesellschaft bekam, und bepinkelte erst einmal Gregors Schuhe. Dann hob sie den Kopf und knurrte leise. Sie hatte nämlich etwas gehört. Und nun vernahmen es auch Gregor und die Kinder: Reifen knirschten auf dem Kies, ein Motor tuckerte aus.

„Das ist nicht der Volvo", sagte Pitt.

Es war ein VW-Passat, und zwar ein grün-weißer. Sie sahen es, als Lena die Haustür aufstieß, sie sahen auch die Schrift auf der Motorhaube: POLIZEI.

Zwei ziemlich junge Polizisten stiegen aus. Ihre Mützen hatten sie unter den Arm geklemmt. Der eine hatte eine Pumuckl-Frisur, der andere eine Stirnglatze. Sie nannten ihre Namen und ihre Dienstgrade, doch Lena hörte nur mit halbem Ohr hin. Ihr war auf einmal kalt, und sie dachte voll Furcht: Was wollen die hier?

Gregor war aus der Diele ins Freie getreten und hielt die hechelnde Ronja am Halsband fest. „Tag, die Herren", erwiderte er den Gruß der beiden Beamten.

„Sie sind frisch hier eingezogen!" Das sagte der mit der Pumuckl-Frisur. Eigentlich war seine Feststellung überflüssig. „Dann kommt ja endlich wieder Leben auf den Pferdehof. Das war ja auch nichts, so ein totes Gehöft."

„Ja, jetzt kommt wieder Leben auf den Pferdehof", bestätigte Gregor, „dafür sorgen diese drei hier schon." Damit meinte er natürlich die Kinder und den Hund. „Was kann ich für Sie tun? Möchten Sie ins Haus kommen?"

„Nein, nein!", wehrte der andere Polizist ab. „Wir wollen nur mal fragen, ob Sie nicht vielleicht ein fremdes Pferd im Stall stehen haben."

Gregor streckte amüsiert die Hände zum Himmel. „Gott bewahre! Mit Pferden will ich nichts am Hut haben, und mit fremden schon gar nicht! Ist irgendwo eins ausgebüxt?"

„Beim Bauern Kleine-Greving ist letzte Nacht eins gestohlen worden", erklärte der Pumucklpolizist. „Aus dem Stall raus. Und was das Komische an der Sache ist: Da stehen vier wertvolle Vollblüter im Stall, aber die hat der Dieb nicht angetastet. Ausgerechnet einen völlig wertlosen alten Gaul hat er gestohlen. Das soll ein Mensch verstehen!"

Lena spürte, wie der Zorn in ihr hochstieg. Völlig wertloser alter Gaul! Wie konnte man so etwas über die sanfte Raja mit den zärtlichen Augen sagen!

Der Polizist mit der Stirnglatze zielte mit dem Zeigefinger auf Gregor. „Aber geklaut ist geklaut. Da geht es nicht in erster Linie um den Sachwert, sondern um den Tatbestand eines Eigentumsdeliktes!"

„Da sagen Sie was!" Gregor hatte Mühe, sein Grinsen zu verbergen. „Was mag denn wohl der Grund für den Diebstahl sein?"

„Es gibt Ganoven, die stehlen irgendein Pferd und verhökern es heimlich an einen Metzger, der mit ihnen unter einer Decke steckt. Oder an einen Hundefutterhersteller." Der Polizist hielt noch immer den Zeigefinger ausgestreckt.

„Aber kann es nicht sein", gab Gregor zu bedenken, „dass das Pferd sich selbstständig gemacht hat, um sich ein bisschen die Landschaft anzuschauen? Vielleicht hat es sich im Stall gelangweilt."

Auf diesen Einwand schien der Pumucklpolizist nur gewartet zu haben. „Ich hab noch nie gehört, dass ein Pferd sich selbst ein Halfter angelegt hat und 'ne Stalltür auf- und zuriegeln konnte." Und dann lachte er dröhnend. „Also, wir haben den Auftrag, auf allen umliegenden Höfen mal nachzuforschen. Können wir uns bei Ihnen auch ein bisschen umsehen?"

„Aber selbstverständlich", sagte Gregor.

Pitt staunte die Uniformen an, Ronja behielt die fremden Männer argwöhnisch im Auge, Lena hatte einen entsetzlich dicken Kloß im Hals und so etwas wie eine schrille Bildstörung im Kopf.

„Scheune und Stall liegen hinter dem Haus", sagte Gregor.

Lena versuchte die wirren Gedanken zu ordnen. Jetzt ist alles aus! Wie ein Hammerschlag dröhnte dieser Satz in ihrem ganzen Körper. Am liebsten hätte sie sich die Augen zugehalten und geschrien: Ich bin gar nicht da!

Der Zettel in ihrer Hosentasche! Lena tastete nach dem Stück Papier. Da stand doch geschrieben: *Ich heiße Raja und gehöre zum Pferdehof. Schickt mich nicht weg!*

Wer immer das geschrieben hatte: Bestimmt hatte er Recht. Nein, die Polizisten durften das braune Pferd nicht finden! Raja musste auf dem Pferdehof bleiben. Und erstaunt dachte Lena auch: Ich habe die Verantwortung. So verzweifelt Lena auch war, sie gab nicht auf. Einer Indianerin muss doch irgendeine List einfallen, irgendein Trick! Lena setzte alles auf eine Karte.

Fast empört schnauzte sie die beiden Polizisten an: „Sie unterstellen meinem Vater, dass er ein Pferd gestohlen haben könnte? Das ist eine Unverschämtheit! Wissen Sie nicht, dass mein Vater Richter ist?"

Halb belustigt, halb ernst sagte Gregor: „Aber Lenamädchen, vor dem Gesetz sind alle gleich."

Der Pumucklpolizist fasste sich an die Nase. „Stimmt das? Sie sind Richter von Beruf?"

Gregor nickte. „Allerdings. Richter Belker von der Jugendstrafkammer."

Die Polizisten lachten verlegen. Dann riefen sie gleichzeitig: „Ein Richter als Pferdedieb, das wäre ja ein Witz! Nichts für ungut!" Sie entschuldigten sich für die Störung. Die Sache hatte sich erledigt. Die Polizisten fuhren davon. Ronja bellte wie am Spieß. Lena konnte es geradezu hören, wie ihr dutzende von zentnerschweren Wackersteinen von der Seele plumpsten.

Gregor schmunzelte. „Und wenn ich jetzt wirklich ein Pferdedieb wär?"

„Dann hätten wir die Polizisten aber schön angeschmiert", rief Pitt. „Was gibt es eigentlich zum Mittagessen?"

„Wie kann ein Mensch nur so verfressen sein!" Lena fasste ihren Bruder bei den Ohren und schüttelte ihn. Vor Erleichterung hätte sie am liebsten laut gesungen. Dabei war das Hauptproblem doch noch gar nicht gelöst. Das hieß Raja und stand im Stall des Pferdehofes, und nur Lena und der nächtliche Besucher wussten davon.

Außerdem war der Tag der Überraschungen noch lange nicht zu Ende.

Der Mann im Moor

Da kam jemand geradelt. Lena sprang zum Wohnzimmerfenster, als sie auf einmal fröhliches Geklingel hörte. Annette war das! Sie trug ein T-Shirt, das war so hell wie ihr

Haar, und eine knielange Radfahrerhose in Regenbogenfarben. Auf dem Gepäckträger hatte sie einen Henkelkorb.

Lena riss die Haustür auf. „Tag, Annette! Schön, dass du gekommen bist!"

„Hallo, Lena! Wenn du nicht zu mir kommst, dann muss ich ja wohl zu dir kommen. Ich hab den ganzen Morgen auf dich gewartet."

„Ich musste im Garten helfen", sagte Lena. Und dann sprudelte sie los und berichtete, was dem armen Ioannis passiert war.

Annette wunderte sich nicht. „Ich sag dir, Lena, der Ioannis ist der größte Pechvogel der ganzen Gegend. Immer geht dem was schief. Das liegt an seinem Übereifer. Er will alles können und alles machen und ist dabei viel zu hastig. Aber ich mag ihn. Er ist immer nett und hilfsbereit, dieser Chaot. Schau mal, ich hab Sauerkirschen mitgebracht und Eier." Annette zeigte auf den Korb. „Sollen wir einen Haufen Kirschpfannkuchen machen?"

„Eier?"

Annette sah Lenas besorgten Blick. „Keine Angst! Die sind von unseren frei laufenden Hühnern. Ich hab sie selbst eingesammelt." Annette stellte ihr Rad im Schatten der Ulme ab und folgte Lena ins Haus.

„Annette und ich, wir backen Kirschpfannkuchen!", rief Lena.

„Das finde ich einsame Spitze", lobte Gregor, der dabei war, seine Meerschaumpfeife zu stopfen. „Fein, dass du uns besuchst, Annette!"

„Soll ich mithelfen beim Backen?", fragte Pitt eifrig.

Lena wehrte ab. „Es reicht, wenn du beim Essen mithilfst."

Die Räuberhündin Ronja schleckte Annettes Beine ab und stöhnte wohlig dabei. Es gefiel ihr sehr, dass das fremde Mädchen sie so gründlich kraulte und ihr dichtes Fell knubbelte.

Annette ließ den Blick bewundernd durch die geräumige Wohnhalle streifen. Sie sah die gemütliche Sitzgruppe, den alten Eichenschrank, die Gemälde, die Pflanzen, doch am meisten hatten es ihr die Regale mit den vielen Büchern angetan. „Toll, Lena! So schön hatte ich mir das nicht vorgestellt."

Die beiden Mädchen gingen in die Küche und versperrten hinter sich die Tür, weil sie ungestört hantieren wollten. Zuerst entkernten sie die Kirschen, dann rührten sie aus Milch und Mehl den Teig an.

„Wie viele Eier kommen da jetzt rein?", fragte Lena.

„Mindestens zehn", entschied Annette und machte sich schon daran, Eier aufzuschlagen und in den Teig zu kippen.

Dazu hatte Lena natürlich auch Lust, weil es so schön klatschte. „Ich kann es noch schneller als du!", rief sie. Doch als sie dann Ei Nummer neun auf den Schüsselrand knallte, da fiel sie fast in Ohnmacht. „Iiiii!"

Grünlich-bräunliche Soße floss aus der Eierschale in den Teig hinein, und es stank so mörderisch, dass Lena sich Nase und Mund zuhielt. Annette riss das Fenster auf.

„Eigentlich muss man ja auch erst schnuppern, wenn man ein Ei aufschlägt", meinte Lena kleinlaut.

Das faule Ei hatte den Teig versaut. Die Mädchen steckten sich Wäscheklammern auf die Nasen und trugen die Schüssel hastig nach draußen. Pitt hielt sich ein Kissen vors Gesicht, Gregor floh die Treppe hinauf, Ronja zog den Schwanz ein, als Lena und Annette das Wohnzimmer durchquerten. Lena holte den Spaten aus dem Garten und grub ein Loch unter der Ulme. Annette schüttete mit abgewandtem Gesicht den verdorbenen Teig hinein. Schnell häufte Lena Erde über die stinkende Masse.

„Geschafft!", stöhnte Annette erleichtert.

Lena zeigte zum Zufahrtsweg hinüber. Dort kam der Volvo geschaukelt. Neben der Fahrerin Hanna saß der feixende Ioannis und lutschte die letzten Reste aus einem Eisbecher.

Ioannis spielte anschließend sehr gekonnt die Rolle des lässig coolen Helden. Zwar hatte er das Hosenbein hochgekrempelt, damit der Verband gut zur Geltung kam, aber der Ausdruck seines Gesichtes schien ununterbrochen zu verkünden: So eine Schramme ist doch für einen Kerl wie mich nicht der Rede wert. Pitt bewunderte ihn mächtig, doch Ioannis war eindeutig mehr auf die anerkennenden Blicke der Mädchen aus.

„Der Arzt hat die Wunde geklammert", berichtete Hanna. „Zum Glück im Unglück ist es nur eine Fleischwunde, aber vorsichtig muss Ioannis die nächsten Tage schon sein. Fußball und Radfahren verboten. Gartenarbeit auch!" Sie fasste Ioannis ins Haar. „Seine Mutter meinte, *eine* Verletzung pro Woche sei üblich. Ich wollte den Burschen ja zu Hause abliefern, er musste aber unbedingt noch mal mit hinaus zum Pferdehof."

„Wenn du Glück hast", sagte Lena zu Ioannis, „kannst du nachher beim großen Kirschpfannkuchenessen mitmachen. Annette und ich, wir starten jetzt den zweiten Versuch."

„Wieso den zweiten?" Hanna verstand das nicht.

Pitt übernahm es, ihr wortreich von der Katastrophe mit dem faulen Ei zu erzählen, während die Mädchen sich tapfer erneut ans Teigrühren machten. Zum Glück waren genug Eier da, und dieses Mal beschnupperten Lena und Annette jedes aufgeschlagene Ei mindestens eine Minute lang, bis sie es in den Teig platschen ließen. Versuch Nummer zwei gelang!

Hätte nicht der begnadete Küchenmeister Gregor allen Anwesenden zu beweisen versucht, dass man einen Pfannkuchen auch ohne Pfannenmesser wenden kann, wäre die nächste Katastrophe ausgeblieben. Aber Gregor wollte unbedingt zeigen, dass er einen Pfannkuchen mit Schwung durch die Luft wirbeln und dann mit der anderen Seite in der Bratpfanne auffangen konnte. Das Wirbeln klappte prima, der Rest der Aktion weniger. Der Pfannkuchen klebte dann oben an der Küchenlampe fest, und als Ronja die herunterpurzelnden Kirschen vom Fußboden auflecken wollte, verbrannte sie sich die Schnauze und heulte herzerweichend.

Doch als sie dann später um den runden Tisch saßen, schmeckte allen das Mittagessen vorzüglich. Pitt behauptete anschließend, er habe siebzehn Kirschpfannkuchen verputzt. Er schlief mit der Hündin im Arm auf dem Sofa im Wohnzimmer ein.

Das fand Lena gut!

Günstig war auch, dass Hanna sich in ihr Arbeitszimmer zurückzog, um an der Übersetzung weiterzumachen, und dass Gregor sich hinter einem Berg Prozessakten verschanzte, weil sein Umzugsurlaub am übernächsten Tag beendet war. So konnte Lena endlich ihre neuen Freunde in ihr Geheimnis einweihen. So ein Geheimnis kann einem auf der Zunge liegen wie eine heiße Kartoffel.

Lena hielt sich den Finger vor den Mund, machte „psst" und gab Annette und Ioannis ein Zeichen, ihr nach draußen zu folgen. Die beiden ahnten, dass es um etwas Spannendes ging. Ioannis vergaß sogar zu humpeln.

Im Gänsemarsch zogen sie am Haus und am Garten vorbei zum Pferdestall. Lena äugte nach allen Seiten, stellte fest, dass niemand sie und die Freunde beobachtete, und riegelte die Stalltür auf. Die braune Stute kam ihr mit fast tapsenden Schritten und freundlichem Schnauben entgegen. Ganz klar: Sie freute sich.

„Ich glaub, ich werd nicht mehr!" Verblüfft fasste Annette nach Lenas Arm. „Da ist ja die alte Raja! Die war doch geklaut worden. Sogar die Polizei hat nach ihr geforscht. Die war wie vom Erdboden verschwunden. Und jetzt ..." Annette schüttelte verständnislos den Kopf.

„... jetzt steht sie bei euch im Stall", beendete Ioannis den Satz. „Wie kommt denn das?"

Lena pulte Schorf vom Fell des Pferdes. „Ich weiß es nicht. Heute Morgen stand sie plötzlich hier im Stall. Mit Futter und mit Wasser. Sogar Stroh war auf dem Boden ausgebreitet. Und am Halfter war dieser Zettel festgemacht. Schaut euch das an!" Lena zog den Zettel aus der Hosentasche und hielt ihn Ioannis und Annette hin. „Wer kann das geschrieben haben?"

Ioannis kicherte. „Wenn's nicht Sommer wär, würde ich sagen: der Osterhase."

Annette legte den Kopf schief, um anzuzeigen, dass sie angestrengt nachdachte. Sie hatte die Augenbrauen zusammengezogen, doch auf einmal ging in ihrem Gesicht geradezu das Licht an. „Ha! Ich weiß es. Tewes!"

„Tewes?", riefen Lena und Ioannis verständnislos.

„Der Stallmeister vom ollen Mattes", erklärte Annette. „Der war damals fix und fertig, als die Erben vom Mattes nach und nach die letzten Pferde verkauften und den Pferdehof vergammeln ließen. Da! Da in der Futterkammer, da hat der Tewes zuletzt auf einem Feldbett geschlafen, weil er sich um das allerletzte Pferd kümmerte. Das wollte nämlich niemand haben."

„Du meinst die Raja?", fragte Lena leise.

„Genau die. Sie ist ja auch völlig wertlos."

„Das darfst du nicht sagen!", schrie Lena Annette an.

Verdutzt zuckte Annette zusammen, weil sie Lenas Wutausbruch nicht verstand. „Ich meine, zum Reiten oder für die Feldarbeit oder so. Aber der Tewes, der hing schon immer an der uralten Stute. Die hatte ja ihr ganzes Leben auf dem Pferdehof verbracht und viele Fohlen gehabt. Und dann musste sie auch weg von hier, genau wie der Tewes. Kleine-Greving hat sich überreden lassen, die Raja zu nehmen. Aber er hat sie nie zusammen mit seinen Turnierpferden gezeigt, weil er meinte: Die ist so hässlich, die stört das Bild. Raja war immer allein. Und jetzt schnauz mich nicht wieder an, Lena! Der Kleine-Greving hat das gesagt, es stammt nicht von mir!"

„Wie kann man bloß so bescheuert sein!" Lena war außer sich vor Zorn. Sie dachte: Ein Lebewesen wird doch nicht hässlich, wenn es altert! Es verändert sich, klar, es entspricht nicht mehr der verdammten Mode. Aber es verliert doch seine Schönheit nicht. „Du musst dir nur mal genau Rajas Pferdegesicht anschauen, Annette! Diese Ruhe, diese Freundlichkeit, diese Klugheit – ist das denn nicht schön? Ich hab deine Oma kennen gelernt. Keine Modezeitschrift wird ihren Kopf auf der Titelseite abdrucken. Aber ich finde die alte Frau hinreißend schön!"

„Was die Lena da sagt", murmelte Ioannis, „das ist genau richtig." Er benutzte seine Finger wie einen Kamm und glättete die verfilzte Mähne des Pferdes.

Raja schien zu spüren, dass von ihr geredet wurde. Sie spitzte die Ohren und schaute Ioannis und die Mädchen der Reihe nach aufmerksam an.

„Ich hab ja auch nicht behauptet, dass die Raja hässlich

ist", sagte Annette, fügte dann aber hinzu: „Doch zum Reiten kann man sie jedenfalls nicht mehr gebrauchen."

„Dazu sind Pferde auch nicht da", fauchte Lena.

Ioannis, der wie immer praktisch dachte, war der Ansicht, dass es an der Zeit sei, Rajas Spuren zu beseitigen. Sofort machte er sich auf die Suche nach einer Mistgabel. Und frisches Wasser war auch nötig.

Lena fragte: „Was ist aus Tewes geworden?"

„Als Raja abgeholt wurde und als man ihm befahl, vom Pferdehof zu verschwinden, da hat er ziemlich rumgetobt und sich furchtbar besoffen!" Annette kicherte. „Mein Vater hat ihn dann zu unserem Kotten im Hochmoor gebracht. Eine Art Jagdhäuschen ist das. Und seitdem wohnt der Tewes da draußen. Wir könnten ja mal zu ihm gehen!"

Trotz aller Scheu war Lena mit Annettes Vorschlag einverstanden. Sie war neugierig auf den Mann, der in der Nacht das Pferd hierher gebracht hatte, und sie fand es beeindruckend, dass er der Stute die Treue gehalten hatte. Ioannis wollte selbstverständlich auch mit ins Moor. Zwar durfte er mit dem verletzten Bein so einen weiten Weg nicht laufen, und Rad fahren sollte er die nächsten Tage auch nicht, doch er hatte gleich die richtige Idee. Er hockte sich auf sein Mountainbike, und Lena und Annette mussten ihn schieben. So machten sie sich also auf zum alten Tewes.

Zuerst ging es den Wiesenweg zu den Hügeln hinter dem Pferdehof hinauf. Die Mädchen mussten sich heftig anstrengen, und Ioannis schien das zu genießen. Dann hatten sie die Höhe erreicht. Wiesen und Äcker dehnten sich nach Norden hin, der Weg führte in südwestlicher Richtung durch den kleinen Mischwald. Wildtauben flatterten auf, Mücken schwärmten in den Lichtbündeln, die durch die Baumlücken auf den Weg fielen. Der Boden war feucht. In den moorigen Gräben schillerten Wasserpfützen. Wollgras, Jakobskreuzkraut und Pfeifenputzer-Rohrkolben wucherten zwischen gelbem Schilf. Lena schlug nach den Gewitterwürmchen, die sich ihr auf die Haut setzten. Da zuckten auch grüne und bläuliche Libellen über den Tümpeln.

Schon nach wenigen Minuten hatten sie das Wäldchen durchquert. Die braune Ebene des Hochmoors lag vor ihnen. Jetzt war der Weg leicht abschüssig. Alle hundert Schritte ragte ein Hochstand aus den Büschen.

„Jäger!", knurrte Lena abschätzig. Sie konnte es nicht begreifen, dass es Menschen gab, die Spaß daran hatten, Tiere zu erschießen.

„Lasst mich einfach rollen!", rief Ioannis.

Die Mädchen ließen ihn also rollen. Das Fahrrad wurde schneller und schneller. Ioannis jauchzte. Dann wurde die winzige Brücke sichtbar; sie bestand eigentlich nur aus zwei Bohlen, die über den Moorbach führten. Ioannis, der Pechvogel, passte nicht genau auf. Der Vorderreifen des Rades geriet in die Fuge zwischen den glitschigen Brettern, und dann segelte der kühne Fahrer auch schon durch die Luft und landete platschend im Schlamm.

„Huaahh!", kreischte Ioannis. Doch geistesgegenwärtig

riss er das verletzte Bein hoch. Er konnte auch schon wieder lachen, als die Mädchen gerannt kamen. „Hauptsache, der Verband ist nicht nass geworden!"

Zum Glück hatte sich die Gabel auch nicht verbogen. Lena stakste ins knöchelhohe Wasser, ihre Turnschuhe waren sofort schwarz vom Modder. Annette angelte das Fahrrad aus dem Bach. Und dann stieg Ioannis wieder auf, als wäre nichts gewesen.

„Wenn das mal nicht wieder typisch Ioannis war!" Annette nahm den Zwischenfall gelassen hin. Sie kannte den Freund ja schon länger als Lena. Bei Ioannis musste man stets mit allem rechnen.

Sie hatten es nicht mehr weit. Der Wiesenweg stieß auf den schmalen Fahrweg, der zu dem schilfgedeckten Kotten zwischen Haselnussbüschen und Schlehdornbäumchen führte. Das flache Haus war frisch geweißt. Vor dem niedrigen Eingang stand ein rotes Moped mit Anhänger aufgebockt. Auf den Simsen der vier kleinen Fenster saßen vier pechschwarze Katzen: aufmerksam, abweisend, fluchtbereit.

Wie ein Hexenhaus sieht das aus, dachte Lena.

Da trat ein Mann in einem blauen Arbeitsanzug aus der Tür. Zuerst erschrak Lena, weil der Mann so merkwürdig aussah. Er war ziemlich kleinwüchsig, wirkte aber ungemein kräftig und breit. Auf seinem Kopf wuchs kein einziges Haar. Die Schaufelhände und die Füße, die in Gummistiefeln steckten, waren eigentlich viel zu groß für den kurzen Körper. Lena musste unwillkürlich an die Fußspuren denken, die sie am Morgen vor dem Pferdestall gefunden hatte.

Als Lena in das Gesicht des Mannes schaute, verging ihre Furcht sofort. Der Mann, der wahrscheinlich schon alt war, obwohl es ihm eigentlich nicht richtig anzusehen war, lächelte freundlich. Er kaute auf einem Stück Holz herum.

„Tag, Tewes!", sagte Annette.

„Ich hab mir schon gedacht, dass jemand kommen würde", antwortete Tewes. Er zeigte der Reihe nach auf die vier Katzen. „Sie heißen Alpha, Beta, Gamma und Delta", erklärte er, „aber sie hören natürlich nicht auf diese Namen. Katzen tun immer, was sie wollen. Das ist auch gut so."

„Ich kenne das griechische Alphabet!", rief Ioannis.

Lena zog den Zettel aus der Tasche. „Haben Sie das geschrieben?", fragte sie den Mann.

Tewes nickte bedächtig. „Raja ist bei Kleine-Greving im Stall nicht glücklich gewesen. Sie muss zurück auf den Pferdehof. Da gehört sie hin. Und wo der Pferdehof jetzt wieder bewohnt ist, also, da hab ich mir gedacht ..."

„Aber Sie durften das Pferd doch nicht heimlich klauen", sagte Annette. „Die Polizei sucht überall!"

„Papperlapapp!" Tewes tat das mit einer Handbewegung ab. „Die Polizei! Na und? Dem Kleine-Greving war die Raja immer nur lästig. Jetzt ist sie wieder zu Hause. Nur darauf kommt's an."

„Aber mein Vater ..." Lena stotterte ein bisschen. Sie

fühlte sich auf einmal nicht wohl in ihrer Haut. „Mein Vater ... also, mein Vater, der will das bestimmt nicht, dass wir jetzt ein Pferd haben. Der ist dagegen, glaub ich."

„Was heißt das?" Tewes verstand offenbar nicht, was Lena ihm gesagt hatte. „Will er das Pferd, oder will er es nicht?"

„Er weiß noch nichts davon." Lena starrte auf ihre Schuhspitzen. „Ich hab ihm noch nichts davon gesagt, dass ich Raja heute Morgen im Stall gefunden habe. Nur Annette und Ioannis wissen davon."

„Aber Raja gehört doch zum Pferdehof!" Tewes schien die Welt nicht mehr zu verstehen. „Ihr habt jetzt einen großen Stall, ihr habt Weiden und Koppeln rings um den Hof. Was euch fehlt, das sind die Pferde. Jetzt habt ihr schon mal das erste Pferd, und es ist das allerbeste. Raja ist meine Freundin!" Tewes sagte den letzten Satz ganz leise.

Meine auch, dachte Lena. Sie fühlte sich schlapp und hilflos. „Mein Vater ..."

„Ich werde mit deinem Vater reden", sagte Tewes entschieden.

„Lassen Sie's mich lieber versuchen", bat Lena. „Außerdem versteht in unserer Familie niemand etwas von Pferden."

„Das kann man lernen!" Tewes spuckte das Holzstück aus. „Und ich werde euch helfen. Ich hab ja Zeit satt!" Damit schien für ihn die Sache entschieden. „Wollt ihr Honigkuchen essen? Ich hab frischen gebacken. Honig von meinen eigenen Bienen."

„Das ist Musik in meinen Ohren!" Ioannis folgte Tewes schnell ins Haus.

Lena, Annette und Ioannis setzten sich auf die Eckbank in der düsteren Wohnstube. Sie futterten köstlichen Honigkuchen und tranken Hagebuttentee dazu. Aus sicherer Entfernung schauten ihnen die Katzen zu. Tewes goss sich Kräuterschnaps aus einer dickbauchigen Flasche ein.

Lena betrachtete verwundert die zahllosen kleinen Bilder, die die Wände bedeckten: vergilbte Fotografien von altmodisch gekleideten Leuten, pastellfarbene Heiligenbildchen, Landschaftsskizzen, gepresste Pflanzen und Blumen hinter Glas. Sie entdeckte auch ein Foto mit einem Pferdekopf. Das Pferd schien noch jung zu sein, aber Lena erkannte es trotzdem. Raja!

Im Gebälk knisterte die Wärme. Getrocknete Kräuter baumelten von der Decke herab, eine Standuhr in schwarzem Gehäuse klopfte laut die Sekunden, doch sie zeigte nicht die richtige Zeit an. Alles war seltsam in diesem Haus.

Lena dachte: Ich muss Gregor überzeugen. Hanna wird mir helfen. Wir dürfen Tewes nicht enttäuschen, und Raja auch nicht. Und mich auch nicht, mich auch nicht, mich auch nicht!

Sie verabschiedeten sich später von Tewes. Über das Pferd redeten sie nicht mehr. Für Tewes war die Sache abgemacht. Lena spürte Bauchrumoren. Sie wusste, das kam nicht vom Honigkuchen. Auf dem ganzen Rückweg dachte sie unentwegt den Satz, den Tewes gesagt hatte: *Raja ist meine Freundin.* War da nicht sogar ein wenig Eifersucht?

„Glaubst du, dass dein Vater die Raja behalten will?", fragte Annette, als sie den Pferdehof erreichten.

„Woher soll ich das wissen!", stöhnte Lena. „Außerdem gehört das Pferd doch Kleine-Greving."

„Die sind froh, wenn sie Raja los sind", winkte Annette ab. „Das hab ich dir doch schon gesagt."

Lena fragte: „Raja und Ronja, passt das nicht gut zusammen?"

„Das passt gut", entschied Ioannis.

Ein Pferd braucht Hilfe

Der Wind war am späten Nachmittag umgesprungen und trieb nun von Südwesten wollige Wolkenbänke heran. Schwalben schossen im Tiefflug auf der Jagd nach Insekten um die Gebäude des Pferdehofs. Vielleicht würde es Regen geben oder sogar ein Gewitter.

Gregor fuhr Ioannis und sein Fahrrad mit dem Kombi nach Uhlendorf. Annette machte sich auch auf den Heimweg, weil sie mit ihrer Reitergruppe für den Springwettbewerb trainieren musste. Sie und die beiden anderen Mädchen des Teams hatten auf Ferienreisen verzichtet, weil sie unbedingt die Kreismeisterschaft gewinnen wollten. Pitt strolchte mit Ronja durch die Landschaft.

Gute Gelegenheit also für Lena, mit Hanna zu reden!

Lena nahm sich einen Apfel aus der Schale im Wohnzimmer und schlenderte wie zufällig in Hannas Arbeitszimmer. Der Computer klapperte heftig. Hanna war emsig beim Arbeiten.

„Läuft's gut?", fragte Lena.

„Ja, geht so."

Lena schaute in das Buch, das da aufgeschlagen lag, und las halblaut einen der schwedischen Sätze.

„Men plötsligt kom en dum hund fram ur buskarna och tittar farligt ... Das hört sich witzig an! Dum hund! Das heißt bestimmt dummer Hund auf Deutsch, oder?"

„Nein. Frecher Hund: So heißt das."

„Übersetz doch mal den ganzen Satz, Hanna!"

„Also schön, ich übersetz dir den Satz, wenn du schon nicht warten kannst, bis ich an der Stelle angekommen bin. Das geht so: Aber plötzlich kommt ein frecher Hund aus den Büschen und guckt gefährlich. Zufrieden?"

„Und wie heißt das weiter?"

Hanna hielt mit dem Schreiben inne und sah ihre Tochter schräg von unten an. „Wieso interessierst du dich plötzlich so auffallend für meine Übersetzerei? Das ist jetzt das zweite Mal. Sonst meckerst du doch immer, wenn ich am Schreibtisch sitze. Was ist los, Lena?"

„Wir haben ein Pferd", sagte Lena leise.

„Ja, sicher, ich bin auch dafür, dass wir ein Pferd bekommen. Oder auch zwei. Und noch eine Reihe andere Tiere. Ich bin ganz auf deiner Seite, Lena. Warum, glaubst du wohl, bin ich so sehr dafür gewesen, dass wir aufs Land ziehen sollten! Auf diesen Hof gehören einfach Tiere. Aber wir müssen Gregor ein bisschen Zeit lassen. Er muss sich an den Gedanken erst langsam gewöhnen."

Lena legte die Hände auf Hannas Schulter. „Du hast mir nicht zugehört, Hanna. Wir *haben* ein Pferd!"

„Wir haben ein Pferd ..." Plötzlich begriff Hanna, was Lena da gesagt hatte. „Wir *haben* ein Pferd?", rief sie. „Was meinst du damit?" Hanna stieß sich mit ihrem Drehstuhl so heftig vom Schreibtisch ab, dass die Rollen quietschten und sie fast gegen die gegenüberliegende Wand geknallt wäre.

„Am besten zeige ich's dir", schlug Lena vor. „Es steht bei uns im Stall. Und wir dürfen es auf keinen Fall wegschicken, weil es nämlich auf dem Pferdehof zu Hause ist. Tewes hat auch gesagt, dass Raja ..."

„Moment, Moment!" Hanna hielt sich erst einmal die Ohren zu, um das zu verkraften, was Lena ihr gerade mitgeteilt hatte. Dann fragte sie: „Tewes? Wer ist denn das schon wieder?"

„Der ehemalige Stallmeister vom Pferdehof. Oma Toni hat uns das doch erzählt. Weißt du das nicht mehr?"

„Doch, doch. Ich bin nur etwas verwirrt von dem Schock. Du tischst mir doch hier kein Märchen auf? Ich meine, dass wir ein Pferd im Stall stehen haben, das ..."

„Das ist die reine Wahrheit, Hanna! Und mit Ioannis und Annette bin ich vorhin bei Tewes gewesen. Er hat ein Häuschen im Hochmoor dahinten." Lena zeigte die Richtung. „Tewes hat zugesagt, sich um Raja zu kümmern. Er

hat uns übrigens letzte Nacht das Pferd in den Stall gestellt, und er hat auch den Zettel geschrieben."

„Langsam, Lena, ganz langsam!" Hanna stand vom
Stuhl auf und machte ein paar beruhigende Runden um
den Schreibtisch. „Ich nehme an, mit Raja meinst du das
Pferd!" Hanna blieb stehen.

„Klar doch! Es heißt so!"

„Schön. Wir haben also ein Pferd mit Namen Raja in
unserem Stall stehen, weil es angeblich hier zu Hause ist.
Bis hierhin hab ich's halbwegs begriffen. Du hast einen
Zettel erwähnt. Was ist damit?"

Lena kramte das Stück Papier mit den gekritzelten
Blockbuchstaben aus der Hosentasche und erzählte hastig
und aufgeregt die ganze Geschichte. Es erleichterte sie
sehr, alles endlich der Mutter mitteilen zu können.

„Nun zeig mir also mal die alte Stute", forderte Hanna.

Doch Lena und Hanna kamen nur bis zur Haustür.
Ronja sprang ihnen nämlich entgegen und hatte einen toten und schon arg verfaulten Vogel in der Schnauze, den
hatte sie im Mais gefunden. Pitt, völlig außer Atem, verfolgte die Hündin, um ihr die Beute wegzunehmen. Doch
Ronja hatte Spaß an dem Spielchen. Hanna holte schnell
aus der Küche einen Zipfel Blutwurst, und da endlich ließ
Ronja den Vogelkadaver fallen, denn es gab nichts, was sie
lieber fraß als Blutwurst. Kaum hatte Pitt den toten Vogel
vergraben und die Grube mit einem dicken Stein gesi-
chert, da kam Gregor aus Uhlendorf zurück.

„Hört mal alle her!", rief Hanna. „Wir versammeln uns

im Wohnzimmer zum Familienrat. Lena hat uns etwas ganz Wichtiges zu berichten!"

Pitt und Ronja übernahmen das Sofa, Gregor und Hanna setzten sich in die Sessel, und Lena blieb stehen, denn so konnte sie besser reden. Weil sie inzwischen Übung darin hatte, konnte Lena die Geschichte von dem Pferd, das sie plötzlich am Morgen im Stall vorgefunden hatte, mit großer Geste und ohne Gestotter erzählen. Sie musste sich jetzt durchsetzen, darauf kam es an. Und so nahm sie ihre ganze Überzeugungskraft zusammen und schaute beim Reden ihrem Vater offen ins Gesicht.

Natürlich staunte Pitt Bauklötze, und er wäre am liebsten sofort losgelaufen, um das braune Pferd im Pferdestall anzuschauen, andererseits wollte er kein Wort von dem verpassen, was Lena da berichtete.

„Hah!", rief Gregor aus. „Jetzt begreife ich auch, warum du den Polizisten unter die Nase gerieben hast, dass ich Richter bin! Herr des Himmels, ich glaub, mein Walross wiehert! Lenamädchen, du bist von allen guten Geistern verlassen. Da wird ein Pferd geklaut und steht ausgerechnet bei uns im Stall, und ich erkläre den beiden Typen richtig schön harmlos, bei uns könnten sie sich getrost umsehen. Weißt du, in was für eine beschissene Lage du mich da um ein Haar gebracht hättest? Es ist doch nicht zu fassen! Ich rufe jetzt sofort beim Polizeirevier an."

„Raja *muss* hier bei uns bleiben", sagte Lena mit aller Entschlossenheit. „Sie ist hier zu Hause. Und Tewes zeigt uns, wie man ein Pferd versorgt."

„Kommt überhaupt nicht in Frage!" Gregor versuchte seine Pfeife zu stopfen, aber weil seine Finger so nervös zitterten, klappte das nicht richtig. „Außerdem kenne ich keinen Tewes."

„Dann lern ihn kennen!" Lena war nun richtig in Fahrt.

„Und was das alles kostet!"

„Wir haben genug Weiden. Für den Winter machen wir Heu!" Lena blieb hart. Sie bettelte nicht, sie forderte. Für sie gab es längst kein Zurück mehr. „Das Geld für ein bisschen Hafer werden wir ja wohl noch aufbringen. Ich verzichte ab sofort auf mein Taschengeld."

„Ich verzichte auch!", schrie Pitt. „Ich will, dass das Pferd bei uns bleibt. Sei kein Frosch, Gregor!"

Hanna schwieg. Sie wusste, dass das jetzt am besten war. Gregor ließ sich nicht überreden, das wusste sie zu genau. Man musste ihn überzeugen, und das konnte Lena schaffen. Sie hatte die Verantwortung für das alte Pferd übernommen, es war ihre Sache.

Gregor hatte endlich die Pfeife angezündet. „Lena, nun sei mal vernünftig. Wir können doch nicht ..."

Lena unterbrach den Vater. „Wir können wohl. Das weißt du genau. Und gerade weil ich vernünftig bin, will ich, dass Raja nicht wieder weggebracht wird. Bei Kleine-Greving ist sie ganz unglücklich. Keiner von denen liebt sie. Das Pferd braucht unsere Hilfe. Basta!" Lena haute mit den Handflächen auf den Tisch, dass Gregors Tabaksdose umkippte und Ronja vor Schreck aufjaulte.

Später war Lena sich klar darüber, dass dieser Satz die

Entscheidung gebracht hatte: *Das Pferd braucht unsere Hilfe.* Gregors Verantwortungsbewusstsein war angerührt worden. Wenn jemand Hilfe braucht, hat man die verdammte Pflicht, ihm zu helfen: Das hatte er oft genug gesagt, und es war auch seine Überzeugung. Als Jugendrichter hatte er es häufig mit Menschen zu tun, die aus der Bahn gerutscht waren, weil sie niemanden hatten, der ihnen half. Und hatten nicht auch Tiere ein Anrecht auf Zuwendung?

Gregor paffte eine Weile blaue Rauchkringel zur Decke. Dann murmelte er: „Also, ich hab vermutlich nicht alle Tassen im Schrank. Aber in dieser Familie tut ja sowieso inzwischen jeder, was er will. Den Dickkopf, Lena, den hast du von deiner Mutter. Schön, du hast gewonnen. Ich werde mit diesen Leuten telefonieren. Wie war der Name? Kleine-Greving?"

Lena konnte nur nicken. Sie war sprachlos vor Freude. Sie schaute Hanna an. Hanna lächelte. Pitt schoss wie ein Pfeil zur Tür, Ronja klebte an seinen Fersen. Gregor war zum Telefontischchen gegangen. Er blätterte im dünnen Telefonbuch des Kreises und hatte schnell die richtige Nummer gefunden. Zum Glück war wohl auch gleich der richtige Gesprächspartner am Apparat, denn Lena hörte, dass ihr Vater sofort zur Sache kam.

Nein, Lena hörte nicht richtig hin. Sie war zu aufgeregt. Was war, wenn die Kleine-Grevings Nein sagten? Noch gehörte die alte Stute ja ihnen. Vielleicht verlangten sie auch eine Menge Geld, und das würde Gregor bestimmt nicht bezahlen wollen. Lena schwitzte wie verrückt. Da fühlte sie Hannas Hand in ihrem Haarschopf. Das beruhigte ein bisschen.

Lena nahm Gesprächsfetzen wahr. Gregors Stimme klang sachlich. „Müsste ich eine schriftliche Verzichtserklärung haben ..." – „ Keine finanziellen Ansprüche von Ihrer Seite ..." – „Sie müssten umgehend Ihre Anzeige bei der Polizei zurückziehen ..." Von einem Treffen war noch die Rede, ja, und dass diese Regelung im Interesse aller Beteiligten sei. Zum Schluss sagte Gregor: „Also, dann auf gute Nachbarschaft!"

Lena lief auf ihren Vater zu, der fing sie auf und hob sie wie ein kleines Kind auf den Arm. Es schmatzte laut, als Lena ihm einen dicken Kuss auf die Stirn drückte.

„Auch das noch!", knurrte Gregor und grinste dabei.

Hanna, Lena und Gregor gingen feierlich langsam zum Pferdestall. Dort bot sich ihnen ein rührend-komisches Bild. Während Ronja der Stute voll Eifer die Beine ableckte, war das Pferd mit weichen Lippen mit der Säuberung von Pitts Gesicht beschäftigt. Man hatte sich also schnell angefreundet.

Lena wunderte sich darüber, dass der Hund und das Pferd keine Furcht voreinander hatten. Sie dachte: Bestimmt hat es damals auf dem Pferdehof auch einen Hund gegeben, und Raja erinnert sich daran. Die Hündin spürte wohl, dass die Menschen diesem neuen Bewohner des Pferdehofs mit Freundlichkeit begegneten, und das übertrug sich auf sie. Die Eifersucht würde sich vielleicht später einstellen. Zuerst einmal herrschte Frieden.

„Dass wir jetzt ein eigenes Pferd haben!", sagte Pitt.

„Das bedeutet aber auch eine Menge Verantwortung", erklärte Gregor und berührte beinahe ängstlich die Pferdekruppe.

„Das weiß ich doch", gab Lena zurück. „Ich werde gut für Raja sorgen. Tewes muss mir alles erklären." Sie bemerkte überrascht Gregors Scheu vor der Stute. „He, hast du Schiss, Gregor?"

„Ich muss euch was gestehen", gluckste Gregor. „Das ist das erste Mal in meinem Leben, dass ich ein Pferd anfasse."

„Das erklärt manches", sagte Hanna.

Später führten sie gemeinsam die Stute zur Koppel hinter der Scheune. Pitt hatte entschieden, dass dort das beste Gras wachse. Lena hielt Raja am Halfter. Ronja umrundete den Zug.

Raja tat ein paar staksige Schritte in die Weide hinein und begann dann geruhsam zu grasen. Hin und wieder warf sie den Menschen einen gelassenen Blick zu, die da oben auf dem Gatter hockten und sich an ihrem Pferd erfreuten.

„Ich möchte aber auf jeden Fall, dass der Tierarzt sich das Pferd einmal genau ansieht", sagte Gregor.

„Das wird Tewes bestimmt organisieren", antwortete Lena.

„Wirst du ihm sagen, dass Raja bei uns bleiben kann?", fragte Hanna. Sie war stolz darauf, dass Lena sich so sehr für das alte Pferd eingesetzt hatte. Verantwortung übernehmen: Darauf kam es an.

Lena war ganz sicher, dass sie Tewes nicht erst Bescheid zu sagen brauchte. Der würde bestimmt am nächsten Morgen zum Pferdehof kommen. „Ich wette meine Ohren gegen zwanzig Waschlappen, dass der Tewes irgendwo im Gebüsch hockt und uns beobachtet. Bestimmt freut er sich jetzt."

Pitt wollte sich sofort mit der Hündin aufmachen, um nach Tewes zu suchen, aber Hanna hielt ihn zurück. „Wenn er nicht gesehen werden will, dann muss man das respektieren. Vielleicht bildet Lena sich das auch bloß ein, dass er uns jetzt zuschaut."

In der Ferne flackerte grelles Wetterleuchten über den Horizont. Der Wind blies flattrig und kühl. Lena genoss diese Erfrischung nach den heißen Tagen. Da huschten auch Fledermäuse unter den Kronen der Ulmen, Pitt hatte jetzt aber keine Angst.

„Wenn so ein richtig dicker Regen kommt, dann bringen wir das Pferd besser in den Stall zurück", meinte Gregor besorgt.

Lena und Hanna blinzelten sich zu. Die beiden Verschwörerinnen hatten es geschafft. Gregors Sorge konnte doch nur dies bedeuten: Das Pferd gehört jetzt zu uns.

„Klar", sagte Lena, „dann bringen wir Raja in den Stall."

Sie saßen noch lange und schauten dem alten Pferd zu, das wie ein Schatten vor dem Gewitterhimmel stand.

Lena fühlte sich behaglich müde. Das war heute mein Tag, dachte sie. Sie ließ die Beine baumeln und hielt das Gesicht in den Wind.

Der Ziegenbock Xerxes

Sanfter Regen rauschte. Das Gewitter hatte das Münsterland nicht erreicht; es hatte sich schon ausgetobt, und seine Ausläufer hatten erfrischende Kühle und gleichmäßig rauschenden Nachtregen gebracht.

Lena lag in ihrem Wigwam entspannt auf dem Bett und lauschte dem beruhigenden Geräusch. Es war dunkel im Zimmer, doch Lena konnte nicht einschlafen. Vielleicht wollte sie es auch nicht. In ihrem Kopf brannte noch immer das Licht. Die Ereignisse des langen Tages wiederholten sich in der Erinnerung und wurden zu starken Bildern.

Später stellte Lena sich vor, wie die Rinnsale in den ausgedörrten Boden flossen und die Wurzeln der Pflanzen erreichten. Kleine Bäche rannen über Blätter und Rinde, über heiße Dachplatten und staubigen Asphalt. Da hoben ermattete Blumen wieder die Köpfe, und die Rinder auf den Weiden leckten die Tropfen vom Gras.

Lena dachte auch an Kerstin und Dörthe, aber so sehr sie sich auch konzentrierte: Ihr fiel einfach nicht ein, wohin die beiden mit den Familien in die Ferien gefahren waren. Ob Kerstin sich wieder einmal unsterblich verliebte? In den Kellner, in den Busfahrer, in den Bademeister, in irgendeinen wildfremden Jungen? Lena hatte die Freundin allerdings in Verdacht, dass das ganze Getue nur Angeberei war. Freundin! Lena schmeckte das Wort geradezu auf der Zunge. Ob Kerstin wirklich meine Freundin bleibt? Und Dörthe auch? Oder vergessen wir uns mit der Zeit?

Dann wanderten Lenas Gedanken zu Raja. Ob das alte Pferd sich in dem dunklen Stall einsam fühlte? Oder ob es die vertraute Umgebung genoss? Denkt es vielleicht an mich? Natürlich hatte Lena gelernt, dass Tiere nicht wie ein Mensch denken können, dass sie kein menschliches Bewusstsein haben, dass sie ihre eigene Existenz also nicht erkennen. Aber gab es wirklich eine scharfe Grenze zwischen Instinkt und Denkvermögen? Lena war fest davon überzeugt, dass auch Tiere Träume haben und Ängste und Erwartungen und dass sie den Gefühlen der Menschen ganz nah sein können. Sie dachte: Raja hat sofort gespürt, dass ich sie gern habe.

Irgendwann spukten auch schwarze Katzen durch Lenas Gedanken und Fledermäuse und Bienenschwärme. Doch da war Lena dem Schlaf schon sehr nahe. Die Bilder im Kopf wurden unscharf und verschwammen dann ganz.

Lena schlief tief und lange. Laute Stimmen von der Küche her schreckten sie auf. Lena reckte und streckte sich, schüttelte sich die letzte Müdigkeit aus dem Haar und stieg aus dem Bett, wie immer mit dem rechten Fuß zuerst. Sie wusch sich hastig, zog sich an, nahm die Schuhe in die Hände und trippelte nach unten.

Und wer saß da mit den Eltern und mit Pitt am Frühstückstisch und kaute mächtig? Tewes! Er trug eine gestreifte Hose, eine dunkelblaue Jacke und sogar eine Krawatte, die hatte ein Lilienmuster.

„Hallo, Schlafmütze!", rief Pitt.

Lena streckte ihm die Zunge raus. „Guten Morgen zusammen! Hallo, Herr Tewes! Dass Sie schon da sind!"

„Morgen, Mädel", mümmelte Tewes mit vollem Mund. Er zog eine altmodische Uhr aus der Jackentasche und hielt sie Lena hin. „Da, schon nach neun! Hast du dein Pferd schon versorgt?"

„N-n-nein!" Lena schämte sich. Wieder einmal starrte sie verlegen nach unten, dieses Mal auf ihre nackten Zehen. Sie konnte sich das einfach nicht abgewöhnen. „I-i-ich hab wohl verschlafen."

Tewes verzog das breite Gesicht zu einem freundlichen Grinsen. „Raja ist längst auf der Weide. Den Stall hab ich auch ausgemistet, und den Wasseranschluss hab ich repariert. Morgen bist du an der Reihe, Mädchen. Und zwar, bevor du selbst frühstückst! Zuerst kommen die Pferde!"

„Klar", sagte Lena. „Ich stell mir den Wecker!" Dann schlüpfte sie in ihre Turnschuhe und setzte sich an den Tisch. Sie goss sich Kaffee ein und strich Butter auf eine Schwarzbrotscheibe.

„Schau, Lena! Herr Tewes hat uns ein Glas von seinem Honig mitgebracht!" Hanna schob Lena das bauchige Glas zu. „Er schmeckt astrein."

„Das wird sich ja gleich herausstellen." Lena lachte und beschäftigte sich intensiv mit dem Honigglas. Dann machte sie nur noch „Mhm!"

Ronja lag beim Herd und ließ den fremden Mann nicht aus den Augen. Irgendetwas an ihm schien ihr nicht zu gefallen. Wahrscheinlich war es der Katzengeruch.

Gregor trank seine Tasse leer und goss sofort nach. Morgens war er immer süchtig nach Kaffee. „Sie meinen also, eine tierärztliche Untersuchung sei nicht nötig?"

„Wie ich schon sagte: Kleine-Greving lässt seinen Tierbestand regelmäßig kontrollieren. Da gibt's keine Ausnahme. Sie können hundertprozentig sicher sein, dass die Stute tipp topp in Ordnung ist. Sie muss nur ein bisschen mehr bewegt werden." Tewes schmunzelte. „Dafür werden die Kinder ja wohl sorgen."

Wie meint er das?, überlegte Lena. Ob er denkt, dass ich vielleicht sogar mal reiten darf auf Raja? So ganz langsam über die Wiese ...

„Ich kümmere mich natürlich auch selber um Raja", sagte Tewes. „Großer Gott, wie lange kenne ich das Pferd jetzt schon! Also, wenn was mit der Raja nicht in Ordnung sein sollte, merke ich's sofort. Und mit meinem Moped ist es ja auch mal bloß so 'n Katzensprung bis zum Pferdehof!"

Gregor druckste ein wenig herum. „Da müssten wir noch etwas klären, Herr Tewes ..."

Tewes hatte verstanden, was Gregor meinte. „Über Geld brauchen wir nicht zu reden, Herr Belker. Ich hab meine Rente. Sie müssen mir nichts dafür bezahlen, wenn ich hier ein bisschen helfe. Macht mir doch Spaß!"

„Dann ist es ja gut", sagte Gregor erleichtert.

In einem Karton hatte Tewes allerlei Gerätschaften mitgebracht, die noch aus der alten Zeit stammten. Er erklärte Lena, wie sie mit Striegel und Bürste vorsichtig Rajas Fell säubern sollte, ohne die vernarbten und verschorften Stellen zu verletzen. Ein Kamm für Mähne und Schweif und eine Büchse mit einer Salbe gegen Entzündungen waren auch dabei. Huffett und Hufkratzer für die Pflege der Hufe wollte Tewes ihnen später zeigen, wenn Raja im Stall war. Hanna hörte auch aufmerksam zu. Gregor tat zwar uninteressiert, doch Lena merkte, dass er die Ohren spitzte.

„Wird schon alles gut werden", sagte Lena. „Ich hab ja jetzt ein Hufeisen an der Wand hängen, das bringt Glück."

Tewes widersprach. „Verlass dich mal lieber nicht auf Glücksbringer, Mädel! Verlass dich auf deinen Verstand und auf den alten Tewes. Wollen wir zusammen einen Besuch auf der Weide machen?"

„Jaaa!", schrie Pitt, der schon die ganze Zeit wie auf heißen Kohlen saß. Er und Ronja waren wie üblich als Erste draußen.

Im Hinausgehen versprach Tewes Hanna und Gregor, dass er sich um die Beschaffung von Hafer und Zusatzfutter kümmern werde. Hafer würde Raja aber erst im Winter brauchen. Jetzt genügte das Gras der Weide, das war fett genug. Heu könne man ja dann gemeinsam machen. Allerdings müsse ein Elektriker kommen und im Stall und in der Scheune die abgeklemmten Stromleitungen wieder ans Netz anschließen. Kerzenlicht war da streng verboten.

Ronja und Raja begrüßten sich durch kurzes Beschnuppern. Dann beschäftigte die Hündin sich mit den Wühlmaushügeln und den Spuren der Wildkaninchen. Die Stute schaute kurz auf, als sich Pitt und Lena, Hanna, Gregor und Tewes dem Weidezaun näherten. Ihr Blick besagte: In Ordnung, ich erkenne euch alle wieder. Sie steckte die Nase wieder ins frische Gras.

Pitt wollte über den Zaun klettern und zu Raja rennen, doch Tewes hielt ihn zurück. Er musste nämlich zuerst noch etwas lernen.

„Wenn du zu einem Pferd gehst", erklärte Tewes, „musst du das immer so machen, dass das Pferd dich auch sieht. Am besten von vorn oder von der Seite. Und sprich das Pferd an, hörst du? Und nicht so laut! Wenn du von hinten kommst und das Pferd hört es nicht, dann erschrickt es leicht. Und wenn es dann auskeilt und du kriegst so einen Tritt vor den Bauch, Junge, dann haben die Ärzte was zu tun. Hast du mich verstanden?"

„Als ob ich das nicht auch so gewusst hätte!", nörgelte Pitt. Kleine Jungen mögen es nun mal nicht, wenn man sie wie kleine Jungen behandelt. „Ich weiß schon 'ne Menge über Pferde!"

„Klar, dass sie vier Beine haben!" Lena lachte.

Tewes sagte sehr ernst zu Pitt: „Das ist gut. Dann weißt du ja auch, dass man sich vor dem Schweif ein bisschen in Acht nehmen muss. Wenn ein Pferd nach Fliegen schlägt und deine Backe ist gerade im Weg, also, dann ist das wie 'ne Ohrfeige."

„Völlig klar", verkündete Pitt.

Lena und Pitt schlüpften durch das Gatter, um zu Raja auf die Wiese zu laufen.

„Zieht euch die Schuhe aus und krempelt die Hosenbeine hoch! Das Gras ist klatschnass vom Regen. Und barfuß laufen ist gesund." Hanna streifte ihre Sandaletten von den Füßen. Sie hatte selber Lust, auf nackten Füßen über die Weide zu laufen.

Gregor schaute lächelnd zu und schmauchte seine Pfeife. Tewes kaute auf einem Stück Holz. Ronja buddelte kläffend am anderen Ende der Weide in einem Kaninchenloch herum. Im hohen Gras sirrten, surrten, brummten und zirpten die Scharen der Insekten. Ein Admiralsfalter setzte sich auf Gregors Kopf.

„Pferde sind Herdentiere", sagte Tewes plötzlich.

„Was wollen Sie damit sagen?", fragte Gregor argwöhnisch.

„Dass es nicht gut ist für ein Pferd, wenn es allein ist."

„Aber die Kinder ..."

„Die sind gute Spielkameraden, aber sie ersetzen keinen Artgenossen!" Tewes lockerte die Krawatte, die ihn offenbar beim Reden störte. Sie wirkte auch ziemlich lächerlich an seinem Körper. „Aber wie ich die Sache sehe, bleibt die Raja auch nicht lange allein."

„Wie darf ich das verstehen?" In Gregors Stimme klang leise Panik mit.

„Na, hören Sie mal! Das spricht sich doch schnell herum, dass es wieder Leben gibt auf dem Pferdehof!" Und nun kicherte Tewes ein bisschen belustigt, ein bisschen zufrieden und auch ein bisschen hinterhältig. Ehe Gregor weitere Fragen stellen konnte, drehte Tewes sich um und stampfte mit kräftigen Schritten zur Scheune hinüber, wo sein Moped mit dem Anhänger geparkt war.

Lena schaute Tewes nach. Sie mochte diesen merkwürdigen Mann, auch wenn er aussah wie ein überfetteter Kirmesboxer. Als er den Schutzhelm überzog, platzte Lena heraus: „Guck bloß! Sein Kopf schaut aus wie ein grünes Riesenosterei!"

Pitt, der Raja von der anderen Seite streichelte, fand das auch. „Ein Osterei, von einem Dinosaurier gelegt!"

Das Moped knatterte davon.

Vielleicht war Tewes ein Hellseher. Denn in der Tat blieb Raja allenfalls noch eine halbe Stunde allein auf der Weide. Als Lena und Hanna kaum mit der Arbeit im Gartendschungel begonnen hatten, näherte sich ein seltsames Paar auf der Zufahrt zum Pferdehof. Ein humpelnder Junge führte einen großen weißen Ziegenbock an einem Strick. Der Junge war Ioannis.

Lena ließ die Harke fallen und rannte Ioannis entgegen. Pitt, der wieder einmal mit Ronja auf Entdeckungstour gewesen war, kam von der anderen Seite gelaufen. Am schnellsten allerdings war die Hündin bei den Ankömmlingen.

Ronja zeigte die Zähne und ging knurrend und bellend auf den Ziegenbock los. Der war ganz eindeutig ihr Feind, den musste sie bekämpfen. Aber der große Ziegenbock mit den bedrohlichen Hörnern und dem wippenden Bart schien auch auf eine Keilerei aus zu sein. Ioannis konnte den Strick nicht mehr halten, so sehr zerrte der Bock, als er vorn hochstieg, den Kopf senkte und mit angriffslustigem Gemecker nach Ronja stieß. Die Hörner zuckten blitzschnell, die Hufe schrappten im Kies.

„Zurück, Ronja!", schrie Lena.

„Zurück, Xerxes!", schrie Ioannis.

Im letzten Moment schnellte die Hündin zur Seite, und die spitzen Hörner fuhren ins Leere. Sofort ging der Ziegenbock wieder in Angriffsstellung, doch Ronja schien erkannt zu haben, dass dieser Gegner gefährlich war. Zwar lärmte sie noch immer wild herum, doch sie bewegte sich dabei rückwärts und brachte ein paar Meter Sicherheitsabstand zwischen sich und den wehrhaften Ziegenbock. Der stand jetzt starr und abwartend und drehte den Kopf immer in die Richtung, aus der die herumsausende Hündin einen Angriff versuchen konnte. Erst als Pitt atemlos gelaufen kam und die Arme um Ronjas Hals schlang, beruhigte sich die Hündin ein wenig.

Ioannis hatte den Strick wieder gefasst. „Uff!", schnaufte er. „Das war ja ein netter Empfang. Dass diese verdammten Viecher sich so angiften würden, hätte ich nicht gedacht. Mit Hunden verträgt sich Xerxes sonst eigentlich gut."

Hanna war zu Hilfe gekommen. Sie hatte noch den Spaten in der Hand, der schien den Ziegenbock einzuschüchtern. Hanna streichelte Ronjas Nackenfell und redete beschwichtigend auf die Hündin ein, die allmählich begriff, dass ihr und ihren Schutzbefohlenen von dem komischen fremden Tier keine Gefahr drohte. „Bestimmt hat Ronja vorher noch nie einen Ziegenbock gesehen", meinte Hanna. „Das ist aber auch ein gewaltiger Brocken, vor dem kann man schon Angst kriegen. Bist du den ganzen Weg von Uhlendorf her mit dem Ziegenbock gelaufen, Ioannis?"

„Fünfkommafünf Kilometer genau", sagte Ioannis stolz. „Ich hab's neulich gemessen. An meinem Mountainbike ist ein Kilometerzähler. Und mein Bein tut nur noch ein bisschen weh."

„Reife Leistung!" Lena staunte. „Der heißt Xerxes? Wieso hat er denn so einen verrückten Namen?"

Ioannis freute sich, dass er nun etwas zu erklären hatte. „Der Xerxes, von dem er den Namen hat, war früher mal ein unheimlich gefährlicher König der Perser. Das ist lange her."

„Ungefähr zweieinhalbtausend Jahre", sagte Hanna.

„Genau!", rief Ioannis anerkennend. „Der hat damals versucht, die Griechen zu besiegen, das hat er aber nicht geschafft. Und als ich den Ziegenbock von meinem Vater geschenkt bekam, da hat er auch versucht, mich umzuboxen. Das hat er aber auch nicht geschafft. Und da hab ich ihm den Namen Xerxes gegeben. Logisch?"

„Logisch", antwortete Lena. „Und ich finde es schön, dass du uns Xerxes einmal vorführst. Schöner Bursche!"

„Was der für tolle Hörner hat!" Pitt war beeindruckt von dem Ziegenbock, das sah man ihm an. Er kratzte sich hinter den Ohren.

„Eigentlich", sagte Ioannis leise, „eigentlich möchte ich den Xerxes mal 'ne Weile hier auf dem Pferdehof lassen. Besuchsweise, meine ich."

„Waaas?", riefen Hanna und Pitt und Lena unter Ronjas erneutem Gebellanfall und dem Gemecker des Ziegenbocks gleichzeitig.

„Das alte Pferd soll nicht so allein sein", fügte Ioannis schnell hinzu, „das ist nicht gut für ein Pferd, wenn es kein anderes Tier bei sich hat. Hab ich jedenfalls gehört. Und das sieht man ja auch oft, dass ein Schaf oder eine Ziege zusammen mit einem Pferd auf 'ner Wiese ist. Oder auch im Stall!"

„Das stimmt!", krähte Pitt.

Hanna schaute Ioannis an. „Ich finde es schön, dass du daran gedacht hast. Willst du dich denn wirklich von deinem Ziegenbock trennen?"

Ioannis knetete verlegen die Hände. „Es ist ja keine richtige Trennung. Ich meine, ich kann ja immer zu Besuch kommen!" Dann sagte er erst einmal nichts mehr und starrte auf seine Schuhspitzen.

Hah, dachte Lena, endlich schaut mal ein anderer verlegen auf seine Schuhspitzen! Dieses Mal bin ich es nicht. Sie ahnte, dass Ioannis nicht die ganze Wahrheit sagte. „Was ist denn der wirkliche Grund, dass du uns den Ziegenbock bringst?"

Hanna nickte zustimmend. „Das wüsste ich auch gern!"

Ioannis machte ein Gesicht, als hätte man ihn beim Lügen ertappt. „Also, eigentlich ist das der wirkliche Grund, was ich gesagt habe ... Aber weil die Nachbarn Ärger machen ... wie soll ich das sagen?" Er gab sich einen Ruck. „Der Xerxes, der stinkt manchmal. Da haben sich die Nachbarn beschwert. Und der Herr Röher vom Ordnungsamt, der hat uns einen Brief geschrieben. Der penetrante Geruch, den der Ziegenbock verbreitet, der wäre nicht zumutbar und so. Die spinnen doch alle, die Leute!"

„Alles klar", sagte Hanna. „Du möchtest, dass wir deinen Ziegenbock bei uns unterstellen!" Sie blickte Lena an und Pitt. „Was dagegen?"

„Ich hab nichts dagegen", erklärte Lena, „im Gegenteil. Wenn Raja ihn mag ..."

„Ich hab schon gar nichts dagegen!", rief Pitt.

Dann gingen sie gemeinsam ins Haus und fragten Gregor. Der schaute nur kurz von seinen Akten auf, betrachtete verblüfft den Ziegenbock, den Ioannis am Strick hielt, hörte sich die Frage an und murmelte, in dieser Familie mache ja sowieso jeder, was er wolle. Das hatte er schon einmal gesagt. Die Entscheidung war also gefallen. Der Pferdehof hatte einen neuen Bewohner. Selbst Ronja gewöhnte sich langsam an diese Tatsache.

Ioannis nahm ein Blatt Papier aus der Hemdtasche und las vor, was er schon vorsorglich aufgeschrieben hatte: „Ich danke der Familie Belker sehr dafür, dass sie meinem Ziegenbock Xerxes Asyl gewährt. Ich werde das nie vergessen."

„Amen!", schrie Lena und lachte.

Die braune Stute hatte eindeutig nicht das Geringste dagegen, dass man ihr einen Gefährten auf die Weide führte. Kaum hatten Lena und Ioannis das Gattertor geöffnet, kaum war Xerxes auf die Koppel gesprungen und hatte meckernd die Stute begrüßt, da senkte sie ihr freundliches Pferdegesicht schon wieder ins Gras und rupfte Kleeblätter ab.

Ioannis war nun versessen darauf, auf irgendeine Weise seinen Dank zum Ausdruck zu bringen. Am liebsten hätte er sich in die Gartenarbeit gestürzt, doch Hanna war dagegen. Erst wenn sein Bein geheilt sei, dürfe er sich wieder im Garten sehen lassen, entschied sie, und dann solle er auch erst einmal die Finger von spitzen und scharfen Gartengeräten lassen.

Das war ein Fehler! Hanna hätte so etwas nicht sagen dürfen. Später sah sie es selber ein, dass jemand wie Ioannis so etwas als Beleidigung empfinden musste. Machte denn nicht jeder einmal etwas falsch?

Den zweiten Fehler machte Lena. Zwar dachte sie sich nichts dabei, als sie Ioannis von Tewes' Hinweis berichtete, dass die Stromleitung im Stall wieder ans Netz angeschlossen werden müsse, aber sie kannte doch inzwischen Ioannis und seinen Ehrgeiz! Hanna hatte an seiner Tüchtigkeit gezweifelt. Nun wollte er beweisen, dass man ihn nicht unterschätzen durfte.

Aus der Scheune holte er sich eine Stehleiter, an seinem Allzwecktaschenmesser hatte er einen Schraubenzieher, und wo der Verteilerkasten unter der Stalldecke angebracht war, das erkannte er mit einem Blick. Und schon machte sich der Meisterelektriker Ioannis an die Arbeit.

„Hier, halt mal den Deckel und die Schrauben!", forderte er.

Lena sah das Gewirr von feinen Drähten und Kontakten. Ihr war ganz mulmig. „Ist das denn nicht gefährlich?"

„Nicht für einen Fachmann", erklärte Ioannis.

Plötzlich zuckte ein greller Blitz. Der folgende Knall ließ die Scheiben zittern. Lena schrie auf. Ioannis kreischte und stürzte in hohem Bogen von der Leiter. Zum Glück landete er im Stroh.

„Ich hab einen gewischt gekriegt!", heulte Ioannis und hielt sich das Handgelenk. Sein Gesicht war aschfahl.

Lena stürzte aus dem Stall. „Hilfe!", schrie sie. „Hilfe!"

Gregor kam schon aus dem Haus gelaufen. „Was ist passiert? Die Sicherung ist durchgeknallt! Was habt ihr angestellt?"

„Der Ioannis ..." Lena weinte los. „Er wollte den Strom anschließen. Jetzt liegt er ..."

Gregor hastete zum Pferdestall. Er riss Ioannis hoch. „Junge! Bist du verletzt?"

„E-e-s geht schon wieder", stammelte Ioannis.

Gregor sah mit einem Blick, was Ioannis angerichtet hatte. „Das hätte böse ausgehen können", flüsterte er schwer atmend. „Wie kann man nur so einen Blödsinn machen!" Er fauchte Lena an: „Und du stehst dabei und siehst zu, wie der Ioannis hier wie ein Selbstmörder rumfummelt!"

Hanna stürmte in den Stall. „Ist was passiert?"

„Ich hoffe, der Junge hat's heil überstanden." Gregor tätschelte Ioannis die Backen, um sicher zu sein, dass der wieder reagierte und keinen Schock bekommen hatte. Er rief Hanna zu: „Ruf bei Katsanakis an! Hoffentlich ist er erreichbar. Sag ihm, bei uns sei der Strom ausgefallen."

„Aber wenn kein Strom da ist, dann geht doch das Telefon nicht", meinte Hanna und presste sich die Hände gegen den Hals.

„Das Telefon hat eine eigene Leitung", sagte Gregor.

Hanna lief los. Ioannis zitterte nur noch leicht und versuchte zu lächeln. Lena wischte sich mit dem Hemdärmel die Tränen aus dem Gesicht.

„Puh!" Gregor stieß die Luft aus. „Das hätte ins Auge gehen können."

Herr Katsanakis kam schnell. Er schimpfte auf Griechisch mit Ioannis. Wahrscheinlich war das für alle Anwesenden am besten so. Sein Gesicht lief dunkelrot an, gefährlich fuchtelte er mit den Armen herum.

„Ioannis hat es doch gut gemeint", versuchte Hanna einzulenken.

„Aber er hat es schlecht gemacht", entgegnete Vater Katsanakis. „Elektrizität kann tödlich sein. Gerade er als Sohn eines Elektrikers muss das wissen. Immer dieser wilde Übereifer! Kannst du nicht einmal nachdenken, bevor du was tust?"

Ioannis nickte zerknirscht und sagte kleinlaut: „Ja."

Lena dachte: Er tut mir so Leid.

Herr Katsanakis machte sich an die Reparatur und stellte auch gleich die Stromzufuhr zu Stall und Scheune her. Sein Zorn war verraucht. Er ging mit Gregor ins Haus, um auf den Schreck einen Schnaps zu trinken.

Pitt hatte seinen roten Gummiball aus dem Haus geholt. Er spürte wohl, dass es für Lena und Ioannis gut war, wenn sie auf andere Gedanken kamen. Erst ein wenig verkrampft, dann aber immer ausgelassener kickten sie den Ball über die Wiese. Ronja drosch den Ball mit der Schnauze hoch und erwies sich als wahre Ballartistin. Xerxes trottete auch heran. Als Lena ihm den Ball zuwarf, boxte er ihn mit den Hörnern über den Zaun. Die Kinder jubelten Beifall. Die alte Stute hatte für das alberne Getue kaum einen Blick übrig.

Am Abend knatterte Tewes noch einmal auf seinem Moped heran. Er hatte jetzt seinen Arbeitsanzug an, auch dieses Mal biss er auf einem Holzstückchen herum. Er hatte eine wollene Matte mitgebracht, die legte er Raja über den Rücken. Die Matte nahm weich die Körperformen an.

„Was ist?", fragte Tewes. „Möchtest du nicht auf deinem Pferd zum Stall reiten?"

„Ich?" Lena war wie vom Donner gerührt.

„Ist das denn nicht dein Pferd?" Tewes grinste.

Da nickte Lena nur. Wie im Traum ließ sie es geschehen, dass Tewes sie auf Rajas Rücken hob. Sie hatte ja noch nie auf einem Pferd gesessen. Die Stute schüttelte sich leicht, als wollte sie sich vergewissern, dass da wirklich jemand auf ihrem Rücken saß. Dann hob sie den Kopf. Es schien ihr zu gefallen.

Langsam schritt Raja über die Wiese dem Gattertor zu. Tewes führte sie am Halfter. Lena brauchte sich nicht festzuhalten. Unwillkürlich nahm sie die Bewegungen des alten Pferdes auf. In dieser Minute hatte sie die Welt um sich herum vergessen.

„Mein Pferd!", flüsterte Lena.

Neues Leben auf dem Pferdehof

Lange Monate hatte der Pferdehof wie in einem Dornröschenschlaf gelegen, doch nun war fröhliches und quirliges Leben eingekehrt. Die alte Stute Raja hatte offenbar nichts gegen den strengen Geruch des Ziegenbocks. Im Stall und auf der Weide waren die beiden inzwischen unzertrennliche Freunde, und auch Ronja hatte sich mit den Ausdünstungen von Xerxes abgefunden. Eines Tages war eine jämmerlich magere Katze auf dem Pferdehof erschienen. Sie hatte ein gelb-weiß-rötlich gestromtes Fell. Noch ließ sie sich von niemandem berühren, sie verschmähte auch den Futternapf, den Hanna ihr hinstellte, doch sie quartierte sich auf dem noch leeren Heuboden der Scheune ein und gab zu verstehen, auch wenn sie tagsüber ihrer Wege ging, dass sie zum Pferdehof gehörte und hier wohnen wollte.

Es war zum festen Brauch geworden: Am Abend legte Lena die Wollmatte auf Rajas Rücken und ritt eine langsame und lange Runde über die Weide, bevor die Stute und der Ziegenbock den Stall aufsuchten. Der Garten nahm allmählich Gestalt an. Alle halfen beim Roden und Jäten und Graben und Pflanzen mit, auch Annette und Ioannis, dessen Beinwunde bald verheilte. Wenn Gregor am späten Nachmittag vom Gericht heimkam, machte auch er bei der Gartenarbeit mit, obwohl er sich nicht besonders geschickt anstellte. Tewes schaute jeden Tag nach dem Pferd. Lena lernte viel von ihm.

Ein Montagmorgen war es, als Hubert Mühlenkamp den Planwagen zum Pferdehof lenkte. Zwei stämmige Haflinger zogen den Wagen, ein vorwitziges Fohlen trippelte mal vor, mal neben und mal hinter dem Fuhrwerk her. Die Pferde waren milchkaffeefarben und hatten weiße Schweife und Mähnen. Hubert Mühlenkamp, ein schlaksiger Mann in mittleren Jahren, stellte sein Gefährt im Schatten der Ulmen ab. Er nahm den Haflingern das Gebiss ab und bat Pitt, der neugierig gerannt kam, die Pferde zu tränken. Das war etwas für Pitt! Er schleppte Wassereimer und kam sich sehr erwachsen vor. Die Mischlingshündin Ronja bewachte aufgeregt hechelnd den Pferdewagen. Das Fohlen nahm sie kaum wahr. Erst als es zärtlich an Pitts Hose nagte und Pitt vor Vergnügen kreischte, knurrte Ronja ein bisschen ungehalten.

Hubert Mühlenkamp hatte inzwischen seine Kappe abgenommen und trug Hanna im Wohnzimmer seine Probleme vor. Er hatte versucht, in Uhlendorf Rundfahrten für Touristen zu veranstalten. *Im Planwagen durch das schöne*

Münsterland: Das war sein Werbespruch gewesen. Doch zum einen waren nicht genug Urlauber nach Uhlendorf gekommen, zum anderen wollten die meisten lieber mit ihren Fahrrädern durch die Landschaft rollen. Hubert Mühlenkamps Unternehmen erwies sich als Pleite, und jetzt stand die Zwangsversteigerung von Haus und Grundstück bevor.

„Damit kann ich mich abfinden", sagte Hubert Mühlenkamp, „ich klebe nicht an dem Besitz, und in der Stadt kann ich einen Job als Taxifahrer kriegen. Aber was wird aus meinen Pferden? Wenn sie nicht in gute Hände kommen, hänge ich mich auf."

„Nun mal langsam!", protestierte Hanna. „Solche Redensarten mag ich nicht leiden. Damit treibt man keine Scherze."

„Ich scherze auch nicht!", rief Hubert Mühlenkamp. „Mir ist das verflucht ernst. Ich hab die Verantwortung für die Tiere, aber ohne fremde Hilfe stehe ich auf dem Schlauch."

Lena hockte auf dem Klaviersessel und hörte mit angehaltenem Atem zu. Sie ahnte, was der Mann von Hanna wollte. Und die Vorstellung, dass das Haflingergespann und das Fohlen und auch der Planwagen vielleicht bald zum Pferdehof gehören würden, machte sie ganz schwindelig. Bitte, Hanna, sag ja!, wünschte sie.

„Ich verstehe Sie recht?", fragte Hanna. „Sie wollen, dass wir Ihre Pferde für eine Weile bei uns einstellen?"

„Falsch!" Hubert Mühlenkamp schnellte geradezu aus

dem Sessel. „Ich will Ihnen die Pferde schenken und den Planwagen dazu. Mit Tewes hab ich schon gesprochen. Der hat gemeint, wo Sie doch so viel Platz haben im Stall und auf den Weiden und wo er selber ja auch zur Verfügung steht, für die Versorgung, meine ich ...“

Hanna unterbrach Mühlenkamps Redeschwall. „Ich fürchte, das ist unmöglich.“

„Aber wieso denn?“, schrie Lena.

„Ja, wieso denn?“, fragte der dünne Mann.

„Weil uns das überfordert. Mein Mann ist den ganzen Tag in der Stadt, ich arbeite als Übersetzerin. Nein, das würde uns über den Kopf wachsen.“

„Aber ich bin doch auch noch da!“ Lena zeigte mit dem Finger auf wie in der Schule. „Und Tewes nicht zu vergessen!“

Hanna biss sich auf die Unterlippe und wiegte den Kopf hin und her. „Mein Mann wird nicht einverstanden sein.“

„Das lässt sich klären“, sagte Hubert Mühlenkamp voll Zuversicht. „Wenn er die Pferde erst einmal sieht, na! Ist das denn nicht ein wunderschönes Gespann? Der Wallach heißt Benno, die Stute Motte. Und der Winzling, der hört auf den Namen Mux. Das heißt, noch hört er auf gar nichts. Hat nur Flausen im Kopf. Doch er wird bestimmt auch mal ein prächtiges Pferd. Und wenn Sie noch mehr Fohlen wollen, also, die Motte ist noch schön jung, und in Habichtsbeek gibt's einen Züchter, bei dem steht der Hengst Pirmin, der gilt als der beste Vererber weit und breit, und außerdem ...“ Er holte Luft.

„Halt! Halt! Halt!" Hanna hielt sich die Ohren zu. „Wir wollen nicht den dritten Schritt vor dem ersten tun. Ich kann Ihnen nur eins zusagen, Herr Mühlenkamp: Dass ich heute Abend mit meinem Mann spreche. Alles unverbindlich, klar?"

„Klar. Aber für heute kann ich die Haflinger doch auf Ihrer Weide lassen, ja? Unverbindlich natürlich."

Hanna seufzte ergeben. „Meinetwegen."

„Klasse!", jubelte Lena.

„Ich komme die Pferde selbstverständlich regelmäßig besuchen. Und wenn Kosten anfallen oder so, Ehrensache, dass ich mich beteilige!" Der dünne Mann schaute Hanna beschwörend an und sagte leise: „Lassen Sie mich nicht im Stich! Es geht doch um die Pferde!"

„Aber noch ist nichts abgemacht", warnte Hanna.

Lena und Pitt halfen mit, Benno und Motte auszuspannen. Zusammen mit Hubert Mühlenkamp führten sie die Pferde mit großer Ernsthaftigkeit auf die Weide. Mux ging hinterher und schnappte immer wieder spielerisch nach Pitts Hose. Ronja beschloss den Zug.

Staunend sah Lena zu, wie die Haflinger zuerst stehen blieben und dann zögernd zu Raja schritten, als müssten sie bei ihr um Erlaubnis fragen, dass sie auch auf dieser Weide grasen konnten. Die drei Pferde berochen sich ausdauernd mit geblähten Nüstern. Raja schien gegen die Neuen nichts einzuwenden zu haben. Der Ziegenbock nahm zuerst einmal eine kämpferische Abwehrhaltung ein. Mux pustete Kohlweißlinge von den Wiesenrauten.

Ronja hockte am Gatter auf den Hinterbeinen und war offenbar bereit, sofort einzugreifen, wenn es irgendwo Ärger geben sollte.

„Toll!", flüsterte Pitt.

„Das kannst du laut sagen", antwortete Lena.

„Das Fohlen gehört natürlich mir", erklärte Pitt.

„Aber nur, wenn Weihnachten und Ostern auf einen Tag fallen."

Die Kinder halfen Mühlenkamp, den Planwagen in die Scheune zu schieben. Der dünne Mann holte ein Fahrrad vom Wagen und schwang sich auf den Sattel.

„Ich komme dann morgen wieder!", rief er im Wegradeln.

„Was haben wir uns da bloß eingebrockt!", murmelte Hanna. Sie stand auf der Haustreppe und sagte das mehr zu sich selbst als zu Lena und Pitt.

Lena verbrachte den ganzen Nachmittag am Rand der Weide. Sie konnte sich nicht satt sehen an den Tieren. Als Gregor später aus dem Vectra stieg, fassten Pitt und Lena ihn sofort bei den Armen und zogen ihn mit zur Wiese hinüber.

An manchen Tagen kam Gregor erschöpft und sorgenvoll von der Arbeit nach Hause. An diesem Abend machte er einen ausgeglichenen Eindruck. Lena erkannte es sofort. Das war gut so!

„Wir haben eine Überraschung für dich!" Pitt zog den zögernden Vater mit aller Kraft hinter sich her.

Aber Gregor hatte die Haflinger schon erspäht. „Bei dieser Familie überrascht mich überhaupt nichts mehr", sagte er trocken. „Es sollte mich auch nicht wundern, wenn morgen eine Elefantenherde hinter unserem Haus weidete."

„Guck nur, wie schön die sind!", forderte Lena.

Hanna kam vom Haus hergeeilt. Während Lena und Pitt lauthals redeten, erklärte sie Gregor in Stichworten, was es mit den neuen Pferden auf sich hatte und dass Hubert Mühlenkamp so sehr in der Klemme steckte.

„Wer ist nun schon wieder Hubert Mühlenkamp?", fragte Gregor.

„Na, der Mann, dem sie das Haus wegnehmen und der jetzt ein Zuhause für seine Pferde sucht. Tewes hat ihm den Tipp mit dem Pferdehof gegeben."

Gregor suchte nach seiner Pfeife. „Ich glaube, der Tewes hat es faustdick hinter den Ohren!"

Das konnte Hanna nur bestätigen. Sie lachte. „Aber wenn wir dann immer mit dem Planwagen zum Einkaufen fahren und nicht mit dem Auto, dann ist das immerhin sehr umweltfreundlich!"

„Zum Fuhrwerkelenken braucht man aber einen besonderen Führerschein", gab Gregor zu bedenken. „Und Fahren, das heißt Pferdelenken, muss man richtig lernen!"

„Das werde ich ja wohl schaffen. Oder hältst du mich für zu doof dafür?"

Gregor drückte Hanna einen Kuss auf die Nasenspitze.

Lena sah das und freute sich. Das konnte nur etwas Gutes bedeuten, und das Gute war, dass es drei neue Tiere gab auf dem Pferdehof.

An diesem Abend stieg Lena zum Hügel hinauf. Sie legte sich ins Gras. Unter sich sah sie die Gebäude des Pferdehofs, die lange Schatten warfen. Lena saugte den würzigen Duft der Kräuter ein und blinzelte in die Strahlen der Abendsonne. Grillen schrillten wie irr, ein Heupferdchen hüpfte auf Lenas Knie, Ameisen kribbelten an den nackten Füßen. Lena lag da und träumte, obwohl sie hellwach war.

Hier bin ich jetzt zu Hause. Diesen Satz dachte Lena wieder und wieder. Sie musste sich über die Veränderung in ihrem Leben erst klar werden. Und sie dachte auch: Ich habe neue Freunde gefunden, welche mit zwei Beinen und welche mit vier Beinen. Ich glaube, ich werde hier sehr glücklich sein.

Es würde spannende und bedrückende Erlebnisse geben, lustige und traurige Ereignisse, Enttäuschungen und Überraschungen, Zeiten der Traurigkeit und Zeiten der Freude. Lena flüsterte: „Das ist mein Leben!"

Ja, Abenteuer warteten in Fülle auf Lena. Aber das sind schon wieder neue Geschichten!

Der geheimnisvolle Schimmel

Regentag

Lena kannte das Sprichwort natürlich: Es gibt Tage, an denen sollte man eigentlich im Bett bleiben. Aber so etwas ist meist nur ein Wunschtraum. Als Lena an diesem Montagmorgen von Ronjas Gebell und Pitts Wutgeheul aus dem Halbschlaf gerissen wurde, fühlte sie sich schlapp und elend. Vielleicht bin ich krank, dachte sie, und dann brauche ich nicht zur Schule. Doch sie wusste nur zu gut, dass sie nicht krank war. Hanna durchschaute sowieso alle Versuche von Schauspielerei.

„Ich will nicht unter die Dusche!", schrie Pitt. „Ich hab am Samstag ganz lange gebadet, und außerdem bin ich kein bisschen dreckig!"

Ronja, die Wuschelhündin, unterstützte Pitts Proteste mit gewaltiger Lautstärke. Aber als Hanna ein Machtwort sprach und damit drohte, dass Schreihälse keinen Nusskuchen bekämen, trat beinahe so etwas wie Stille ein. Das leise Geräusch des Duschwassers aus dem Badezimmer mischte sich mit dem sanften Rauschen des Regens.

Lena zog die Steppdecke bis zur Nasenspitze hoch. Fünf Minuten kann ich noch im Bett bleiben, dachte sie. Das Morgenlicht, das durch das Fenster in ihren Wigwam drang, wirkte grau und unfreundlich. Lena mochte ihr Dachzimmer mit den schrägen Wänden sehr, und sie fühlte sich darin wohl wie in einem Indianerzelt. An diesem Morgen hätte sie es am liebsten nicht verlassen. Die Englischarbeit! Lena wusste genau, dass sie sich saumäßig schlecht vorbereitet hatte. Anstatt wenigstens eine Stunde zu üben, hatte sie das ganze Wochenende bei verrückten Spielen mit Mux, dem Haflingerfohlen, und dem Ziegenbock Xerxes verbracht.

Das Kribbeln im Bauch war ein schlechtes Vorzeichen, das wusste Lena. Doch für Selbstmitleid war nun keine Zeit mehr. Der Wecker klingelte, und das hörte sich richtig schadenfroh an. Die fünf Minuten waren vorbei. Pitt hatte seine Spritzerei beendet und gab das Badezimmer frei. Als Lena dann ihr trauriges Gesicht im Spiegel sah, musste sie trotz allem ein wenig lachen. „Du siehst aus wie ein beleidigter Clown", flüsterte sie ihrem Spiegelbild zu.

Gregor war mit dem Frühstücken bereits fertig, als Lena in die Küche kam. An diesem Morgen war er noch muffeliger als sonst. Er blätterte in einer dicken Akte. Wahrscheinlich hatte er einen komplizierten Prozess vor sich.

„Guten Morgen, du Morgenmuffel!", sagte Lena. „Du hast Brotkrümel im Bart."

„Morgen, Lena!" Gregor zupfte an den Barthaaren herum.

„Außerdem hast du Marmelade an der Brille."

„Dann mach sie mir doch mal eben sauber! Sei so lieb, Lena! Ich hab's eilig."

„Ich hab's auch eilig", gab Lena zurück. Trotzdem spülte sie die Brille des Vaters unter dem Wasserhahn ab. Hunger hatte sie ohnehin nicht. Sie schlürfte ihren Milchkaffee und nagte an einer trockenen Schwarzbrotschnitte. Als sie sah, wie Pitt sich trotz der frühen Stunde haufenweise Nusskuchen in den Mund stopfte, wurde ihr fast schlecht. Ronja erbettelte sich wimmernd ihren Anteil. Hanna löffelte ihr Müsli und hörte den Radionachrichten zu. Sie hatte, wie fast immer morgens, ausgesprochen gute Laune.

Dann brach Gregor hastig auf. Der Vectra surrte wie ein böses Insekt davon. Jedenfalls kam es Lena so vor. Pitt hatte es mal wieder gut, er brauchte erst zur dritten Stunde in Uhlendorf zu sein. Hanna würde ihn mit dem Haflingergespann im Planwagen zur Grundschule fahren. Das machte ihm immer Spaß, wenn die anderen Kinder ihn beneideten.

Höchste Zeit für Lena! Sie rannte zur Hauskoppel. „Tschüss, Xerxes, du Spinner!", rief sie dem Ziegenbock zu, der zwischen den Haflingern graste. Benno und Motte hoben nur kurz die Köpfe, als Lena ihre Namen rief. Mux kam eilig ans Gatter gestakst und holte sich mit spitzen Lippen einen Apfelschnitz aus Lenas Anoraktasche.

Raja, die alte Pferdedame, wartete im Zaunwinkel unter dem Ahornbaum auf Lena. Ihr narbiges Fell wirkte fast schwarz von der Nässe. Raja schüttelte leicht die Mähne und lächelte Lena zu. Dass die Stute lächeln konnte, wusste nur Lena, und sie verriet es keinem.

„Du bist das allerschönste Pferd der Welt", sagte Lena und streichelte den knochigen Körper. „Und so ein kluges Gesicht wie du hat kein anderes Pferd." Lena streckte die Hand aus. Raja fuhr mit ihrem weichen Maul über die Haut. So verabschiedeten sie sich an jedem Schultag. „Und wenn einer sagt, dass alte Pferde hässlich sind, dann ist er doof."

Raja schnaubte leise. Dann verscheuchte sie mit einem Schlag ihres Schweifs den Fliegenschwarm von ihrer Kruppe. Die weißen Haare an ihren Nüstern zitterten.

„Halt mir die Daumen, Raja!", rief Lena, als sie zur Scheune lief, um ihr Fahrrad zu holen. Aber wie sollte ein Pferd die Daumen halten! Ich rede Quatsch, dachte Lena.

Lena trat die Pedale so schnell, dass die Oberschenkel wehtaten. Der Nieselregen schmerzte im Gesicht, der Wind brachte die Augen zum Tränen. Lena schaffte die zwei Kilometer zum Hof von Schulze-Gehling in Weltrekordzeit. Der Schulbus kam schon um die Kurve gedonnert. Wie üblich gab Frännes, der Fahrer, übermäßig Zwischengas beim Herunterschalten.

„Beeil dich, Lena!", rief Annette.

Die hat es gut, dachte Lena, die braucht nur durch das Hoftor zu gehen und ist schon an der Haltestelle. Schnell stellte Lena ihr Fahrrad hinter der Mauer ab und hastete zum Schulbus.

„Nächstens fahr ich ohne dich los!", nörgelte Frännes.

„Nun mach dir mal bloß nicht in die Hose!", murmelte Lena. Sie quetschte sich neben Annette auf die Sitzbank und zog sofort das Englischbuch aus der Schultasche.

Annette wischte sich die Regentropfen aus ihrem weißblonden Haar. „Ich wollte, ich wäre schon zwei Stunden älter! Hast du was getan für die Arbeit?"

„So gut wie nix", antwortete Lena. Der Bus hüpfte auf dem schlechten Straßenbelag, und die Buchstaben hüpften vor ihren Augen. Lena klappte das Buch wieder zu.

Annette pustete ihren Kaugummi zu einem Luftballon auf. „Ich hab auch null Englisch gepaukt. Wann sollte ich auch? Am Samstag hatten wir das Springen in Billerbeck, und am Sonntag war ich mit meinen Eltern beim Reiterball."

„Und wie war's?"

„Der Reiterball im Festzelt, der war ganz prima!" Annette kicherte. „Sag's nicht weiter, hörst du? Ich hab mich in den Ludger verknallt."

„Den kenne ich nicht", gab Lena ein bisschen schnippisch zurück. „Und am Samstag beim Turnier ..."

„Frag mich nicht!", fauchte Annette. „Odin, dieser Feigling, hat an der Triplebar verweigert, und ich bin aus den

Steigbügeln gerutscht und wäre fast über Odins Hals geflogen. Ich hab mich vielleicht geschämt!"

Jetzt hätte Lena am liebsten gesagt: Das hat der Odin aber fein gemacht! Doch sie hielt den Mund, weil sie vor der Englischarbeit nicht auch noch Streit anzetteln wollte. Für Annettes reiterischen Ehrgeiz hatte sie kein Verständnis. Wenn Odin sich vor einem Hindernis fürchtete, dann war es sein gutes Recht, den Sprung zu verweigern.

Dass Frau Spinn, die neu an die Droste-Schule gekommen war, von den Schülerinnen und Schülern nur Missis Spider genannt wurde, war für alle selbstverständlich, auch für Frau Spinn. Sie ließ die Klassenarbeitshefte austeilen. „Shut up!", blaffte sie Martin an, der mit Ioannis über den neuen Trainer von Schalke 04 stritt. Schlechte Laune, Streit, Lärm, Hektik: Lena sehnte sich in ihren Wigwam zurück.

Missis Spider klappte die Wandtafel auf, die war voll geschrieben mit Fragen. Als Überschrift stand da: *A London quiz*. Und die Fragen sollten natürlich in Englisch schriftlich beantwortet werden.

Lena spürte, wie sie von leichter Panik überfallen wurde. Ja, Missis Spider hatte ihnen rechtzeitig geraten, das Kapitel über die Stadt London noch einmal ernsthaft durchzuarbeiten, aber Lena hatte es nicht getan. Sie las die Fragen und war sich klar darüber, dass sie allenfalls jede zweite beantworten konnte. Sie fing Annettes verzweifelten Blick auf. Ihrer Freundin ging es also auch nicht besser.

What's the oldest part of London? Where are the most impor-
tant banks and offices in London? Which station does the Dover
train leave from? What's the name of the old sailing ship at
Greenwich museum? Where can you catch a train to Manches-
ter? Und so weiter und so weiter! Es waren insgesamt fünf-
undzwanzig Fragen. Hoffentlich schaffe ich wenigstens
eine Vier!, wünschte Lena sich.

In der großen Pause redete Annette mit nervenaufrei-
bender Hartnäckigkeit weiter von dem angeblich überaus
hübschen Ludger, der nach dem Abitur Betriebswirtschaft
studieren und später eine große Nummer in der Auto-
branche werden wolle. Lena hörte kaum hin. Was hatte sie
mit Annettes Schwarm zu tun!

Die Mathestunde zog sich zäh dahin, in Erdkunde ging
es um langweilige Ölschiefervorkommen, in Sozialkunde
laberte ein Referendar mit einer Stimme, die zum „Wort
zum Sonntag" gepasst hätte. Und zum Schluss noch Sport.
Stufenbarren. Lena konnte dieses Gerät nicht leiden.

Der Regen hatte aufgehört, doch die Luft war klebrig
wie nasser Nebel. Müde und abgeschlafft hockten die
Schülerinnen und Schüler dann im Schulbus, der durch
triefendes Wiesenland rollte. Frännes erzählte alberne
Witze. Kaum jemand lachte. Wie aufgedreht schwadro-
nierte allerdings Annette.

„Ich werde Odin härter anfassen", sagte sie. „Der Trainer hat mir das auch geraten. Er macht zu viele Fehler mit
der Hinterhand."

„Wer? Der Trainer?"

„Odin natürlich! Ein Pferd muss genau wissen, wer der Herr ist. Wer nicht hören will, muss fühlen."

„Mensch, Annette, hör doch auf mit dem Scheiß!" Lena war plötzlich richtig wütend. „Willst du etwa der Herr sein? Dass ich nicht lache! Ein Mädchen kann kein Herr sein."

„Das sagt man aber so."

„Deswegen hört es sich nicht weniger bescheuert an. Außerdem möchte ich wirklich mal wissen, wieso dein Pferd immer das machen soll, was du willst. Mein Vater hat gesagt, Pferde sind Fluchttiere. Von selbst würden die nie im Leben über Hindernisse springen. Und wenn man sie zu was Widernatürlichem zwingt, dann ist das Tierquälerei."

„Ach, das hat dein Vater gesagt?", höhnte Annette. „Der hat ja mal wieder unheimlich viel Ahnung. Sagtest du nicht, dass der noch nie im Leben auf einem Pferd gesessen hat?"

„Ist das eine Logik! Wer auf einem Pferd gesessen hat, der hat Ahnung von Tieren. Und wer sich nicht auf Pferde setzt, der hat keine. Willst du das allen Ernstes behaupten?"

„Will ich nicht, Lena! Jedenfalls steht fest, dass dein Vater sich nicht traut, ein Pferd ..."

Lena fuhr barsch dazwischen. „Mit Trauen hat das überhaupt nichts zu tun! Er sieht eben keinen Sinn darin. Im Grunde mag er's überhaupt nicht leiden, dass sich Menschen auf Pferde setzen. Er meint, wenn jemand sich ein

Pferd kauft, dann gehört es ihm trotzdem nicht. Ein Tier gehört sich selbst, sagt er, ein Tier ist nicht einfach ein Gegenstand, über den man nach Lust und Laune verfügen kann. Wenn er ein Pferd wär, dann würde er den Reiter mit den Zähnen von seinem Rücken pflücken und in den Dreck schmeißen."

Annette lachte so laut und spöttisch, dass ringsherum die Mädchen und Jungen von den Sitzen hochsprangen. „Wenn ich so einen Käse höre! Ohne die Menschen wären die Tiere völlig hilflos. Und wenn wir gut für unsere Pferde sorgen, dann können die ruhig auch was für uns tun. Das gleicht sich aus. Dein Vater hat null Ahnung von Pferden!"

„Willst du behaupten, dass er blöde ist?"

„Ich behaupte überhaupt nichts. Ich stelle nur fest."

„Vielleicht solltest du einfach nur die Klappe halten."

„Tu ich auch", sagte Annette. „Aber eins sollst du noch wissen. Weißt du, was der Reitlehrer von dir hält?"

„Nein. Aber du wirst es mir bestimmt verraten."

Als hätte sie eine Sensation zu verkünden, so sprudelte Annette los. „Er hat gesagt: Die Lena hat überhaupt keinen Ehrgeiz, der kann man die Sitzfehler niemals austreiben. Die hängt auf dem Gaul wie so'n schlaffer Apache. – Das hat er gesagt, dass du's weißt!"

Im ersten Augenblick wollte Lena aufbrausen, doch dann musste sie unwillkürlich lächeln. Das Bild von dem Apachen gefiel ihr. Sie kannte Abbildungen aus Büchern, Gemälde amerikanischer Maler, die zeigten Indianer auf

Mustangs, und die Reiter saßen entspannt und vorgebeugt auf den Pferden, ritten ohne Sattel, waren fast verschmolzen mit dem Pferdekörper. Lena dachte: Wenn ich so auf Raja langsam über die Ebene reiten könnte! Raja sucht sich den Weg zwischen den Salbeibüscheln, die in Blüte stehen. Am Horizont zieht eine Büffelherde, und hoch über uns am blassblauen Himmel kreisen Adler. Lena strich sich durch ihr langes dunkles Haar. Ioannis hatte einmal zu ihr gesagt, sie sehe aus wie eine Indianerin. Das fiel ihr wieder ein.

An die Reitstunden dachte Lena mit leichtem Schauder zurück. Es war Gregors Idee gewesen, und Tewes hatte ihn bestärkt. Wenn sie schon unbedingt auf Raja und den Haflingern reiten wolle, dann seien etliche Reitstunden für sie unerlässlich, schon allein aus Gründen der Sicherheit. Das hatte Lena eingesehen. Der Reitlehrer war geduldig und gab sich Mühe mit ihr. Manches brauchte er ihr nicht erst zu erklären, dass man zum Beispiel behutsam in den Sattel steigt und nicht sein Körpergewicht brutal auf den Pferderücken plumpsen lässt oder dass man ein Pferd nicht erschrecken darf, indem man sich plötzlich von hinten nähert. Aber was Roland Kokowski ihr über Zügelhilfen und Versammeln und über die Sitzfehler vom Spaltsitz bis zum Stuhlsitz erklärte, das hatte sie nicht sonderlich interessiert. Sie wollte sowieso keine Leistungsabzeichen erringen. Dem Pferd ganz nahe sein, seinen warmen Körper spüren: Darauf kam es ihr an.

Der Schulbus leerte sich allmählich. Am Hof von Schulze-Gehling stiegen Annette, Lena und die beiden Jungen von der Großgärtnerei aus. Lena holte wortlos ihr Fahrrad und schaute Annette nicht an. Jungbullen brüllten zornig von irgendwoher.

Auf den Stoppelfeldern standen bräunliche Güllepfützen und stanken entsetzlich. Das Lärmen der Maisfräsen begleitete Lena bis zum Pferdehof. Die Heckenrosen auf dem Vorplatzrondell waren zu faustgroßen Hagebutten gereift. In den Buchsbaumstauden, die den Kiesweg säumten, scharrten kleine Vögel. Lena konnte nicht erkennen, ob es junge Spatzen oder Zaunkönige waren. Ronja kam aufgeregt gesprungen und warf in ihrer Freude beinahe Lena und ihr Fahrrad um.

Hanna öffnete die Haustür. „Wie war's?"

„Ziemlich mies. Die Englischarbeit kann ich mir wohl in die Haare schmieren, und mit Annette hab ich mich verkracht."

Hanna nahm Lena in den Arm. „Sei nicht traurig! Manchmal geht eben alles schief. Worum ging's denn zwischen Annette und dir?"

„Mal wieder um Pferde. Wir haben halt unterschiedliche Ansichten. Vielleicht spinnt die Annette auch, weil sie sich in so einen Typ vom Reiterverein verknallt hat. Ich werde mich nie verknallen, nie!"

Da schmunzelte Hanna nur.

Lena brachte ihr Fahrrad in die Scheune. Ronja hatte ein Stück von einem alten Besen gefunden und trug es wie einen Igel vorsichtig in der Schnauze. In der Wohnhalle klimperte Pitt auf dem Klavier herum und krähte dazu, dass er vor Hunger bald sterben werde.

„Tewes war da", sagte Hanna. „Er hat Raja in den Stall gebracht. Die Feuchtigkeit sei nicht gut für ihre Gelenke."

„Ich gehe zu ihr!" Lena warf die Schultasche in die Diele.

„Zuerst wird gegessen!", schrie Pitt.

Und dann futterte der Vielfraß gewaltige Mengen von Pellkartoffeln mit Schnittlauchquark, Birnenauflauf mit Zucker und Zimt und Vanilleeis mit Roter Grütze. Ronja bettelte wie üblich. Lena stocherte appetitlos mit der Gabel herum. Hanna hatte auch keinen richtigen Hunger.

„Ich komme mit meiner Übersetzung nur schleppend weiter", sagte Hanna.

„Aus welcher Sprache?", fragte Lena.

„Norwegisch. Da sind so entsetzlich viele Fachausdrücke aus der Seefahrt drin, die kenne ich einfach nicht!"

„Dann frag mich, Hanna!" Pitt redete und aß in einem. „Ich bin Experte in allen Fragen der Seefahrt. Backbord ist links!"

Da fing Lena schrill an zu lachen. Es war wie ein Lachanfall. Ärger, Trauer und Frust entluden sich in diesem Gelächter. Lena konnte gar nichts dagegen machen. „Ja, Pitt, backbord ist links!" Lena lachte und lachte.

Hanna wurde angesteckt und lachte mit. Pitt tippte sich an die Stirn und streckte die Zunge raus. Ronja reckte den Kopf und heulte die Holztäfelung der Decke an. Es war ein jämmerliches Konzert.

„Leg dich ein bisschen hin, Lena!" Hanna gab Lena einen Klaps.

Lena stand auf und nickte.

Oben in ihrem Wigwam kramte sie den alten Hampelmann aus ihrer Geheimnistruhe und presste die wabbelige und fleckige Stoffpuppe fest an sich. „He, du alter Wackelpeter, kannst du mich nicht ein wenig trösten?"

Der Hampelmann konnte Lena aber nicht trösten. *Die* Zeit war vorbei.

Ein Licht hinterm Wald

Irgendein Geräusch im Haus hatte sie aufgeschreckt. Verwundert schaute Lena auf die Uhr auf ihrem Schreibtisch und begriff, dass sie länger als drei Stunden geschlafen hatte. Als sie die verspannten Arme und Beine reckte und streckte, fiel der Hampelmann auf den Fußboden. Lena legte ihn in die Truhe zurück.

Sie war allein im Haus. Ein merkwürdiges Gefühl! Im Gebälk tickte es, in der Küche summte der Kühlschrank, das leise Klickklack der Standuhr in der Diele klang ein bisschen spukig. Als Lena sich in der Küche einen Kaffee aufbrühte, hörte sie auf einmal Pitts Fanfarenstimme von draußen her. Da wusste sie, dass ihr Bruder mit der Wuschelhündin bei den Haflingern und beim Ziegenbock war. Lena aß einen Zwieback und schlürfte den heißen

Kaffee. Dann schlüpfte sie in der Diele in ihre Gummistiefel und zog den Anorak über. Im Stall wartete Raja schon auf sie. Ihr Schnauben war wie ein Gruß.

„Da bin ich", sagte Lena und drückte das Gesicht an den Hals der alten Stute. „Wie geht es dir?"

Raja wiegte den Kopf hin und her. An einer verschorften Stelle an ihrem Schweifansatz krabbelten dicke Fliegen. Lena verscheuchte sie. Dann griff sie nach der Mistgabel.

„Gleich gehen wir noch eine Weile spazieren, ja? Aber erst muss ich für Deutsch noch eine blödsinnige Bildinterpretation schreiben."

Raja schnaubte, als hätte sie das verstanden.

Lena konnte nicht ahnen, dass es an diesem späten Nachmittag weder mit der Bildinterpretation noch mit dem Spazierritt etwas werden würde. Denn da kam ja noch Annettes Anruf.

Zunächst lief Lena zur Hauskoppel, wo Pitt mit dem Hund, dem Fohlen und dem Ziegenbock eine Art Fangenspiel veranstaltete und offenbar riesigen Spaß dabei hatte. Als Xerxes ihm die Hörner gegen den Hintern drosch, quiekte er vor Vergnügen.

„Wo ist Hanna?", fragte Lena.

„Die ist mit dem Volvo zu 'ner Versammlung nach Dülmen gefahren. Hat irgendwas mit einem Protestbrief zu tun. Den wollen die zusammen schreiben. Ich weiß nicht so genau. Was mit Klärschlamm, glaub ich."

„Hat sie gesagt, wann sie wiederkommt?"

„Nö. Aber wenn sie nicht bald kommt, machst du mir dann was zu essen? Ich hab Hunger wie ein Bär."

Lena schüttelte entschieden den Kopf. „Ich will nicht schuld sein, wenn du platzt. Außerdem kriegen alle Fresser 'nen Herzinfarkt." Sie ging mit schnellen Schritten zum Haus und hörte nicht auf Pitts Geschimpfe.

Kaum hatte Lena die Gummistiefel abgestreift, da schnarrte in der Wohnhalle das Telefon.

„Hier ist Lena Belker!"

„O Lena, gut, dass du da bist!" Das war Annettes Stimme, und sie hörte sich ganz kläglich an. „Ich mache mir so große Sorgen. Es ist wegen Odin."

„Ach ja?", fragte Lena spitz. „Warum rufst du nicht deinen tollen Ludger an?"

„Lena, es ist ernst! Meine Eltern sind zum Baumarkt gefahren und suchen Kacheln für das Herdfeuer aus. Ich kann sie da nicht erreichen. Oma Toni dreht völlig durch, und unser Gehilfe sitzt vor dem Fernseher und ist schon reichlich blau, dieser Schluckspecht. Von Pferden hat der ohnehin keine Ahnung!"

„Was ist denn los mit deinem Odin?"

„Der benimmt sich so seltsam, er scheint krank zu sein! Ich hab ihn vorhin auf unserer Obstwiese ein bisschen bewegt, und seit er wieder im Stall ist, schwitzt er so komisch und dreht unentwegt den Kopf nach hinten. Und mit dem Schweif schlägt er wie irre. Du, der hat Schmerzen!"

„Was soll denn ich dagegen machen, Annette? Von Tierkrankheiten verstehe ich doch wirklich nichts! Meine

Mutter ist zu einer Versammlung, und mein Vater kommt nie vor sieben vom Gericht zurück. Warum rufst du nicht beim Tierarzt an?"

„Meinst du, auf die Idee wär ich nicht selber gekommen? Doc Kranenburg ist unterwegs in der Bauernschaft Langenhorst. Seine Frau hat nicht den Schimmer einer Ahnung, bei welchem Bauern. Sie weiß bloß, dass eine Kuh Schwierigkeiten beim Kalben hat, und so was kann Stunden dauern! Mensch, Lena, ich hab mir schon die Finger wund telefoniert. Keiner weiß, wo der Tierarzt steckt. Sein Auto hat auch keiner gesehen. Ich brauche deine Hilfe, Lena!"

„Tewes!"

„Genau! Tewes muss herkommen, und zwar ganz schnell. Ich kann Odin jetzt nicht allein lassen. Tewes hat kein Telefon. Du musst ihn holen! Beeil dich!"

„Ich hole ihn", sagte Lena. „Hoffentlich ist er zu Hause." Sie knallte den Hörer auf die Gabel und stürmte nach draußen. Fast hätte sie auf der Freitreppe Pitt umgerannt. „Ich muss den Tewes holen!", rief Lena. „Mit Annettes Pferd ist was passiert. Bleib du mit Ronja im Haus, hörst du?"

„Machst du mir auch was zu essen, wenn du wiederkommst?"

„Ja! Ja! Ja!", schrie Lena. Sie schwang sich auf das Fahrrad und fuhr, so schnell sie nur konnte, den Wiesenweg hinunter der kleinen Brücke zu.

Auf der anderen Seite des Baches ging es ziemlich steil

den Hügel hinauf. Lena sprang ab und schob das Rad den schmalen Pfad aufwärts; sie kam zwischen den Grasbüscheln ins Straucheln und fing sich nur mit Mühe an einem Holunderbusch auf. Ihr Atem pfiff wie ein Vogel, heftiges Seitenstechen quälte sie. Aber sie hielt durch.

Sie war froh, dass sie den Mischwald hinter sich hatte. Dort war es immer ein wenig unheimlich und bedrückend, sogar bei Sonnenschein, und jetzt in der Abenddämmerung erst recht. Vielleicht lag das auch an den fauligen Düften, die aus den modrigen Gräben zwischen den Eichen und Erlen aufstiegen. Im dichten Unterholz knirschte und knackte es bedrohlich, und Lena musste manchmal an Wölfe und Wildschweine denken, obwohl sie wusste, dass die Jäger hier auf Kaninchen und Rehe schossen. Der Wald war umgeben von Hochsitzen, und bis zum Pferdehof tönte oft das Geknalle.

Als Lena den Gegenhang erreicht hatte, schaute sie sich noch einmal um. Ja, das Wäldchen lag hinter ihr, und kein gespenstisches Wesen verfolgte sie. Lena blieb einen Augenblick stehen, um zu Atem zu kommen. Doch da nahm sie ein eigenartiges Licht am westlichen Rand des Gehölzes wahr. Ein flackernder Schein war das, der zwischen den Baumstämmen zu tanzen schien, vielleicht einen halben Kilometer von ihr entfernt. Brannte dort ein Feuer?

Lena wusste genau, dass es dort kein Haus gab. Das Abflämmen der Kornfelder war längst beendet, die Zeit der Kartoffelfeuer war noch nicht gekommen. Was hatte dieser Lichtschein zu bedeuten? Irgendjemand musste dort sein. Lena verstand nicht, dass sie plötzlich von einer beklemmenden Unruhe erfasst wurde. War es denn etwas so Außergewöhnliches, dass an einem Abend zwischen den Äckern und dem Waldrand ein Feuer brannte? Vielleicht träume ich auch, dachte Lena und setzte hastig ihren Weg fort. Sie hatte Wichtigeres zu tun, als über ein Rumpelstilzchen nachzudenken, das dort herumhüpfte. Es konnte ja auch sein, dass sich junge Leute aus Uhlendorf ein Lagerfeuer angezündet hatten.

Also weiter, weiter!

Lena erreichte den schmalen Fahrweg, der zu dem schilfgedeckten Kotten zwischen Haselnussbüschen und Schlehdornbäumchen führte. Das rote Moped stand aufgebockt vor dem niedrigen Eingang des flachen, weiß gestrichenen Hauses. Also war Tewes daheim! Wie üblich saßen vier pechschwarze Katzen auf den Simsen der vier kleinen Fenster: aufmerksam, abweisend, fluchtbereit.

Tewes hatte wohl schon gemerkt, dass er Besuch bekam. Er trat in seinem blauen Arbeitsanzug aus der Tür und strich sich über die Glatze, als müsste er sich eine Haarsträhne aus dem Gesicht wischen. „Du bist's, Lena? Ist was passiert?"

„Ja, Herr Tewes! Annettes Fuchswallach benimmt sich so eigenartig! Und weil die Schulze-Gehlings nicht zu Hause sind und weil der Tierarzt nicht zu erreichen ist ..." Lena musste erst dreimal, viermal tief durchatmen, um weitersprechen zu können. „Ob Sie ganz schnell nach dem Odin schauen können, hat die Annette gefragt. Bitte!"

Der kleine Mann, der ungefähr so breit wie hoch wirkte und trotz seines Alters sehr kräftig war, schlug die großen Hände zusammen. „Wie kommt deine Freundin darauf, dass mit ihrem Pferd was nicht in Ordnung ist?"

„Sie meint, es hat Schmerzen. Schwitzt wie verrückt, dreht den Kopf immer nach hinten, schlägt mit dem Schweif und ist ganz verkrampft!"

„Das hört sich nach einer Kolik an. Damit ist nicht zu spaßen. Störungen im Magen oder im Darm. Scharrt das Pferd auch nervös mit den Hufen herum?"

„Ich weiß es nicht", sagte Lena. „Annette war sehr aufgeregt am Telefon!"

Tewes langte in den dunklen Wohnraum hinein, griff sich den Schutzhelm und die Lederjacke, schloss die Haustür ab und startete sein Moped. Und dann knatterte er einfach davon. Das war typisch für ihn. Langes Gerede schätzte er nicht. Wenn auf dem Hof von Schulze-Gehling ein Pferd Hilfe brauchte, dann half er eben – so gut er konnte.

Lena folgte Tewes langsam auf dem Fahrrad. Sie hatte ihre Aufgabe erfüllt, und nun hatte sie es nicht mehr eilig. Denn wenn mit Odin etwas wirklich Schlimmes geschehen war, dann wollte sie es lieber nicht sehen, außerdem brauchte Tewes ihre Unterstützung gewiss nicht. Was konnte sie schon helfen!

Aber zu Annette wollte Lena auf jeden Fall. Sie nahm den befestigten Wirtschaftsweg, der zu Schulze-Gehlings Hof führte. Den Wiesenweg durch das Wäldchen, der nur vom Pferdehof her eine Abkürzung war, würde sie jetzt ohnehin nicht mehr radeln, weil es dunkler und dunkler wurde. Das unheimliche Licht, das hinter Gronerdingers Busch, wie das Wäldchen genannt wurde, so seltsam geflackert hatte, ging ihr nicht aus dem Sinn.

Am Wegesrand protzten die Ebereschen geradezu mit den prallen roten Vogelbeerdolden. Lena atmete nur durch den Mund, weil der Gestank der Schweinejauche schier unerträglich war, und der Wind schlug ihr genau ins Gesicht. Lena musste Acht geben, dass ihr Rad nicht auf den Erdbrocken ausrutschte, die die Profile der Treckerreifen fast wie ein Muster auf dem Weg verstreut hatten. Fasane keckerten in den Büschen und zwischen den Maisstauden, Wildkaninchen wetzten im Zickzack vor Lenas Fahrrad her.

Bald sah Lena die Lampenlichter der Toreinfahrt von Schulze-Gehlings großem Gehöft. Der Jagdhund, der zu Lenas Kummer meist im Zwinger eingesperrt war, tobte und bellte. Irgendwo brummten Kühe unwillig und anhaltend.

Vor dem Pferdestall, aus dem weiße Helligkeit drang, stand das rote Moped. Im Näherkommen hörte Lena die beruhigende Stimme des ehemaligen Stallmeisters. Ob Odins Zustand vielleicht gar nicht so schlimm war?

Lena blieb bei der Stalltür stehen. Sie sah, dass Tewes das Pferd langsam durch den Gang zwischen den Boxen führte und Odins Bauch mit einem Strohbüschel abrieb. Der Fuchswallach schien auf die besänftigenden Worte zu reagieren, er spitzte die Ohren und stieß leises Schnauben aus, das sich wie ein Husten anhörte. Die drei anderen Pferde im Stall hatten die Nasen in die Tröge gesteckt und wirkten gesund. Lena dachte: Am Futter kann es also nicht liegen. Sie wusste nämlich, dass Koliken häufig durch Parasiten, Bakterien und Schimmelpilze entstehen; Magenkrämpfe und sogar Darmverschlingungen, die zum Tod führen können.

Tewes fragte: „Hat er verklebte oder verklumpte Futterhaufen verschlungen?"

„Ich glaube nicht", antwortete Annette mit zitternden Lippen. Ihr Gesicht war verheult. „Gesehen hab ich's jedenfalls nicht. Hat er eine Darmverstopfung?"

Tewes nickte. „Eure Pferde werden doch regelmäßig geimpft?"

„Natürlich! Sie kennen doch meinen Vater! Und unser Futter ist immer in Ordnung!"

Tewes tastete Odins prallen Bauch ab. „Aber irgendetwas Falsches muss der Bursche gefressen haben. Streng mal deinen Grips an! Na?"

Annette druckste herum. „Vorhin auf der Obstwiese ... also, ich meine, da hätte er ein paar abgefallene Äpfel gefressen. Ob die vielleicht faul waren?"

Tewes rieb jetzt heftiger Odins verschwitzten Unterbauch ab. „Gärung. Das könnte der Grund sein. Aber ich schätze, der Gaul verkraftet das. He, Odin, verkraftest du das?"

Der Fuchswallach schrappte mit dem linken Vorderfuß

über den betonierten Stallboden. Dann machte er einige Schritte, als wollte er prüfen, ob die Bewegungen schmerzten. Die Berührung der großen Hände des alten Stallmeisters schien er als Hilfe anzunehmen.

Lena schaute hingerissen zu. Ihr kam es so vor, als ob es vor allem Tewes' Gegenwart war, die die Schmerzen des Fuchses linderte. Sie dachte: Wenn doch all die vielen Reitersleute so mit ihren Pferden umgehen könnten!

Annette fragte: „Wird er es überstehen?"

„Das wird er", murmelte Tewes, „und das muss er auch. Ist wohl nur eine leichte Kolik. Pass in Zukunft besser auf, hörst du? Lass ihn nicht einfach fressen, was so in der Gegend rumliegt."

Da begriff Lena, dass man die Tiere vielleicht doch nicht alles tun lassen dürfte, was sie selber wollen. Das natürliche Leben der frei umherziehenden Herden gab es nicht mehr. In dieser veränderten Welt mussten die Menschen Verantwortung übernehmen für die Tiere, die zu ihnen gehörten. Nur gut, dass es Leute wie Tewes gab!

Motorengeräusch näherte sich. Annette drehte sich zur Tür um, und da sah sie plötzlich Lena dort stehen. Eine Weile schauten sich die Mädchen an, keine sagte etwas.

Tewes hob die Hand. „Doc Kranenburg kommt. Ich kenne den Ton von seinem asthmatischen Daimler seit vielen Jahren. Er soll sich ruhig den Odin noch mal gründlich ansehen."

Tewes nahm den Wallach beim Halfter und führte ihn in seine Box zurück. Odin atmete nun ruhiger und gleichmäßiger. Er blähte die Nüstern, als müsste er sich frische Luft in die Brust saugen. Immer wieder lief ein Zucken über sein Fell.

Lena trat zur Seite, als der dicke Tierarzt gestampft kam. Doc Kranenburg mit dem Seehundsschnurrbart wuchtete seine schwere Tasche wie einen Rammbock vor sich her. Plötzlich sah er Tewes. „Verdammich! Was erblicken meine entzündeten Augen? Da scheucht meine Frau mich müden Mann nach hier draußen, weil bei Schulze-Gehling angeblich die Kacke am Dampfen ist, und da ist der olle Tewes längst schon da. Warum komme ich da überhaupt noch?"

„Hallo, du Giftmischer!" Tewes gab dem Tierarzt die Hand. „Ist schon besser, wenn du dir den Fuchs noch mal vornimmst. Ich bin nur ein Amateur."

„Aber einer, der mit allen Pferdewassern gewaschen ist! Wie ist deine Diagnose, Tewes?"

„Leichte Kolik. Wahrscheinlich von faulendem Obst. Ich hab den Eindruck, dass sie bereits abklingt. So, jetzt bist du an der Reihe, Doc!"

Tewes machte Platz für den fülligen Veterinär, der mit Schwung die Tasche aufklappte und nach dem Stethoskop langte. Die mordsmäßig große Spritze zog er auch aus dem Futteral.

„Huh, da geh ich lieber raus!", stöhnte Annette, als sie die Spritze sah.

„Ja, geh du lieber raus und beruhige den Köter!", dröhnte der Tierarzt. „Wie oft habe ich deinen Eltern eigentlich schon gesagt, dass der Hund nicht immer im Zwinger sein darf? Der wird doch neurotisch, wenn er ewig eingesperrt ist."

Bravo!, dachte Lena und klatschte in Gedanken in die Hände. Gut, dass Doc Kranenburg das auch meint! Lena stellte sich vor, wie Ronja sich wohl im Käfig aufführen würde. Der Gedanke kam ihr lächerlich vor. Ronja gehörte doch zum Rudel der Belkers!

Auch Tewes verließ den Pferdestall und wandte sich seinem Moped zu. Mit dem schwarzen Sturzhelm sah er aus wie ein Gnom.

„Ich muss Sie mal was fragen", sagte Lena.

„Warum fragst du dann nicht?", knurrte Tewes.

„Hinter Gronerdingers Busch, da hab ich vorhin so ein Licht gesehen, das flackerte wie ein kleines Feuer. Wissen Sie, was da los ist hinter dem Wäldchen?"

Tewes breitete die Arme aus, als wollte er sagen: Lass mich doch mit solchem Blödsinn in Ruhe! „Keine Ahnung", nuschelte er. „Ist mir auch ziemlich piepe. Ich komme selten dort vorbei. Und jetzt mach, dass du nach Hause kommst, Lena! Es ist schon duster. Ihr müsst alle Tiere in den Stall bringen, hörst du? Heut Nacht wird's scheußlich regnen. Das hab ich im Urin!" Und dann brauste er durchs Hoftor davon.

Der Münsterländer im Zwinger konnte und konnte sich nicht beruhigen. Da gingen wichtige Dinge vor auf seinem Hof, und er war eingesperrt.

Annette lehnte am Kotflügel von Doc Kranenburgs

dunkelgrünem Diesel. „Du, Lena, ich wollte dir nur sagen ..."

„Was denn?"

„Wegen heute Morgen, also ..."

„Vergiss es, Annette!" Lena stieg aufs Rad und fuhr eilig davon. Sie hatte jetzt keine Lust, sich Annettes Erklärungen anzuhören. Außerdem war sie müde. An die Hausarbeiten dachte sie nicht. Weil sie nun den Wind im Rücken hatte, erreichte sie bald den Pferdehof. Der Vectra und der Volvo standen in der Scheune. Also war die ganze Familie zu Hause! Lena freute sich.

Als sie in die Wohnhalle kam, fand sie Hanna, Gregor, Pitt und Ronja auf den Sitzkissen vor dem Kaminfeuer. Es duftete nach Pfannkuchen.

„Wir müssen die Haflinger und den Xerxes noch in den Stall bringen", sagte Lena.

„Das hab ich längst erledigt!", rief Pitt.

Ronja kam getrottet und beschnüffelte Lenas Schuhe.

Pitts Pony

Es war noch stockdunkel, da saß Lena schon an ihrem Schreibtisch. Das Rauschen des Nachtregens war verklungen. Jetzt schüttelte der Wind die hohen Ulmen, die den Pferdehof umgaben.

Lena schlug das Lesebuch auf und betrachtete minutenlang intensiv das Bild. Sie vertiefte sich in die Szene, ließ die Farben und die dargestellten Gestalten auf sich wirken. Dann begann sie zu schreiben:

Das Bild zeigt ein großes Zimmer. Obwohl die Farben der Wände heil sind, wirkt der Raum kalt und unfreundlich. Zwei Menschen sind zu sehen. Ein älterer Mann sitzt am Tisch und liest in der Zeitung, eine sehr junge Frau steht am Fenster und schaut hinaus. Die beiden Menschen, die vielleicht Vater und Tochter sind, wenden einander den Rücken zu. Obwohl sie sich im selben Raum befinden, scheinen sie nichts miteinander zu tun zu haben. Da sind viele Gegenstände im Zimmer, trotzdem sieht es wie leer aus. Die Personen, die wie zwei Fremde ...

Lena legte den Füllfederhalter hin, als sie das leise Kratzen an ihrer Tür hörte. Die Wuschelhündin hatte gemerkt, dass Lena schon aufgestanden war.

„Komm rein, Ronja!", flüsterte Lena. „Aber sei bloß ruhig, hörst du? Die anderen schlafen noch." Lena machte die Zimmertür wieder zu, dann schrieb sie weiter an ihrer Bildinterpretation.

Ronja schien verstanden zu haben. Sie winselte nur ganz leise, als sie sich unter den Schreibtisch drängte und auf Lenas Füße legte. Sie musste hinnehmen, dass jetzt keine Zeit für Schmuseeinheiten war.

Lena genoss die Wärme des Hundekörpers auf ihren nackten Füßen. Sie kam zügig voran mit ihrer Bildbeschreibung und mit der Formulierung der Gefühle, die dieses Gemälde bei ihr auslöste. Sie glaubte genau zu verstehen, welche Botschaft der Maler mit dieser Darstellung der Einsamkeit aussandte, und sie fand auch die richtigen Wörter dafür.

Das Morgenlicht vermischte sich allmählich mit dem Schein der Tischlampe. In der Dachrinne trippelten zwitschernde Stieglitze herum. Von unten aus dem Haus tönte Popmusik herauf. Jemand hatte das Radio eingeschaltet, um Frühnachrichten zu hören; Gregor vermutlich. Dann rief Pitt aus seinem Zimmer gellend wie ein Marktschreier nach Ronja. Lena hatte die Hausarbeit beendet. Sie ließ die Hündin hinaus. Zwei Sekunden später dröhnte das Haus von Pitts und Ronjas Begrüßungslärm.

Gregor kochte Kaffee und briet Spiegeleier. Hanna wartete in weinrotem Joggingdress auf Lena, damit sie zusammen die Tiere versorgen und anschließend auf die Weide lassen konnten.

„Hallo, Lena! Scheint ein schöner Tag zu werden."

„Sieht so aus, Hanna! Und ich hab auch schon meine Hausarbeit gemacht." Lena rückte ihr Stirnband zurecht, das war silbern und türkis bestickt.

„*Schon* ist gut!" Hanna lachte.

Die Morgenfrische prickelte auf der Haut. Kleine Kaninchen stoben davon, als Hanna und Lena um die Hausecke trabten. Vor der Stalltür pickten Tauben die Körner aus den Resten vom Pferdemist. Xerxes meckerte fröhlich, als der Türriegel klapperte. Die Haflinger stemmten sich schnaubend von der Strohschütte hoch. Mux keilte mit seinen dünnen Beinen herum, als müsste er erst einmal seinen Frühsport veranstalten.

Die alte Raja schlief seit längerer Zeit im Stehen, weil sie wohl fürchtete, nicht mehr vom Boden hochzukommen. Lena war nicht sicher, ob Raja überhaupt noch wirklich schlief. Vielleicht träumte sie ihre Pferdeträume in einer Art Halbschlaf, einem Zustand zwischen völliger Entspannung und ruhiger Aufmerksamkeit. Auf jeden Fall war Raja immer ganz wach, wenn Lena am Morgen in den Stall kam.

Das Mädchen und das alte Pferd begrüßten sich mit großer Herzlichkeit.

Dann wurde es Zeit für das Frühstück, für das Radrennen zum Bus, für die Fahrt zur Schule. Pitt zeigte sich an diesem Morgen besonders aufgedreht. Er hatte Hanna überredet, mit ihm am Nachmittag zum Turnier der Ponyreiter nach Temming zu fahren. Lena würde auch mitkommen, und Gregor hatte versprochen, alles zu versuchen, um auch die kleinen Reiter und die kleinen Pferde bewundern zu können, obwohl er sich aus Turnieren eigentlich nichts machte. Aber weil Eva-Maria aus Pitts Klasse als jüngste Reiterin auf ihrem Pony Tarzan in Temming mitmachen durfte, wollten natürlich alle Kinder aus dem vierten Schuljahr, und zwar möglichst mit der ganzen Familie, zum Daumendrücken und Anfeuern erscheinen. Das sei Ehrensache, hatte Pitt erklärt.

Lena kam rechtzeitig zur Bushaltestelle. Als Annette aus dem Hoftor schlenderte, grüßte sie fast scheu. Lena musste unwillkürlich an das Bild aus dem Lesebuch denken. Zwei Menschen befinden sich nah beieinander, doch sie benehmen sich wie Fremde. Zum Kuckuck, dachte Lena, wir sind doch Freundinnen! Diese Schmollerei ist doch albern!

Sie gab sich einen Ruck. „Kommst du heute auch zu den Ponyreitern?"

„Ponys!" Gelangweilt sagte Annette dieses Wort. Genauso gut hätte sie auch erklären können: Was hat eine große Reiterin wie ich mit solchem Kinderkram zu tun!

„Dann geht Ludger wohl auch nicht hin?", fragte Lena honigsüß.

„Ludger ist Dressurreiter!" Annette sagte das mit spitzen Lippen. Angestrengt schaute sie zu den Wolken hinauf.

„Dann ist er sicher auch adlig und Multimillionär dazu, und er besitzt 'ne Villa in Hollywood und 'ne Luxusyacht, und ich wette, er fährt einen vergoldeten Ferrari. Hab ich Recht?" Gleichzeitig dachte Lena: Das war unfair von mir. Bestimmt haben Verliebte keinen Sinn für Witze.

Annette gab keine Antwort.

Der Schulbus kam. Frännes tutete mit der Mehrklanghupe. Stocksteif saßen Lena und Annette dann auf der hintersten Sitzbank und schwiegen vor sich hin. Das ging so bis zum Ortsrand von Habichtsbeek.

„Dem Odin geht es übrigens wieder ziemlich gut", sagte Annette plötzlich.

„Das ist schön!"

„Er ist noch ein bisschen wackelig auf den Beinen, aber er schwitzt nicht mehr. Sein Bauch sieht wieder ganz normal aus. Natürlich darf er noch nichts fressen."

„Völlig klar!", sagte Lena voll Eifer.

„Und dass du den Tewes geholt hast ..."

„War doch selbstverständlich, Annette!"

Lena freute sich. Die Welt schien wieder halbwegs in Ordnung. Doch dass dies eine Täuschung war, erfuhr Lena, als der Bus in die Haltebucht einbog und Annette aufgeregt auf einen Jungen zeigte, der mit langen Schritten die Straße überquerte. Lena kannte den Jungen mit dem modisch gestylten Kurzhaarschnitt und der Lederweste. Er war einer aus der Oberstufe.

„Da, der da!", wisperte Annette und gluckste dabei. „Das ist der Ludger!"

Dann begann die Katastrophe. Da bremste nämlich ein Mädchen in kurzem Jeansrock und mit kastanienrotem Haar ihre weiße Vespa ab, zog sich den Helm vom Kopf – und dann küssten sie sich: Ludger und die Vespafahrerin.

Lena schaute Annette an. Die war auf einmal kreidebleich und zitterte wie Espenlaub. Dass Lena ihren Arm nahm und sie vom Sitz hochzog, schien Annette gar nicht wahrzunehmen. Lena ließ die Freundin erst los, als sie den Schulhof erreicht hatten. Wenn sie wenigstens heulen würde!, dachte Lena.

Annette starrte die Ziegelsteinmauer der Turnhalle an. Der Gong schepperte laut. Schreiend und gestikulierend drängten die jüngeren Schülerinnen und Schüler zum Eingang, mit gespielter Lässigkeit folgten die älteren.

„Ich kann da jetzt nicht rein", flüsterte Annette.

„Ich bleibe bei dir", sagte Lena.

„Hast du meine Schultasche?"

Lena nickte. „Klar doch."

Dann starrte Annette weiter die Mauer an und schwieg. Verwirrt und hilflos stand Lena neben ihr und überlegte, ob sie auf Annette einreden oder ebenfalls schweigen sollte. Sie entschied sich für das Schweigen, und das war gut so. Am Knallen des Balles und an den kurzen Aufschreien erkannte Lena, dass in der Turnhalle Volleyball gespielt wurde. Das Getriller der Schiedsrichterpfeife tat in den Ohren weh. Vom Schulgebäude her drang halblauter Geräuschmischmasch: Schülerstimmen, Lehrerrufe, Zahlen, Vokabeln, rhythmischer Sprechgesang, der anscheinend Konjugationen leierte. Lena spürte, wie ihr das mehr und mehr auf die Nerven ging.

Dann weinte Annette doch.

„Heul dich mal richtig aus!", schlug Lena vor.

Da versuchte Annette zu lächeln. Es ging daneben. Sie schniefte. Weil sie kein Taschentuch hatte, nahm sie den Pulloverärmel. „Ich bin eine blöde Kuh!", kicherte sie unter Tränen.

„Kann doch jedem mal passieren", sagte Lena.

„Nicht jedem. Nur mir. Komm, Lena. Lass uns reingehen!"

„Willst du wirklich?"

Annette nickte entschieden und wischte sich mit den Handballen die Tränen aus dem Gesicht. Sie nahm ihre Schultasche und lief eilig los, als hätte sie Sorge, etwas zu versäumen.

Herr Seliger schaute verwundert. „Ach, die beiden Damen geben uns auch die Ehre?" Dann sah er Annettes Gesicht. „Was ist mit dir los, Annette?"

Lena sagte: „Annette hatte so schlimme Zahnschmerzen, da bin ich mit ihr draußen geblieben."

„Willst du zu Hause anrufen?", fragte Herr Seliger. „Soll dich jemand zum Zahnarzt bringen?"

„Es geht schon wieder."

Lena begriff, dass Annette diesen Satz eigentlich an sie gerichtet hatte. Sie drückte Annettes Arm. Das sollte heißen: Ich habe verstanden.

Dann war Lena an der Reihe, ihre Interpretation des Bildes vorzulesen. Der Deutschlehrer hatte das Kinn in die Handfläche gestützt und guckte zunächst ein wenig irritiert, doch mehr und mehr schien er von Lenas Sätzen angetan und wippte zustimmend mit dem Oberkörper.

„Gut, Lena, sehr gut! Das ist eine interessante Betrachtensweise. Also, ich muss schon sagen, was du aus diesem Gemälde herausgelesen hast ... Alle Achtung!"

Ioannis klopfte auf der Tischplatte Beifall, das steckte auch die anderen an. Lena kniff verlegen die Augen zu. Natürlich freute sie sich über das Lob, doch der Beifall machte sie unsicher. Es war doch im Grunde etwas sehr Persönliches gewesen, was sie vorgelesen hatte.

Später, auf der Heimfahrt, redeten Annette und Lena über Musik und Erdbeermarmelade, über Kriminalfilme und Patchworkdecken. Über Pferde und Jungen redeten sie nicht.

Dafür erzählte Pitt am Mittagstisch alles, was er über Pferde zu wissen glaubte, und Ponys spielten dabei selbstverständlich die Hauptrolle. Eva-Maria und Tarzan seien in Höchstform, erklärte er und hatte dabei ein halbes Schnitzel im Mund, und sie würden ohne jeden Zweifel am Nachmittag die Goldene Schärpe gewinnen.

„Quatsch, Pitt", widersprach Lena, „um die Goldene Schärpe geht es doch erst beim Vergleichswettbewerb auf Landesebene. In Temming wird doch nur entschieden, wer von den hiesigen Ponyreitern zum Kreisturnier darf."

Pitt ließ sich nicht von seiner Vorstellung abbringen, dass Eva-Maria auf Tarzan auf jeden Fall die Goldene Schärpe erringen werde. „Sie gewinnt dann eben heute und beim Kreisturnier und kriegt dann beim Landeswettbewerb das Ding umgehängt. Ist doch piepe, wo sie's kriegt. Hauptsache, sie kriegt es. Und dann wird die Schärpe bei uns in der Klasse an die Wand gehängt."

Lena lachte. „Träum schön weiter!"

Pitt aß sogar weniger als sonst, weil er es so eilig hatte. Hanna hatte Mühe, ihm klarzumachen, dass die Ponyreiterei in Temming erst in drei Stunden beginnen würde. Er stand jedenfalls abfahrtbereit und nervte die anderen.

Ronja, die das Haus hüten musste, stimmte herzerweichendes Protestgejaule an, als Hanna, Lena und Pitt dann mit dem Volvo losfuhren. Sie kamen zu früh an, klar. Aber so hatten sie Zeit, sich die vielen Ponys, die aufgeregten Reiterinnen und Reiter und die noch aufgeregteren Eltern in Ruhe anzuschauen.

„Wenn ich doch nur auch ein Pony hätte!", klagte Pitt und ballte die Fäuste.

„Dann würdest du natürlich gewinnen", sagte Lena.

Pitt machte ihr eine lange Nase und lief zu den Kindern aus seiner Klasse, die nach und nach eingetrudelt waren und sich um Eva-Maria und ihr hellbraunes Pony scharten. Cornelia Jeising, die Klassenlehrerin der 4 b, wurde stürmisch begrüßt. Sie war auf ihrem Rennrad aus Uhlendorf zum Temminger Turnierplatz gefahren und sah witzig aus in ihrer eng anliegenden, regenbogenfarbenen Radlerhose.

Ein Mann in Reitstiefeln schlug eine eiserne Triangel, die an einer Wagendeichsel festgebunden war: das Zeichen zum Turnierbeginn. Erstaunt erkannte Lena, dass dieser Mann Bauer Schulze-Gehling war. War Annette vielleicht doch mit ihrem Vater gekommen? Lena ließ den Blick schweifen über die Zuschauermenge auf den Holzbänken und über die Schar der Helferinnen und Helfer, die sich bei der Einlassrampe aufgestellt hatte. Nein, sie sah die Freundin nicht.

Es wurde still auf den Rängen, als Herr Schulze-Gehling im Namen der Temminger Reiterlichen Vereinigung die jungen Ponyreiterinnen und Ponyreiter mit ihren Reittieren, die Zuschauer, die Jury-Mitglieder und die freiwilligen „guten Geister", wie er sie nannte, überschwänglich begrüßte. Er wirkte dabei ziemlich unsicher, und Lena fand seine Rede eher albern als lustig. Dann erklärte er äußerst umständlich den Unterschied zwischen Ponys und Kleinpferden, redete von Stockmaß und Tierzuchtgesetzen, doch Lena verstand allenfalls die Hälfte, weil die Lautsprechertrichter nicht richtig funktionierten.

Anschließend stellte Reitlehrerin Angelika Richter, die für den Nachwuchs des Reitervereins verantwortlich war, die Teilnehmerinnen und Teilnehmer vor, die artig ihre Kappen zogen, und gab auch ein paar Erklärungen zu den einzelnen Ponys. Es gab viel Applaus. Pitt war sicher, dass bei Eva-Maria und Tarzan am heftigsten geklatscht worden war.

Lena schaute den drolligen Ponys mit Vergnügen zu. Die kleinen Pferde schienen die Sache längst nicht so ernst zu nehmen wie die Kinder und Jugendlichen auf ihren Rücken. Sie kobolzten ein wenig wie Clowns über den Parcours, manche kümmerten sich nur bedingt um die Disziplinen, die jeweils über den Lautsprecher angesagt wurden: Dressur, Standardprogramm, Geländeritt und Vormustern. Lena verstand von diesen Dingen nichts, sie wollte es auch gar nicht so genau wissen. Ihr war nur wichtig, dass alle Beteiligten Spaß an den Auftritten hatten und dass sie ihre Ponys gut behandelten.

Das heißt: Eva-Maria verlor bald den Spaß. Ihr Tarzan scheute offenbar vor einer Wespe, und dann kugelte die kleine Reiterin durch den weichen Sand. Schnell waren die Eltern da, um die Weinende zu trösten.

„Wenn sie dieses Pech nicht gehabt hätte, wär sie hundertprozentig Siegerin geworden", beharrte Pitt trotzig.

„Das glaube ich auch", sagte Hanna.

Später gab es Lobesreden und kleine Preise, und alle Teilnehmer erhielten eine Urkunde, Eva-Maria selbstverständlich auch. Da konnte sie auch schon wieder lachen.

Als auf einmal jemand an ihren langen Haaren zog, wusste Lena, dass ihr Vater gekommen war. Sie freute sich sehr darüber.

„Mann, Gregor, da hast du was verpasst!", schwärmte Pitt. „Das war vielleicht spannend! Ich kann dir sagen."

„Du kannst mir ja nachher alles erzählen", schlug Gregor vor.

Zum Schluss gab es auf der Wiese neben dem Turnierplatz noch einen Pony-Sonderverkauf zu besonders günstigen Preisen. Aufgeregt schnatterten große Leute und kleine Leute durcheinander. Die zwei Tiere vom Typ Deutsches Reitpony waren ruckzuck verkauft, und auch die Islandpferde fanden bald Abnehmer. Am Ende stand nur noch ein pummeliges Pony mit ziemlich kurzen Beinen im Areal. Es war schwarz-weiß-gelb gescheckt, hatte eine rotbraune Mähne, unter der man die Augen nicht sah, und einen rötlichen Schweif. Mit so einem kleinen Pony konnte man gewiss keine großen Sprünge machen oder gar Turniere bestreiten. Niemand wollte dieses Pony kaufen.

Es war ein trauriges Bild!

Doch da geschah plötzlich was völlig Überraschendes. Lena wollte ihren Augen nicht trauen: Gregor schob sich auf einmal durch die Menschenmenge und baute sich vor dem Pferdehändler auf.

„Was soll das Pony denn kosten?", fragte er.

Der Händler schob seine karierte Mütze in den Nacken und starrte Gregor an, als wollte er sagen: Ist das Ihr Ernst, dass Sie dieses Pony kaufen wollen? „Na, lassen Sie dreihundert Märker rüberwachsen, und Sie können sich's in die Tasche stecken!"

Einige Leute lachten.

Gregor fand das aber offenbar nicht zum Lachen. „Ich gebe Ihnen einen Scheck. Wie teuer ist das Halfter?"

„Das kriegen Sie gratis", sagte der hocherfreute Händler.

„Ich will nichts geschenkt haben", antwortete Gregor. „Nennen Sie den Preis!"

„Wenn Sie meinen!" Der Mann im grauen Kittel schüttelte verständnislos den Kopf. „Zwanzig Mark?"

Gregor sagte: „Dreihundertfünfzig. Und Sie bringen mir das Pony mit dem Transporter nach Hause. Einverstanden?"

„Wo wohnen Sie denn?"

„Kennen Sie den Pferdehof?"

Der Händler fasste mit beiden Händen nach seiner Mütze, als wollte er sie sich über die Ohren ziehen. „Wer kennt nicht den Pferdehof! In 'ner halben Stunde ist das Tier bei Ihnen."

Gregor gab dem Mann den Scheck.

„Mensch, Gregor!", stammelte Lena. „Du ... du bist wirklich ..." In diesen Minuten fühlte sie sich ihrem Vater ungemein nah.

„Mensch, Gregor!", staunte auch Hanna.

Pitt hatte anscheinend einen Kloß im Hals. Mit leiser Stimme fragte er: „Ist das Pony etwa für mich?"

„Für wen denn sonst?" Gregor griff ihm in den Haarschopf.

„Hat es ... hat es einen Namen?"

„Nein", sagte der Händler, „es hat keinen Namen."

Pitt warf sich vor dem bunten Pony auf die Knie und schlang die Arme um Mähne und Hals des stämmigen kleinen Burschen. „Ich nenne dich Sturmwind!" Und dann heulte Pitt vor Glück.

Zuerst klatschte die Lehrerin, dann fielen die Kinder aus Pitts Klasse ein, am Ende klatschten alle Leute, die noch auf der Wiese herumstanden.

Es wurde ein festlicher Empfang, als Sturmwind auf den Pferdehof gebracht wurde und dort sein Zuhause fand. Pitt tanzte herum wie ein Verrückter. Ronja machte es ihm nach. Erst als Tewes ihm versprach, für Sturmwind einen Sattel zu basteln, ließ sich Pitt von der Idee abbringen, das Pony mit in sein Zimmer zu nehmen.

Lena winkte den hölzernen Pferdeköpfen am Hausgiebel zu, als sie am Abend langsam zum Bach hinunterging. Sie wollte jetzt allein sein. So viel war an diesem turbulenten Tag geschehen. Es war ihr wichtig, dass sie Ordnung in ihre Gedanken brachte.

Mauersegler schossen in blitzschnellem Flug über die Wiesen und jagten nach Mücken. Der Wind in den Ulmen schwoll zu einem Orgelton an. Lena pflückte eine welke Kleeblüte ab und steckte sie sich ins Haar.

Der Schimmel auf dem Hügel

Lange hockte Lena auf dem Moospolster am Bach. Unter dem Holzsteg gab es einen kleinen Wirbel, dort gluckerte es ununterbrochen, als murmelte ein Wassermann seine Märchen und Legenden. Nachttiere tuschelten im Schilfgras und im Dickicht der Rohrkolben. Lena genoss das leichte Gruseln, das sie überkam. Erste Sterne blinzelten ihr zu, und da schob sich auch eine dünne Mondsichel zwischen die Wolkenbänke. Waren das Wildtauben, die in der Ferne klagten, oder Käuzchen? Über dem Wald, dessen Baumwipfel wie ein Scherenschnitt hinter den Hügeln standen, stoben Krähen auf und flatterten mit Getöse dem Hochmoor zu. Dann war es fast still.

Lena dachte: Wenn es an diesem Bach Nixen oder Nymphen gäbe! Oder Gnome und Elfen! Oder Gespenster in weißen Gewändern!

Und während sie noch an solche Spukgestalten dachte, kam hinter ihr etwas den Wiesenweg heruntergeklappert, und zwar in einem höllischen Tempo. Lena erschrak so sehr, dass sie aufsprang und laut schrie.

Aber das war kein Waldschrat oder Nachtgespenst. Lena erkannte den Jungen, der da auf seinem Mountainbike angebraust kam, als er nach einer quietschenden Notbremsung kopfüber in den Büschen landete.

„Ioannis Katsanakis, der Obertölpel von Uhlendorf!"
Lena schimpfte sich wie ein Rohrspatz den Schrecken aus
den Gliedern. „Bist du zu blöd zum Fahrradfahren?"

„Du weißt doch, ich steige immer so ab", sagte Ioannis
kühl. „Hanna hat mir verraten, dass du zum Bach gegangen bist. Das trifft sich gut. Da kann ich dir gleich mal die
Angel vorführen, die ich mir selber gemacht habe. Hier,
schau dir das Prachtstück an!"

Es war längst zu dunkel, als dass Lena mehr erkennen
konnte als einen langen Stiel, von dem eine Schnur baumelte. „Du willst tatsächlich angeln? Man kann doch
kaum noch was sehen!"

„Gerade um diese Zeit beißen sie am besten!"

„Wer?"

„Die Forellen natürlich!"

„Ioannis! Spinnst du? In diesem kleinen Bach sollen Forellen sein? Ich hab noch nie welche gesehen. Stichlinge
sind hier drin. Allerhöchstens!"

„Die Forellen lassen sich nicht sehen!" Ioannis war nicht
zu beirren. „Das ist ja gerade ihr Trick. Tagsüber verstecken
sie sich, und abends schwimmen sie rum. Und sehen muss
ich die gar nicht. Ich merke doch, wenn's an der Angel
zuckt. Übrigens fische ich mit Regenwürmern." Er zog eine Blechdose aus der Jackentasche. „Magst du Forellen?"

„Ja, mag ich." Lena schaute zu, wie Ioannis in der Dose
herumfummelte und sich dann am Ende der Schnur zu
schaffen machte. „Ich wette, dass in diesem Bach keine
Forellen sind!"

„Werden wir ja sehen!"

Ioannis holte mit der Rute aus – und dann schrie er laut und fasste sich in den Nacken. „O Scheiße! Der Angelhaken!"

Lena musste lachen. Ioannis, der immer unter Starkstrom stand und alles zu können glaubte, war nun mal ein ausgesprochener Pechvogel. Lena half mit, den spitzen Haken aus dem dichten Krusselhaar zu lösen. Der Regenwurm war längst abgefallen.

Natürlich gab Ioannis nicht auf. Sein zweiter Versuch gelang ein wenig besser. Der Angelhaken verfing sich nicht auf seinem Kopf, sondern im Schilf. Ungefähr beim zwanzigsten Schwung platschte es im Bach.

„He! Jetzt ist der Haken im Wasser gelandet!" Ioannis hüpfte wie ein Beschwipster. „Jetzt geht's los!"

„Ich hab ja nicht mal 'ne blasse Ahnung vom Angeln", meinte Lena nach einer Weile, „aber muss man nicht so einen Schwimmer haben, damit der Haken nicht auf den Grund sinkt?"

„Ich fische nach meiner Spezialmethode", gab Ioannis zurück.

„Hast du denn überhaupt schon mal geangelt?"

„Nein", sagte Ioannis, „aber ich weiß, wie man's macht." Er betrachtete angestrengt die schwarze Wasseroberfläche, als könnte dort jeden Augenblick ein Riesenfisch hochschnellen.

Eine halbe Stunde verging. Nichts tat sich. Lena gähnte.

Plötzlich sahen sie es beide gleichzeitig. Oben auf dem

Hügel war eine huschende Bewegung, und dann erschien vor dem dunklen Hintergrund die Gestalt eines Pferdes: unwirklich, geheimnisvoll, reglos. Es war ein weißes Pferd. Wie eine Statue stand es und hielt den Kopf hoch aufgerichtet, als lauschte es.

„Lena, sehe ich das wirklich?" Ioannis flüsterte mit einer Stimme, die nicht die seine zu sein schien. „Das träume ich doch nicht!" Er ließ die Angelrute aus der Hand gleiten.

„Das träumst du nicht, Ioannis!", wisperte Lena. „Ich sehe es ja auch. Erst dachte ich, ich wär verrückt geworden. So etwas! Das ist wunderschön."

„Ob das wirklich ein Pferd ist?" Ioannis bekam den Mund nicht mehr zu. „Es könnte ja auch eine Erscheinung sein!"

Lena fasste nach dem Arm des Jungen. „Ich glaube, es ist *wirklich* ein Pferd. Mach jetzt bloß kein Geräusch!"

Ioannis und Lena krochen behutsam in den Schatten der Büsche und Schilfgräser. Gebannt starrten sie auf das bewegungslose Pferd dort oben auf dem Hügel. Es war, als käme der große Schimmel aus einer anderen Zeit oder einer anderen Welt, wo noch Feen lebten und Märchenprinzen und verwunschene Waldhexen.

Minutenlang verharrte das weiße Pferd. Lena und Ioannis wagten kaum zu atmen. Dann verschwand der Schimmel so plötzlich, wie er erschienen war.

Ioannis pustete die angestaute Luft aus den Backen. „Das glaubt uns kein Mensch! Lena, wenn wir das erzählen: Das glaubt uns kein Mensch!"

„Ich weiß nicht mal genau, ob ich's selber glaube", antwortete Lena. „Das war wirklich wie ein Spuk. Woher mag nur dieses Pferd gekommen sein – und wohin ist es verschwunden?"

„Auf jeden Fall hat das etwas zu bedeuten", sagte Ioannis mit starkem Zittern in der Stimme. „Es kann ein gutes Zeichen sein oder ein böses. Das ist doch kein Zufall, dass sich der Schimmel ausgerechnet uns gezeigt hat!"

Lenas Gedanken funktionierten inzwischen wieder halbwegs normal. „Das Pferd hat uns bestimmt nicht bemerkt. Und dass wir gerade am Bach hockten, das war reiner Zufall. Mit uns hat das nichts zu tun. Ich sage dir, Ioannis: Für alles gibt es eine Erklärung. Auch für das Erscheinen dieses Pferdes. Wir werden das herausbekommen!"

„Aber doch nicht heute Abend!" Ioannis wirkte wie elektrisiert. „Wenn das Pferd in den Wald gelaufen ist ... Wo's doch schon so dunkel ist! Und überhaupt."

„Angsthase!" Lena kicherte. „Natürlich nicht heute Abend. Aber morgen! Gleich nach der Schule beginnen wir mit den Nachforschungen. Abgemacht?"

„Abgemacht!"

„Außerdem hast du mir einen Floh ins Ohr gesetzt. Wenn das Pferd in den Wald gelaufen ist ... Gestern, da war es fast schon dunkel, da hab ich ein flackerndes Licht hinter dem Wäldchen gesehen. Wahrscheinlich ein Feuer. Ich wette meinen Blinddarm gegen zehn alte Brötchen, dass das Licht und der Schimmel etwas miteinander zu tun haben. Aber wir finden das raus!"

„Es könnte mit Räubern zu tun haben. Mafia oder so. Mit solchen Gegnern ist nicht zu spaßen." Ioannis klopfte auf seine Hosentasche. „Ich habe immer ein Messer bei mir. Für alle Fälle. Verstehst du?"

„Das lass mal schön stecken, das Messer." Lena boxte Ioannis in die Seite. „Mit der Messerfuchtelei haben sich schon viele kleine Jungen unglücklich gemacht. Mach dir mit dem Ding die Fingernägel sauber oder schnitz dir ein Stöckchen zum Nasebohren. Alles andere ist kalter Kaffee."

„Hast du gesagt: kleiner Junge?" Ioannis blies sich mächtig auf. „Jetzt will ich *dir* mal was sagen!"

„Nee, jetzt will ich dir mal was sagen. Schnapp dir deine Angel und dein Mountainbike! Mir wird's langsam kalt." Lena ließ die Arme wie Windmühlenflügel kreisen, damit das Blut wieder kräftig durch die Adern strömte.

Ioannis zog das Fahrrad aus dem Busch und machte die Angel am Rahmen fest. Immer wieder schaute er zum Hügel hinauf, der nun ganz im Dunkeln lag, weil sich der Mond versteckt hatte. Aber das weiße Pferd zeigte sich nicht wieder.

„Wie viele Forellen hast du eigentlich gefangen?" Lena gab sich Mühe, ernst zu bleiben.

„Also, wenn der Schimmel nicht so plötzlich aufgetaucht wäre, dann hätten bestimmt welche gebissen! Ich hatte es schon richtig gespürt, wie sich die Fische dem Haken näherten. He, Lena, machst du dich etwa über mich lustig?"

„Wie kommst du denn darauf?"

Lena ging mit schnellen Schritten den Wiesenweg hinauf. Ioannis folgte ihr. Und als sie dann Gregor und Hanna von ihrer rätselhaften Beobachtung berichteten und atemlos schilderten, wie der Schimmel beinahe wie ein Geisterpferd auf der Kuppe des Hügels erschienen war, da passierte genau das, was sie erwartet hatten: Sie glaubten ihnen nicht.

Gregor legte die Zeitung weg. „Irgendein Baumschatten wird das gewesen sein. Im Mondlicht wirkt manches merkwürdig. Darüber gibt's tausend Spukgeschichten."

Ioannis hob den Finger wie Missis Spider. „Erstens gibt es auf dem Hügel keine Bäume. Zweitens gibt es keine weißen Schatten. Das Pferd war absolut weiß. Ab-so-lut!"

„Kann es nicht eine Wolkenspiegelung gewesen sein?", fragte Hanna. Sie klappte das Norwegisch-Wörterbuch zu und trank aus ihrem Rotweinglas. „Es müsste doch eine physikalische Erklärung geben für das, was ihr gesehen habt."

„Klar, die gibt es", rief Lena. „Es gibt sogar drei physikalische Erklärungen. Es war ein Pferd, es war ein Pferd, es war ein Pferd! Starrt uns nicht so an, als ob wir verhaltensgestört wären! Ioannis und ich haben diesen Schimmel ganz deutlich gesehen. Die Fragen sind: Was für ein Pferd ist das? Wem gehört es? Warum läuft es frei herum? Wohin ist es verschwunden? Wer kennt diesen Schimmel?"

„Du solltest später zur Kriminalpolizei gehen und als Kommissarin für besonders komplizierte Fälle eine Karriere machen", schlug Gregor vor. „Aber um eine deiner Fragen zu beantworten: Es läuft wahrscheinlich frei herum, weil es irgendwo ausgerissen ist. Mal vorausgesetzt, dass da tatsächlich ein Pferd herumgelaufen ist. Ausreißer gibt es nicht nur bei den Menschen, die kommen ja wohl auch bei Tieren vor. Wenn man sich eingesperrt fühlt, versucht man zu fliehen. Uralte Tatsache."

„Es könnte natürlich auch ganz anders sein", gab Hanna zu bedenken. „Ruf doch mal bei Annette an, Lena! Die kennt wahrscheinlich sämtliche Pferde der Gegend. Frag mal, wer einen großen Schimmel hat! Oder sollten wir lieber bei der Polizei anrufen? Was meinst du, Gregor?"

Gregor verzog das Gesicht, als hätte er entsetzliche Zahnschmerzen. Natürlich dachte er daran, dass damals die Polizei auf dem Pferdehof erschienen war, um nach einem gestohlenen Pferd namens Raja zu suchen. Reinen Gewissens hatte Gregor den Beamten erklärt, dass garantiert kein Pferd auf dem gesamten Pferdehof zu finden sei, dabei stand Raja da friedlich im Stall, doch nur Lena wusste davon. Das war damals gewesen!

„Ich telefoniere mit Annette", entschied Lena.

Oma Toni meldete sich. Sie musste erst ein ausgiebiges Schwätzchen halten, bevor sie dann endlich Annette an den Apparat holte.

„Hallo", begann Lena. „Sag mir mal, wer hier in der Bauernschaft einen großrahmigen Schimmel besitzt!"

„Niemand. Wenn du einen wirklichen Schimmel mit

reinweißem Langhaar meinst – also, so ein Pferd gibt's in unserer Gegend nicht. Warum fragst du?"

„Weil ich vorhin auf dem Hügel vor Gronerdingers Busch so ein Pferd gesehen habe. Ganz allein stand es plötzlich da, und dann war's wie ein Spuk wieder verschwunden. Und jetzt sag nicht, dass ich spinne. Denn der Ioannis war bei mir und hat es auch ganz deutlich gesehen."

„Mondscheinspaziergang mit Ioannis?"

„Lach nicht so bescheuert, Annette! Ich dachte, das Thema hätten wir abgehakt. Also, die Sache mit dem weißen Pferd. Du bist dir ganz sicher ..."

Annette fiel Lena ins Wort. „Ja, bin ich. Kann ja sein, dass das Pferd schon einen weiten Weg hinter sich hat – falls da wirklich ein Pferd war."

„Annette!", schrie Lena ins Telefon.

„Ist ja schon gut."

„Nein, nichts ist gut. Gestern hab ich nämlich auch einen merkwürdigen Feuerschein hinter dem Wäldchen bemerkt. Das war, als ich Tewes geholt hab. Irgendwas ist da los. Ioannis und ich, wir wollen das rauskriegen. Wenn du willst, kannst du mitmachen!"

„Ich überleg es mir, Lena."

„Na, dann tschüss!"

„Tschüss!"

Für Ioannis war es höchste Zeit, nach Hause zu radeln. Als Wegzehrung nahm er sich ein Dutzend von Hannas Frikadellen mit. Pitt hielt sich noch mit Tewes im Pferdestall auf. Eigentlich hätte er längst im Bett liegen müssen, doch Hanna und Gregor wussten, dass Pitt sowieso noch nicht einschlafen würde. Das Pony nahm seine ganze Aufmerksamkeit gefangen. Ein eigenes Pony, mit dem er nun über sämtliche Prärien reiten konnte! Und was für ein starker Name: Sturmwind! Ronja lag auf der Wolldecke vor dem Kamin und träumte unruhige Hundeträume.

„Stimmt es immer noch nicht zwischen Annette und dir?", fragte Hanna, als Ioannis heimgefahren war.

„Och! Wir hatten ein bisschen Sendepause. Nichts Tragisches. Kommt ja mal vor, oder?"

„Sicher", sagte Hanna und schaute Lena über den Rand des Rotweinglases an. „Willst du darüber reden?"

„Annette hatte sich doch in so einen Affen verknallt. Dressurreiter! Und sie meinte, der wär auch scharf auf sie. Das hat sich aber als Irrtum herausgestellt. Ich glaube, Annette tickt jetzt wieder halbwegs normal."

„Euer Gespräch war aber ziemlich kühl."

Lena ballte die Fäuste. „Ich werde mich nie verknallen!"

Hanna gab keine Antwort. Gregor stopfte seine Pfeife.

„Habt ihr gehört?"

„Wir haben gehört", sagte Hanna.

„Und was sagt ihr dazu?"

„Nichts", murmelte Gregor paffend.

„Ich schätze, ein paar Millionen Jungen und Mädchen haben das schon gesagt: Ich verknalle mich nie! Es soll Leute geben, die ändern dann später schon mal ihre Meinung!" Hanna lächelte Lena zu.

„Und du, Hanna? Wolltest du dich früher auch nicht verlieben?" Lena setzte sich zu ihrer Mutter auf das Ledersofa.

„Ach, Lena, das weiß ich nicht mehr!"

„Das Ergebnis kennst du jedenfalls!" Gregor pustete Lena Rauch ins Gesicht. „Und nun zisch mal los und frag deinen Bruder, ob er nicht allmählich Bekanntschaft mit seinem Kopfkissen machen möchte!"

„Und bitte Tewes noch auf einen kleinen Schlaftrunk herein!", rief Hanna, als Lena bereits an der Haustür war.

Vor dem Haus blieb Lena erst einmal stehen. Sie guckte zum Sternenhimmel hinauf und wurde von dem Geflimmer fast schwindlig. Ganz schön kompliziert, so ein Leben!, dachte sie. Und das weiße Pferd fiel ihr auch wieder ein.

Spuren im Wald

Ein feuerroter Fiesta parkte auf dem Kiesweg vor der Freitreppe. Am großen Greenpeace-Aufkleber erkannte Lena das Auto sofort. Jutta Müller war also zu Besuch. Ihr gehörte die Buchhandlung in Habichtsbeek, und außerdem war sie zur Zeit Sprecherin der Bürgerinitiative *Rettet die Bäche der Baumberge!*, bei der auch Hanna und Gregor seit ein paar Wochen mitmachten. Vermutlich besprach

Jutta Müller mit Hanna die Textformulierung für ein Flugblatt oder für eine der vielen Beschwerden bei den Behörden. Lena mochte die Buchhändlerin, weil sie sich so furchtlos gegen die Interessenvertreter der Bauernverbände ins Zeug legte. Pitt liebte Jutta Müller, weil sie so herrlich laut schimpfen konnte.

Pitt trieb sich – wie konnte es anders sein – mit Sturmwind auf der Weide herum. Lena hörte seine krähende Stimme, als sie ihr Fahrrad in die Scheune stellte. Sie lief zur Koppel hinüber und schaute sich ihren Bruder an, der wie ein Rennreiter auf Sturmwinds Rücken klebte und in seinen Gedanken wahrscheinlich gerade das wichtigste Pferderennen der Welt gewann, während das pummelige Pony genüsslich graste und sich vom aufgeregten Geschrei des Reiters nicht im Mindesten beeindrucken ließ. Mux umrundete die beiden und buhlte offensichtlich um mehr Aufmerksamkeit. Der Ziegenbock Xerxes lag zufrieden im Schatten der Weißdornbüsche. Motte und Benno, die beiden Haflinger, hielten die Köpfe gegen den lauen Wind, der in ihren Mähnen spielte.

„Tag, Pitt!", rief Lena. „Wie war's in der Schule?"

„Grauenhaft! Aber stör mich jetzt nicht, kapiert? Ich mache grad ein Wettrennen in Amerika."

„Na, dann mach mal schön!" Lena winkte dem wackeren Reitersmann zu und kletterte auf den Zaun, um Raja zu begrüßen.

Raja näherte sich mit langsamen Schritten. Kaum merklich bewegte sie die Lippen und zeigte für eine Sekunde ihre gelben Zähne. Lena wusste: Das war Rajas Art, ihre Wiedersehensfreude zu zeigen. Dann legte die alte Stute das Maul zur Begrüßung in Lenas Handteller.

„Du bist mein Lieblingspferd", flüsterte Lena. Sie sah, dass Tewes eine entzündete Stelle an Rajas linker Flanke mit Salbe und Puder behandelt hatte. Es war beruhigend für sie, dass der alte Stallmeister auf alle Tiere des Pferdehofs ein Auge hatte. Und wenn einer wirklich etwas von Pferden verstand, dann war es Tewes. Lena kraulte Rajas Hals. „Ich muss jetzt ins Haus, aber ich komme nachher wieder." Lena sprang vom Gatter.

„Frag mal, wann es endlich was zu essen gibt!", rief Pitt ihr nach.

In der Diele musste Lena erst einmal die Begrüßung der Wuschelhündin über sich ergehen lassen, ehe sie in der Wohnhalle Jutta Müller begrüßen konnte.

„Es geht mal wieder um Klärschlamm", sagte die Buchhändlerin. Sie hatte Briefe, Tabellen, Notizen und Statistiken mit Zahlenreihen auf dem niedrigen Tisch ausgebreitet.

Lena tippte Hanna einen Kuss auf die Nasenspitze und schenkte sich auch eine Tasse Tee aus der großen Kanne ein. „Schlimmer als sonst, Jutta?"

„Sieht so aus. Wir werden wohl das Landwirtschaftsministerium einschalten müssen. Ein paar Figuren hier sitzen nämlich mal wieder auf ihren Ohren und hören nicht richtig zu."

Hanna nickte heftig. „Dass auf vielen Äckern Klärschlamm ausgebracht wird, ist ja nicht neu, und es hat ja auch regelmäßige Kontrollen gegeben. Aber jetzt haben wir den dringenden Verdacht, dass in einigen Bauernschaften völlig unkontrollierte und merkwürdig stinkende Klärschlämme auf einigen Feldern ausgekippt worden sind, von denen man angeblich die Herkunft nicht weiß. Äußerst verdächtig, die ganze Angelegenheit."

„Wir haben gegen den Widerstand eines Bauern Proben von dem Zeug auf seinem Feld genommen, die lassen wir jetzt analysieren. Es ist schon so, wie das vorletzten Freitag einer auf der Versammlung formulierte: Einige Äcker sind durch den unkontrollierten Klärschlamm zu Sondermülldeponien geworden!" Die Buchhändlerin wandte sich wieder Hanna zu. „Gregor soll heute Abend auf jeden Fall den Antrag noch mal durchsehen. Ist immer gut, wenn dieses formaljuristische Kauderwelsch so richtig satt in Beamtensprache abgefasst ist. Ich werde das nie geregelt kriegen."

„Was hat sich bei den Wasserproben vom Gotenbach ergeben?", wollte Lena wissen.

Jutta Müller winkte ab. „Das alte Lied! Angeblich lagen die gemessenen Nitratwerte deutlich unter dem Limit. Und das wird bis zu dem Tag gehen, wo das Wasser endgültig vergiftet sein wird: Man setzt einfach die zulässigen Grenzwerte nach oben, wenn von der Gülle und all der Chemie das Grundwasser und die fließenden Gewässer weiter und weiter und immer weiter belastet werden. Menschen sind eben lernunfähig. Sich mutwillig selber den

Boden, die Luft und das Wasser zu zerstören, das hat die Grenzen zur chronischen Idiotie längst überschritten. Aber das muss ich dir ja nicht erklären, Lena."

„Aber schuld sind wir alle", sagte Lena. „Dass es so viele Schweinemäster gibt, die ihre Gülle loswerden müssen, hat ja wohl auch damit zu tun, dass in den meisten Familien zu viel Fleisch gegessen wird. Ich denke da auch an diese Familie!" Lena haute mit der Faust auf den Tisch, dass die Teetassen hüpften.

„Ja, wir sind auch schuld", gab Hanna zu. „Ob wir vielleicht mal anfangen mit dem Lernen?"

„In diesem Zusammenhang fällt mir ein, dass ich dich von dem verfressenen Jungen da draußen fragen soll, ob er bald Mittagessen bekommt."

„Hoffentlich ist er noch nicht verhungert", sagte Hanna und schlug in scheinbarem Entsetzen die Hände zusammen. „Ein Weilchen muss er sich noch gedulden."

„Und ich muss mich jetzt beeilen!" Die Buchhändlerin raffte ihre Papiere zusammen. „Meine Mittagspause ist zu Ende. Vergiss nicht, Hanna, dem Gregor unseren Antrag zu geben. Alles klar?"

„Alles klar." Hanna trank ihren Tee aus.

„Macht's gut!", rief Jutta Müller und war schon draußen.

Lena brachte die Schultasche in ihren Wigwam hinauf und legte sich für ein paar Minuten aufs Bett. Das tat gut! Sie war gespannt darauf, ob Annette kommen würde. Fest zugesagt hatte sie nicht.

Zunächst aber kam Ioannis.

Kaum saßen Hanna, Lena und Pitt am Küchentisch, da knirschte draußen der Kies, und eine Fahrradklingel schrillte wie irre. So kam nur einer angebraust! Lena holte wortlos einen weiteren Teller und eine Gabel aus dem Schrank. Ioannis litt nämlich an der gleichen Krankheit wie Pitt. Er hatte unentwegt Hunger. Pitt und Ronja stürmten derweil zur Haustür.

„Ioannis, willst du mal sehen, wie ich auf meinem neuen Pony reiten kann? Sturmwind kann wirklich wie der Sturmwind galoppieren!"

Aber Ioannis schob den Quälgeist Pitt zur Seite, weil er bereits erschnuppert hatte, dass in der Küche das Essen auf dem Tisch stand. „Lass uns erst 'ne Kleinigkeit essen!", bat er.

„Hast du noch nicht zu Mittag gegessen?", fragte Pitt.

„Doch, doch! Aber das ist schon fast eine Stunde her!"

Pitt und Ioannis steigerten sich dann gegenseitig in eine Art Wettessen hinein. Pellkartoffeln und gefüllte Auberginen gab es. Das Wettessen ging unentschieden aus. Ronja zog sich beleidigt zurück. Dieses Essen war eindeutig nicht nach ihrem Geschmack, und den Obstsalat, den Lena zum Nachtisch servierte, verschmähte sie ohnehin.

Nach dem Essen musste Ioannis selbstverständlich Pitts Reitkünste bewundern. Er stand mit Lena am Gatter und platzte fast vor Abenteuerlust. „Wann geht denn unsere Exkursion in den Wald endlich los?"

„Wir müssen noch bis drei Uhr warten. Ich hab Annette

versprochen, dass wir nicht vor drei losziehen. Was hast du da in deinem Rucksack alles mitgeschleppt?" Lena guckte argwöhnisch.

Sofort packte Ioannis seine Ausrüstung vor Lena aus: Fernglas, Lupe, Seile, Handschuhe, Sonnenbrille, eine Flasche mit Wasser und eine Tüte mit weißem Pulver.

„Aber einen Revolver hast du nicht mitgebracht?" Lena musste lachen. „Das ist ja fast die gesamte Spezialausrüstung von James Bond! Was ist denn das weiße Zeug da in der Tüte?"

„Gips natürlich", sagte Ioannis ungerührt. „Wie kannst du bloß fragen! Kann doch gut sein, dass wir Spuren ausgießen müssen. Zur Fährtensicherung braucht man Gips. Das weiß jeder." Er fasste noch einmal in den Rucksack. „Hier! Eine Taschenlampe hab ich auch."

„Aber es ist doch hell!"

„Das kann sich schnell ändern! Wenn unsere Nachforschungen bis in die Nacht dauern, bin ich jedenfalls gerüstet. Euren Hund nehmen wir natürlich auch mit."

„Kommt überhaupt nicht in Frage!", widersprach Lena. „Ronja bleibt hier. Willst du, dass sie den ganzen Wald verrückt macht? Die bellt doch immer sofort los. Und falls das weiße Pferd wirklich im Wald ist, müssen wir ganz, ganz leise sein."

„Vielleicht hast du Recht, Lena. Aber eigentlich könnte so ein Fährtenhund nicht schaden. Kriminalisten arbeiten immer mit Hunden, weißt du das?"

„Wir sind keine Kriminalisten, Ioannis!"

Pitt beschwerte sich lauthals. „Ihr guckt mir ja gar nicht zu!"

„Doch!", rief Ioannis zurück. „Wir sehen alles! Du machst das ganz toll. Ich glaube kaum, dass sich ein anderer Reiter bei so einem wilden Pferd im Sattel halten könnte."

„Du sollst dich nicht über Pitt lustig machen!", fauchte Lena. „Und über das Pony auch nicht. Es kann nichts dazu, dass es so kurzbeinig ist."

„Ich mein's ja nicht böse", brummte Ioannis.

Plötzlich sah Lena die Reiterin, die sich von Norden her dem Pferdehof näherte. Annette! Einerseits freute Lena sich, dass ihre Freundin gekommen war, andererseits gab es ihr einen kleinen Stich, dass Annette sich so herausgeputzt hatte. Als ob es eine Demonstration sein soll, dachte Lena, aber vielleicht bilde ich mir das auch ein. Annette trug zu den Reitstiefeln aus Leder und der dunkelbraunen Reitkappe ihre beigefarbene Reithose und die schwarze Reitjacke mit dem langen Schlitz am Rücken. Lena fragte sich: Kommt man so angeritten, wenn man in den Wald will? Oder will Annette vor allem eine Show abziehen?

„Hallo!", rief Annette. „Da bin ich. Kann ich Odin in eure Scheune stellen?"

„Sicher", sagte Lena. „Wenn du ihn nicht auf die Weide tun kannst zu unseren Tieren, weil er zu fein ist ..."

„Blödsinn!", fuhr Annette dazwischen. „Ich weiß nicht, wie er sich nach der Krankheit benimmt. Außerdem darf er nicht unkontrolliert fressen. Was du dir immer einbildest!"

Lena schämte sich. Der Fuchswallach war wirklich ein attraktives Pferd, und Annette hatte sich auch so mächtig fein gemacht, da konnte man ja durchaus auf komische Gedanken kommen.

Annette brachte ihr Pferd in die Scheune, nahm ihm Sattel und Zaumzeug ab und band es mit einer langen Leine am Balken fest. Odin ließ das gelassen geschehen und äpfelte ausgiebig. Ioannis kam sofort mit der Schaufel gelaufen.

„Wollen wir?", fragte Annette.

„Und ob wir wollen!", rief Ioannis.

„Lasst uns einen Bogen um die andere Hausseite machen", schlug Lena vor. „Pitt kommt uns sonst garantiert nachgerannt."

Hinter den Schlehdornhecken fanden sie Deckung, und dann waren Lena, Ioannis und Annette außerhalb Pitts Sichtweite. Von der Brücke aus stiegen sie hügelan genau auf den Punkt zu, an dem der große Schimmel verharrt hatte. Zuerst mussten sie sich die Nasen zuhalten, weil der Jauchegestank kaum zu ertragen war. Oben auf der Kuppe ging ein frischer Wind, und der wehte sogar Waldduft herüber.

„Ungefähr hier muss er gestanden haben", sagte Lena.

Ioannis war schon in die Knie gegangen und suchte mit Detektivblick den Grasboden ab. Dann wurde er fündig. „Schaut euch das an! Eindeutig der Abdruck von einem Hufeisen."

Annette und Lena sahen es auch. Gräser waren geknickt, das Trittsiegel hatte sich deutlich in den weichen Wiesenboden gegraben. Dann fanden sie weitere Spuren. Sie zeigten in zwei Richtungen. Also war das weiße Pferd in der gleichen Linie vom Wald hergekommen und zum Wald zurückgekehrt.

Lena fühlte ein Kribbeln in den Händen. Und wie üblich machten sich die Schmetterlinge im Bauch bemerkbar. „Dort hinten muss das Lichtgeflacker gewesen sein!" Sie zeigte zum Westrand des Wäldchens. „Lasst uns am Waldrand nach weiteren Spuren suchen. Da ist der Boden weicher!"

Zwar liefen sie nebeneinander in größerem Abstand auf der anderen Seite des Hügels langsam weiter und strengten die Augen heftig an, doch nur dann und wann fanden sie Abdrücke, die von dem Schimmel zu stammen schienen. Da waren auch noch eine Menge Vertiefungen, die alt sein mussten und wahrscheinlich von den Kühen stammten, die hier im Frühjahr geweidet hatten.

Ioannis packte das Fernglas aus und tastete mit Blicken den Waldrand ab, der fünfhundert oder sechshundert Meter entfernt war. „Wo die hohen Buchen sind, da scheint sich etwas zu bewegen", sagte er nach einer Weile, doch er war offenbar von seiner Beobachtung selber nicht überzeugt.

„Lass mich mal gucken!" Annette nahm den Feldstecher und starrte zu der genannten Baumgruppe hinüber. „Da ist nichts", stellte sie sachlich fest. „Kommt weiter!"

Ioannis war anscheinend entschlossen, die Rolle des

Oberpfadfinders zu spielen. Er lief immer einige Schritte voraus und setzte alle paar Meter das Fernglas an die Augen. In einer Senke, in der das Gras besonders üppig gewachsen war, hielt er auf einmal an. „Ich glaube, hier hat er gefressen!"

„Wisst ihr, was ich glaube?", rief Annette, die ein Stück zurückgeblieben war. „Ich glaube, dass wir unsere Zeit verplempern mit dieser albernen Winnetouspielerei." Doch als sie dann bei Lena und Ioannis angekommen war, erkannte sie fachkundig, dass an dieser Stelle tatsächlich ein Pferd Gras gefressen hatte.

„Scheint so, dass wir die richtige Richtung eingeschlagen haben", sagte Lena.

„Wenn schon!" Annette tat noch immer ein bisschen gelangweilt. „Dies beweist nur, dass hier in letzter Zeit ein Pferd herumgelaufen ist. In dieser Gegend hat doch so ziemlich jeder Bauer ein paar Reitpferde. Ihr zwei macht euch was vor. Eure Story von dem geheimnisvollen Schimmel könnte gut und gern aus einem Fernsehfilm stammen."

„Laber du nur!", maulte Ioannis.

Lena meinte nur: „Du kannst ja umkehren, wenn du keine Lust mehr hast."

Annette wollte aber nicht umkehren. Und so strebten die drei dem Waldrand zu und beobachteten dabei schweigend den Boden. Als sie Pferdemist entdeckten, der noch nicht sehr alt sein konnte, nickten sie sich bestätigend zu: Wir sind auf dem richtigen Weg!

Am Waldrand brauchten sie nicht lange zu suchen, um die Stelle zu finden, wo das große Pferd ins Unterholz eingedrungen war. Da waren geknickte Holunderzweige, da waren Streifen von rutschenden Hufen, da waren eindeutige Hufabdrücke im feuchten Grund.

„Es muss wirklich ein sehr großes Pferd sein", sagte Annette bewundernd. Dann senkte sie die Stimme zu fast ängstlichem Flüstern. „Wenn man nur wüsste, wem es gehört."

„Um das rauszukriegen, sind wir ja hier", gab Lena ebenfalls flüsternd zurück. War es das Halbdunkel des Waldes, das sie auf einmal frösteln ließ? Sie glaubte den eigenen Herzschlag zu hören. „Wart ihr schon mal in diesem Wäldchen?"

„Ich nicht", sagte Ioannis und kramte die Lupe aus dem Rucksack, obwohl es doch überhaupt keinen Anlass dafür gab. „Nur am anderen Ende, wo der Weg zu Tewes' Kotten ist, da bin ich schon mehrmals gewesen. Hier jedenfalls noch nicht. Aber schön ist es hier!" Er tat so vergnügt wie einer, der im dunklen Wald pfeift, um sich Mut zu machen.

„Früher war ich manchmal an dieser Seite in Gronerdingers Busch. Da gab's ein paar Stellen, wo tolle Walderdbeeren wuchsen. Die Holzfahrzeuge haben aber alles geplättet. Mit Oma Toni war ich hier. Ist aber schon so 'n paar Jährchen her."

Lena fand, dass Ioannis eigentlich Recht hatte. Schön war es wirklich. An den Ilexbüschen hingen knallrote Beeren wie Weihnachtsbaumschmuck. Hoher Adlerfarn wucherte unter den Stieleichen. Wo die Kiefern standen, hatten Ameisenheere die Nadeln zu kleinen Bergen aufgehäuft. Resedagrüne Blumen, deren Blüten verwelkt waren, hatten sich zu seltsamen Kreisen formiert. Buschwindröschen? Waldmeister? Lena kannte sich da nicht aus. Platte Pilze klebten an den Baumstümpfen.

„Die sind bestimmt essbar", erklärte Ioannis.

„Sie hörten den Fachmann!" Annette gluckste. „Du kannst ja mal ein paar aufessen, Ioannis. Wir warten ein Stündchen, und wenn du dann noch lebst, dann ..."

„Pst", machte Lena plötzlich. „Ich hab ein Geräusch gehört! Hundertprozentig!"

„Das war der Waldschrat!" Ioannis lachte leise, doch es klang unsicher.

„Es kam aus der Richtung." Lena deutete tiefer in den Wald hinein. „Und das ist auch die Richtung, in der ich den Feuerschein gesehen habe. Glaub ich jedenfalls."

„Jetzt gibt es zwei Möglichkeiten", sagte Annette. „Wir gehen weiter, und zwar genau in diese Richtung, oder wir vergessen das ganze Theater. Abstimmung!"

„Weitergehen", entschied Ioannis.

Lena nickte. „Ich bin auch für's Weitergehen."

„Ich auch." Annette ging mutig voraus. Sie machte große Schritte mit ihren Stiefeln und gab sich auch keine Mühe, das Rascheln im Laub zu vermeiden.

Lena und Ioannis folgten ihr. Lena griff wie zufällig einen Ast vom Waldboden auf, Ioannis hatte die rechte Hand dort, wo angeblich sein Messer steckte.

Die drei Waldläufer konnten nicht wissen, dass sie die ganze Zeit beobachtet wurden.

Sie querten einen Graben, den wahrscheinlich die Waldarbeiter irgendwann einmal gezogen hatten, damit das Schmelzwasser ablief. Die Holzabfuhr fand ja im Winter statt. Erlenstämme, nur zur Hälfte entrindet, lagen hier überall herum. Hellgrüne Moose zeigten an, an welchen Stellen kleine Quellen aus dem Boden traten. Da und dort hatten sich mulmige Pfützen gebildet, über denen Libellen zuckten. Weiter vorn fiel ein goldener Strahl zwischen den Baumstämmen ein. Dort war der Wald zu Ende.

„Da!" Annette hatte die Hufspuren zuerst entdeckt. „Donnerlüttjen! Ein Riesenpferd muss das sein. Ich sage euch, keine drei Stunden ist das her, dass der Bursche hier herumgewandert ist." Annette drehte sich im Kreis und schaute nach allen Seiten, als müsste der Schimmel zum Greifen nah sein.

„Dann sind wir ja so ungefähr am Ziel", flüsterte Ioannis.

Lena atmete tief ein. „Sieht so aus." Mit einem Mal war sie sich ganz sicher, dass etwas Überraschendes ganz dicht in ihrer Nähe auf sie wartete, sie glaubte es geradezu körperlich zu spüren.

Ein lautes Knacken plötzlich. Sie hatten es alle gehört.

Lena stieß einen Schrei aus.

Das dunkle Mädchen

Da stand, als wäre es aus dem Boden geschnellt, ein Mädchen vor ihnen. Ein dunkles Mädchen: das Gesicht, das Haar, die Augen. Als ob es von einer südlichen Insel stammte oder aus den Weiten der argentinischen Pampas, so sah es aus. Es trug eine ausgefranste Leinenhose, Gummistiefel und eine Männerjacke, die war schmuddelig und viel zu groß. Das Mädchen hatte einen Spaten in den Händen und hielt ihn wie eine Waffe.

„Halt! Ihr dürft nicht weiter!"

Lena zuckte unter dieser rauen und fast heiseren Stimme erneut zusammen. Furchtsam und hingerissen zugleich starrte sie das fremde Mädchen an. Vierzehn oder fünfzehn Jahre alt war dieses Mädchen wohl. Es wirkte entschlossen und gefährlich.

„Los, geht zurück! Verschwindet!"

„I-i-ich hab ein Messer!", stotterte Ioannis, machte aber gleichzeitig einen Schritt zurück.

Lena schüttelte sich. Es war wie ein Erwachen nach einem Schock. Und dann fragte sie, ohne dass sie sich etwas dabei dachte: „Wie heißt du denn?"

Das Mädchen, offensichtlich verblüfft von dieser Frage, sagte: „Iphigenie." Ihr Blick veränderte sich, wurde fragend und lauernd, als hätte sie zu viel verraten.

Schnell zeigte Lena auf Annette und Ioannis. „Das ist meine Freundin Annette, das ist mein Freund Ioannis. Und ich heiße Lena. Wir wohnen hier in der Nähe."

„Ich weiß", sagte Iphigenie. „Ich habe euch beobachtet. Schon seit Tagen. Und jetzt müsst ihr umkehren!"

„Warum?", fragte Annette überlaut, weil sie sich noch fürchtete. „Der Wald gehört doch nicht dir. Sag mir einen einzigen Grund, warum wir nicht durch diesen Wald laufen dürfen!" Und trotzig fügte sie hinzu: „Mein Vater hat hier sogar das Jagdrecht."

Lena warf Annette einen vorwurfsvollen Blick zu. Warum hatte Annette den dummen Satz mit dem Jagdrecht gesagt? Das hörte sich doch wie eine Drohung an!

Iphigenie hielt den Spaten nun gesenkt, doch ihre Stimme blieb abweisend und hart. „Es ist mir gleichgültig, ob dein Vater hier das Jagdrecht hat. Warum kehrt ihr nicht um? Ihr dürft nicht sehen ..." Sie brach ab und schaute Lena, Annette und Ioannis der Reihe nach feindselig an.

Zuerst wollte Lena fragen: *Was* dürfen wir nicht sehen? Doch sie sagte: „Wir haben gestern Abend den Schimmel gesehen. Der Ioannis und ich. Und heute sind wir den Spuren gefolgt. Wir wollten nach dem Pferd suchen. Es ist seltsam, dass ein Pferd ganz allein am späten Abend herumläuft und ins Tal hinunterschaut. Das musst du doch zugeben. Ist es *dein* Pferd?"

„Der Gogo gehört meinem Vater." Iphigenie schwenkte den Spaten mit einer heftigen Bewegung. „Und er ist auch nicht allein herumgelaufen, der Gogo. Ich war in seiner

Nähe. Wenn er tagsüber angebunden ist, dann muss er doch wenigstens am Abend ein wenig frei herumlaufen! Auch ein Tier braucht Bewegung. Aber wenn ich nur leise pfeife, kommt er sofort zu mir. Gogo ist ein folgsames Pferd. Er würde niemals weglaufen." Das hörte sich wie eine Entschuldigung an.

In Lenas Kopf surrten die Gedanken wie Bienen. Warum hielt sich dieses Mädchen hier im Wald auf? Musste es sich etwa verstecken? Was war los mit dem weißen Pferd? Und wenn es Iphigenies Vater gehörte: Wo war der?

Lena fragte einfach drauflos: „Hat es mit deinem Vater zu tun, dass du uns aufhalten willst? Sag uns doch, was das zu bedeuten hat! Brauchst du vielleicht Hilfe?"

„Ja, sag uns, was das zu bedeuten hat!", forderte auch Annette. „Ist etwas passiert mit deinem Vater?"

Da ließ Iphigenie den Spaten fallen und verbarg das Gesicht hinter dem Vorhang ihrer Haarsträhnen. Sie wollte wohl nicht, dass die drei ihre Tränen sahen. „Mein Vater ist sehr krank. Wir sind hier, weil wir nicht weiterfahren können. Und mein Vater hat zu mir gesagt: Niemand darf uns finden, sonst jagen sie uns fort." Iphigenie ballte die Fäuste. „Aber man darf uns nicht fortjagen! Wie sollen wir denn weiterfahren, wenn mein Vater so krank ist?"

„Warum hast du keine Hilfe geholt?", fragte Ioannis.

„Weil mein Vater es verboten hat. Und wer sollte uns schon helfen? Wir haben kein Geld." Iphigenie lachte und weinte zugleich und rieb sich mit dem Jackenärmel durch das Gesicht.

„Aber wenn er krank ist!" Lena war empört. Das hörte sich doch an wie im tiefsten Mittelalter: Und wer sollte uns schon helfen? Wir haben kein Geld. Solche Redensarten machten Lena zornig. Wer arm ist, muss eben leiden. Reiche Leute können sich jede Menge Gesundheit kaufen. „Zum Teufel, Iphigenie, das ist doch Schnee von gestern! Solche Geschichten kannst du in alten Büchern nachlesen. Jeder hat ein Recht auf Hilfe."

„Stimmt!", bestätigte Ioannis und wedelte mit seiner Lupe herum. „Weißt du das etwa nicht?"

„Wir stammen nicht von hier", antwortete das dunkle Mädchen leise, „wir sind schon seit Monaten auf der Reise."

Annette sagte entschlossen: „Zeig uns den Weg zu deinem Vater! Warum stehen wir wie komische Figuren hier herum und reden? Wenn dein Vater krank ist, muss man sich um ihn kümmern. Weißt du, was für eine Krankheit er hat?"

Iphigenie schüttelte den Kopf. Dann nahm sie den Spaten auf und ging voraus. Lena, Annette und Ioannis folgten ihr im Gänsemarsch durch knöcheltiefes Laub. Es waren nur noch knapp hundert Schritte bis zu den Gebüschen am jenseitigen Waldrand.

Lena schaute voll Staunen auf das weiße Pferd. Aus der Nähe wirkte es noch mächtiger. Hoch, breitbrüstig und starkknochig wie ein Streitross auf alten Ritterbildern sah es aus. Schweif und Mähne waren üppig und gelockt, und auch die Fesselbehänge schienen wie mit einer Brennschere in Wellen gelegt worden zu sein. Der Schimmel Gogo betrachtete die Ankömmlinge neugierig, jedoch ohne jegliche Aufregung, dann knabberte er weiter an den unreifen Maiskolben, die um den Baumstamm herum verstreut waren, an dem er angebunden war.

Annette zog die Stirn kraus, als sie dieses Futter sah, sagte aber nichts. Ioannis deutete auf die Feuerstelle, die aus Feldsteinen gefügt war. Eichenklötze glommen unter der gusseisernen Pfanne, die an gekreuzten Ästen aufgehängt war. In der Pfanne schmurgelten genau solche Pilze, wie sie an den Baumstümpfen wuchsen. Ioannis grinste Lena und Annette an. Sein Blick: Seht ihr? Diese Pilze sind also doch essbar. Wer hatte mal wieder Recht?

Lena dachte: Dass manche Jungen bloß ans Essen denken können! Es setzte sie in Erstaunen, dass der Wohnwagen, der gut versteckt zwischen Haselbüschen abgestellt war, die verblasste Aufschrift CIRCUS CAMBA trug. Es waren rötliche Buchstaben, von denen ein Teil der Farbe abgeblättert war.

„Kommt!", forderte Iphigenie leise.

Annette und Lena folgten ihr, Ioannis zögerte noch. Eine der Türhälften an der hinteren Wagenseite war nur angelehnt. Das dunkle Mädchen zog sie behutsam auf.

Lena erschrak, als sie das Gesicht des dünnen Mannes sah, der auf einer Matratze im Wagen lag und zu schlafen schien. Die Augen wirkten eingefallen wie bei einem Toten. Schweiß stand dem Mann auf der Stirn. Aus dem Mund mit den schadhaften Zähnen drang unregelmäßiges

Röcheln. Lena konnte das Alter des Mannes nicht einschätzen; seine Barthaare waren seit vielen Tagen nicht mehr rasiert worden. Die Hände, die wie im Krampf auf der Wolldecke zuckten, waren schwielig und wirkten wie aus Leder.

„Großer Gott!", flüsterte Annette. „Er kann doch nicht hier im Wald bleiben! Ein Arzt muss kommen."

„So geht es schon beinahe eine Woche mit ihm", sagte Iphigenie mit harten Lippen. „Und oft kriegt er kaum noch Luft. Ich bin dann so hilflos." Sie legte sacht die Hand auf das Gesicht ihres Vaters. „Armer Papa!" Iphigenie weinte nicht.

„Er muss ins Krankenhaus", entschied Lena. „Jetzt brauchen wir erst einmal Unterstützung. Ich laufe zu Tewes. Zu seinem Haus ist es nicht sehr weit."

„Lass mich das machen!", forderte Ioannis, der froh war, sich nützlich machen zu können. „Ich kann schneller rennen als du." Und schon sauste er los, riss in seinem Übereifer die Pfanne vom Feuer, stolperte über eine Baumwurzel, raffte sich wieder auf und verschwand zwischen den Bäumen.

Tewes' Kotten lag hinter der nördlichen Seite von Gronerdingers Busch. In einer Viertelstunde musste Ioannis dort ankommen. Hoffentlich war Tewes daheim! Lena war sicher, dass der tatkräftige und wortkarge Tewes genau wusste, was zu tun war.

Annette hatte ein Handtuch in den Wassereimer getaucht und wusch den Schweiß vom Gesicht des Kranken.

Iphigenie rettete von den Pilzen das, was noch zu retten war. Lena näherte sich scheu dem Schimmel und flüsterte ihm ein paar Worte zu. Sie dachte: Iphigenies Vater ist sehr krank, er liegt seit Tagen hier. Wir wohnen ganz in der Nähe und wissen nichts davon. Warum fürchtet sich der Mann davor, dass seine Tochter Hilfe holt? Kann die Armut die Menschen so dumm machen?

Ioannis war wirklich wie ein Windhund gelaufen, denn schon bald näherte sich das Knattern eines Mopeds vom Feldweg her. Den Rest der Strecke fuhr Tewes einfach quer durch den Wald. Ioannis hockte wie ein Äffchen auf dem Soziussitz.

„Gut, dass Sie kommen!", rief Lena.

Annette und Iphigenie machten Platz, damit Tewes den kranken Mann anschauen konnte. Zunächst sagte Tewes nichts, sondern betrachtete aufmerksam das Gesicht von Iphigenies Vater. Er fühlte dem Mann auch den Puls.

Tewes entschied sich für das, was eigentlich logisch war. „Los, spannt das Pferd vor den Wagen! Lena, lauf du voraus über den Wiesenweg, lasst den Arzt zum Pferdehof kommen! Der muss entscheiden, wie es dann weitergehen soll. Ich schätze, es handelt sich um eine Lungenentzündung." Er winkte Ioannis zu. „Lösch das Feuer! Am besten mit Erdbrocken und Sand. Nicht, dass es hier noch einen Waldbrand gibt!"

In der Zwischenzeit war Iphigenie mit dem großen Schimmel gekommen. Annette half ihr, Gogo das Geschirr anzulegen. Tewes hob die Doppeldeichsel an, damit die Mädchen das Pferd schnell vor den Wohnwagen spannen konnten.

„Was ist mit unseren Sachen?", fragte das dunkle Mädchen.

„Darum kümmern wir uns später", entgegnete Tewes. „Wir dürfen jetzt keine Zeit verlieren." Er stieg auf den Bock und nahm die Zügel.

„Können Sie denn so einen Wagen fahren?" Iphigenie guckte Tewes zweifelnd an.

„Willst du einen alten Fuhrmann beleidigen?", knurrte Tewes.

Iphigenie stieg zu Tewes auf den Wagen. Ioannis, der das Feuer mit Wasser, Lehm und Sand gelöscht hatte, langte sich erst noch eine Hand voll Pilze aus der Pfanne, ehe auch er auf den Wagen stieg. Natürlich verbrannte er sich die Finger. Der Kranke stöhnte laut, als der Pferdewagen sich in Bewegung setzte. Er rief auch etwas, das Lena nicht verstand.

„Lena, du weißt, was du zu tun hast!", mahnte Tewes.

Lena hob die Hand, um anzuzeigen: Ich weiß es. Dann machte sie sich eilig auf den Weg zum Pferdehof. Tewes musste mit dem Wagen auf der anderen Waldseite über verschiedene Feldwege bis zur befestigten Straße fahren, und es würde fast eine Stunde dauern, bis der Wagen den Pferdehof erreichte. Trotzdem hastete Lena, so schnell sie konnte, durch Gronerdingers Busch und über den Hügel der Brücke und dem Wiesenweg zu, weil es vielleicht schwierig war, einen Arzt zu erreichen.

Keuchend und mit weichen Knien kam Lena zu Hause an. Pitt saß auf der Treppe und fütterte Ronja mit Kartoffelchips.

„Ist Hanna da?", rief Lena.

Die Wuschelhündin umtanzte Lena wie verrückt, weil sie die Rennerei für ein neues Spiel hielt. Lena schob sie zur Seite, und das empfand Ronja als Beleidigung. Knurrend schmiegte sie sich an Pitt.

„Hanna ist beim Übersetzen", sagte Pitt. „Wirst du vom wilden Mann verfolgt? Oder warum rennst du so?"

„Wir haben im Wald einen kranken Mann gefunden, der braucht dringend einen Arzt. Tewes bringt ihn mit einem Pferdewagen her." Lena stürzte ins Haus.

„Was für ein Pferdewagen ist das denn?", schrie Pitt ihr nach.

Lena gab keine Antwort. Sie lief in Hannas Arbeitszimmer und stieß, als sie zu Atem kam, hervor: „Hanna, du musst ganz schnell einen Arzt anrufen! Hat Tewes gesagt. Er bringt gleich einen Mann zu uns, der ist schlimm krank. Beeil dich!"

Hanna fragte nicht lange. Sie verließ den Computer und ging zum Telefon. Lena folgte ihr. Sie ließ sich in der Wohnhalle aufs Sofa fallen und japste. Ihr war schlecht vom Rennen.

Ramon

Der wuchtige Schimmel zog den Wagen im Trab über den Kiesweg bis vor das Wohnhaus. Bewundernd sah Lena zu, als Tewes den kranken Mann auf den Armen in die Wohnhalle trug und auf das Sofa legte. Woher nahm der alte Tewes nur so viel Kraft?

Iphigenie in der schlotternden, speckigen Männerjacke folgte scheu. Annette und Ioannis kümmerten sich um Pferd und Wagen. Pitt schien nicht genau entscheiden zu können, ob der fremde Mann oder der Schimmel spannender für ihn war. Ronja beschnüffelte das dunkle Mädchen.

Hanna beugte sich über den Kranken. „Er hat hohes Fieber. Wie lange geht das denn schon?" Von Lena hatte sie das Nötigste erfahren, nun schaute sie Iphigenie an.

„Seit drei, vier Tagen. Gehustet hat Ramon schon länger. Wir sind auf der Durchreise und wollten oben im Wäldchen nur über die Nacht rasten. Aber am Morgen dann merkte ich, dass mein Vater nicht mehr weiterkonnte. Das war vor drei Tagen. Seit der Zeit lagern wir dort." Iphigenie deutete mit der Hand ungefähr die Richtung von Gronerdingers Busch an. „Wir hielten uns dort versteckt, bis sie uns fanden." Mit dem Ellenbogen machte sie eine kaum wahrnehmbare Bewegung zu Lena hinüber.

„So etwas Unvernünftiges!" Hanna legte dem Fremden ein feuchtes Leinentuch auf die Stirn. „Warum hast du nicht Hilfe geholt? Es gibt doch genug Höfe hier ringsum."

„Ramon hat es verboten", erklärte Iphigenie verlegen. „Keine fremden Leute, hat er gesagt, und keinen Arzt. Wir sind arm, wir können nicht bezahlen."

„Blödsinn!", brummte Tewes. „Wann kommt der Arzt denn endlich? Sie haben doch angerufen?"

Hanna warf ihm einen vorwurfsvollen Blick zu. „Selbstverständlich! Und meinen Mann hab ich auch angerufen. Gregor kann einen Termin verschieben, er wird gleich hier sein."

„Gut so." Tewes schnitt sich ein Stück Kautabak zurecht.

Als wäre dies ein Stichwort gewesen! Annette, Ioannis und Pitt stürmten herein und riefen im Chor: „Doktor Sommer kommt!"

„Leise!", schimpfte Hanna.

Iphigenie war vor dem Sofa niedergekauert, als müsste sie den Vater vor dem Arzt beschützen. Hanna zog sie sachte zur Seite. Dr. Sommer – freundlich, sachlich, energisch – grüßte kurz nach allen Seiten und klappte seine Arzttasche auf. Er zog die Wolldecke weg und schob den Pullover und das Hemd des Kranken hoch. Erschreckt schlug Ramon die Augen auf. Anscheinend begriff er nur ungenau, was mit ihm geschah.

„Ich bin Ramon, wir haben gültige Pässe! Ich bin Ramon, wir haben gültige Pässe ..."

„Ist ja gut", beruhigte ihn der Arzt und setzte das Stethoskop an. „Versuchen Sie, tief durchzuatmen! Können Sie mich hören? Versuchen Sie, tief durchzuatmen!"

Der kranke Mann schien ihn zu verstehen, doch er konnte nicht durchatmen. Ein Hustenanfall schüttelte ihn. Dann spuckte er zähen Schleim.

„Der Kreislauf ist verhältnismäßig stabil", sagte Dr. Sommer, als er das Gerät absetzte. „Er scheint ziemlich robust zu sein. Aber die Lungen sind gefährlich angegriffen. Entzündung zumindest auf der rechten Seite. Wir haben gar keine Wahl: Er muss sofort ins Krankenhaus."

„Nein!", schrie Iphigenie schrill. „Das will er nicht!"

Ramon hatte die Worte des Arztes verstanden. „Nicht ins Krankenhaus! Kein Geld, kein Geld ..." Was er weiter brabbelte, war nicht zu verstehen.

„Ich gebe ihm eine Spritze gegen die Entzündung", sagte Dr. Sommer. „Er muss erst gründlich untersucht werden, bevor man die Behandlung festlegen kann. Halten Sie mal alle zusammen die Daumen!" Und als er die Spritze am Oberschenkel gesetzt hatte: „Wo kann ich telefonieren?"

Lena ging mit dem Arzt zum Apparat. Auch Iphigenie folgte, als müsste sie sich noch immer alle Mühe geben, die Einweisung ins Krankenhaus zu verhindern.

Knapp und präzise orderte Dr. Sommer den Krankenwagen und informierte den zuständigen Arzt im Kreiskrankenhaus. Kleine Komplikationen gab es, als er den Namen des Patienten durchgeben wollte.

„Er heißt wirklich nur Ramon!" Iphigenie breitete hilflos die Arme aus. „Mein Vater hat nur diesen einen Namen. Ob das ein Vorname ist oder ein Nachname: Was
weiß ich! Und in seinem Pass steht auch nur dieser Name.
Sie können ja nachschauen! Wir haben ungarische Pässe."

„In Ordnung, in Ordnung!" Dr. Sommer redete dem
aufgeregten Mädchen beruhigend zu. „Das ist jetzt alles
nicht so wichtig. Der Name Ramon reicht doch aus." Und
ins Telefon sagte er: „Der Patient heißt Ramon. Einzelhei-
ten klären wir später. Ja, sicher, ich schicke Ihnen den Ein-
weisungsbescheid." Ein paar medizinische Fachausdrücke
fielen noch. Der Arzt legte den Hörer auf die Gabel und
zog seinen Block aus der Kitteltasche.

„Das Mädchen ..." Ramon versuchte zu sprechen.

„Pst!", mahnte Hanna. „Sie müssen jetzt nicht reden.
Iphigenie kann bei uns wohnen. Machen Sie sich keine
Sorgen. Wir besuchen Sie zusammen im Krankenhaus. Es
wird alles gut."

„Das Pferd! Und das Pferd?" Ramon konnte sich nicht
beruhigen. Mit seinen schwachen Kräften versuchte er
sich gegen Hanna und Annette zu wehren, die ihn gemeinsam auf das Sofa zurückdrängten.

Iphigenie stand verwirrt da und weinte.

„Wir kümmern uns um Gogo!", versicherte Lena. „Wir
haben einen großen Pferdestall und jede Menge Weiden.
Und bestimmt wird der Schimmel sich mit unseren Tieren
vertragen. Haben Sie gehört? Keine Sorgen machen! Sie
sollen sich keine Sorgen machen!" Lena redete und rede-

197

te, denn sie spürte, dass das den kranken Mann ein wenig beruhigte.

Mit einem Klageton, der wie Wimmern und Husten zugleich klang, ließ Ramon den Kopf auf das Kissen sinken. Seine verkrampften Hände lagen nun schlaff auf der Decke und schienen sich mehr und mehr zu entspannen. Vielleicht begann die Wirkung der Spritze.

Pitt näherte sich schüchtern dem dunklen Mädchen. „Heißt du wirklich Fiffigenje?"

Da ging plötzlich ein kleines Lächeln über das Gesicht des Mädchens. „I-phi-ge-ni-e. So heiße ich."

„Das ist ein griechischer Name!", sagte Ioannis stolz. Er hatte sich die ganze Zeit im Hintergrund gehalten, doch nun musste er sein Wissen verkünden. „Da gibt es 'ne Masse griechischer Sagen mit Iphigenie in der Hauptrolle. Die war die Tochter von Agamemnon, und ihr Bruder Orestes ..."

„Hör schon auf mit der Angeberei!", forderte Annette ihn auf. „Merkst du nicht, dass das nicht der richtige Zeitpunkt für griechische Sagen ist?"

Warum eigentlich nicht?, dachte Lena.

Dr. Sommer packte seine Utensilien zusammen und gab Hanna den ausgefüllten Schein. „Die Männer vom Krankentransport sollen ihn abgeben, die wissen Bescheid. Und was sonst noch zu regeln sein wird ..."

„Wir kriegen das schon hin. Mein Mann wird auch bald zu Hause sein."

Dr. Sommer schaute noch einmal aufmerksam in das

Gesicht des Kranken. „Er schläft. Ich fahre dann wieder. Und ich halte mich in der Sache natürlich auf dem Laufenden. Auf Wiedersehen, Frau Belker!"

„Auf Wiedersehen, Doktor Sommer! Und danke, dass Sie so rasch gekommen sind!"

„Das ist doch mein Job." Der junge Arzt nickte.

Nur wenige Minuten später bog der Krankenwagen in die Einfahrt des Pferdehofs ein. Die beiden Männer in den weißen Anzügen taten zügig ihre Arbeit. Ramon schien es nicht zu merken, dass er auf die Trage gehoben wurde. Lena und ihre Mutter mussten es beinahe gewaltsam verhindern, dass Iphigenie dann doch noch zu ihrem Vater in den Krankenwagen kletterte.

„Das hat jetzt keinen Sinn", redete Hanna dem Mädchen zu. „Wir besuchen ihn morgen. Du kannst ihm nicht helfen. Glaub mir, man wird gut für ihn sorgen!"

Tewes, der schweigend am Fenster gestanden hatte und dem Krankenwagen nachschaute, schlug den jungen Leuten vor, sich nun mit ihm um den Schimmel zu kümmern. „Er hat in letzter Zeit bestimmt nicht das richtige Futter gekriegt. Wir werden ihm Pellets mit hohem Haferanteil mischen. Annette kann sich mal mit dem Hufkratzer betätigen. Ich schaue mir dann nachher die Eisen an. Da scheint auch nicht alles in Ordnung zu sein."

Lena wunderte sich wieder einmal über den alten Stallmeister. Klar, es ging auch um das Pferd, aber zweifellos wollte Tewes, dass Iphigenie zur Ruhe kam und mit Hanna allein war.

Hanna nickte Tewes augenzwinkernd zu. Sie hatte verstanden. „Komm, Iphigenie, ich zeige dir das Badezimmer. Ein heißes Bad tut dir bestimmt gut. Und wenn du willst, schauen wir nach ein paar Kleidungsstücken. Du bist sicher schon viele Tage unterwegs."

„Aber die Sachen auf unserem Lagerplatz!" Iphigenie sträubte sich. Vielleicht traute sie diesen fremden Leuten auch noch nicht ganz, weil es so neu war für sie, dass sich andere um sie und den Vater kümmerten. Wahrscheinlich hatte sie bisher andere Erfahrungen gemacht. Schlimme.

„Holen wir später!", rief Tewes im Hinausgehen. „Mein Moped ist ja auch noch da oben."

In der Scheune wieherte Odin, als wollte er erinnern: Ich bin auch noch da! Der kleine Mux gab ihm von der Koppel her Antwort. Raja und die Haflinger kamen neugierig zum Gatter, um den großen Schimmel zu beäugen. Der nahm das ungerührt zur Kenntnis. Xerxes lag neben dem kleinen Pony mitten auf der Wiese und wippte mit den Hörnern. Das schien zu bedeuten: Macht nicht so ein Getue um das fremde Pferd!

Lena streichelte Rajas Kopf. „Da haben wir ja schöne Aufregungen erlebt, altes Mädchen! Wer hätte das gedacht, dass wir diese Leute im Wald finden würden! Meinst du, dass der Ramon wieder gesund wird?"

Raja meinte augenscheinlich gar nichts. Sie wollte vor allem ausgiebig gekrault werden. Motte und Benno hielten eifersüchtig ihre Köpfe über den Zaun. Lena nahm sich auch für sie Zeit. Tewes hatte ja im Stall genug Helfer.

Als Lena sah, dass ihr Vater gekommen war, rannte sie zu ihm und berichtete aufgeregt alles, was zu berichten war. Gregor hörte aufmerksam zu und unterbrach Lenas Redeschwall nicht. Dann fasste er seine Tochter um die Schulter und ging mit ihr ins Haus.

Hanna drückte Gregor einen Kuss ins bärtige Gesicht. „Gut, dass du gekommen bist! Ich weiß nicht so recht, wie nun alles weiter abläuft. Müssen wir nicht irgendwelche Ämter benachrichtigen oder so?"

„Immer mit der Ruhe", sagte Gregor. „Wo ist das Mädchen?"

„In der Badewanne", antwortete Hanna lachend. „Wäscht sich den Staub der Jahrhunderte vom Körper." Dann sagte sie ernst: „Das Mädchen hat verdammt harte Zeiten hinter sich. Und wahrscheinlich auch vor sich. Sie hat erzählt, dass sie sich nur auf der Durchreise befinden. Nach Südfrankreich wollen sie. Das Mädchen heißt Iphigenie."

„Endlich mal ein richtiger Name!" Gregor putzte seine Brille am Hemdzipfel. „Schön klassisch. Nicht so Hanna oder Lena ..."

„Oder Raja oder Ronja!" Lena boxte Gregor in den Bauch. „Und Ramon hört sich auch spannender an als so 'n popeliges Gregor."

„Okay, eins zu eins", sagte Gregor. „Ich hab den Wagen gesehen. Zirkusleute?"

„Ich weiß es nicht so genau." Lena hob die Schultern. „Wir hatten noch keine Zeit für lange Palaver. Jedenfalls sind sie schon 'ne Weile unterwegs, aber wohl allein. Der Mann heißt übrigens Ramon, ich meine: nur Ramon. Vorname und Hausname zugleich."

„Welcher Arzt war hier?", fragte Gregor.

„Sommer. Er hat sofort die Einweisung ins Krankenhaus angeordnet. Er meint, der Mann habe eine robuste Konstitution, aber er befürchtet Lungenentzündung."

„Damit ist nicht zu spaßen." Gregor ging zum Telefon. „Ich werde erst mal das Sozialamt unterrichten, damit die Sache mit der Kostenübernahme klar ist. So Krankenhausfritzen können sich verdammt zickig anstellen."

Zickig allerdings stellte sich erst einmal der Beamte beim Sozialamt an. Er habe jetzt Feierabend, ließ er Gregor wissen, und für Asylanten sei er auch gar nicht zuständig.

„Es handelt sich nicht um Asylanten", sagte Gregor, „sondern um mittellose Landfahrer auf der Durchreise. Ich ersuche Sie, sich mit dem Kreiskrankenhaus in Verbindung zu setzen und die Kostenregelung zu klären. Da Herr Ramon innerhalb dieser Gemeinde ärztliche Hilfe in Anspruch nehmen musste, ist Ihr Amt auch zuständig. Es gibt gesetzliche Regelungen hinsichtlich der Fürsorgepflicht."

Lena, die neben ihrem Vater stand, hörte eine hektische Stimme brabbeln, konnte aber die Wörter nicht verstehen. Sie sah nur, dass dem Vater die Zornröte ins Gesicht stieg. Das kannte sie.

„Es interessiert mich einen Dreck, ob Sie jetzt Feierabend haben oder nicht. Wenn Sie nicht möchten, dass ich morgen früh beim Regierungspräsidenten auf der Matte stehe und dass Sie eine Dienstaufsichtsbeschwerde an den Hals kriegen, die noch bis zu Ihrer Pensionierung Ihre Personalakte zieren wird, dann kümmern Sie sich jetzt um die Angelegenheit, verflucht noch mal! Und quatschen Sie mir keine Operetten über Zuständigkeiten von Behörden vor. Ich kenne mich da ein bisschen aus, ich bin nämlich Richter von Beruf." Gregor wienerte schon wieder an der Brille herum.

Die Telefonstimme war nun wesentlich leiser.

„Nein!", fauchte Gregor. „Das ändert überhaupt nichts an der Sache! Ob ich Würstchenverkäufer oder Stahlarbeiter oder Richter bin, das ist völlig piepe. Bürgerrechte haben mit Berufen überhaupt nichts zu tun. Ich muss mich über Ihr Demokratieverständnis doch sehr wundern. Wir haben uns verstanden, ja? Der Name des Patienten ist Ramon. Und er wurde ins Kreiskrankenhaus eingeliefert. Sie haben's notiert? Fein! Wir bleiben in Verbindung!" Als Gregor den Hörer auf die Gabel haute, knurrte er: „Manchmal habe ich den Eindruck, dass ich von Idioten umstellt bin!"

„Gut gebrüllt, Löwe!", lobte Lena.

Vor dem Haus schlug Ronja an. Lena hörte, wie draußen ihr Name gerufen wurde. Annette wollte sich verabschieden. Sie saß schon im Sattel.

„Ich muss nach Hause, Lena. Wenn ihr irgendwelche Hilfe braucht, ich meine, von unserer Familie ... Könnte ja sein. Du sagst es dann, claro?"

„Claro. War ganz schön aufregend heute, nicht wahr?"
Lena tätschelte Odins Hals.

„Das kannst du laut sagen! Erzähl mir morgen in der Schule, was Iphigenie noch so alles zu berichten hat, ja? Ein merkwürdiges Paar, der Ramon und seine Tochter. Bereitest du dich noch ein bisschen auf den Mathetest vor?"

„Ach, Annette, erinnere mich nicht dran!" Lena winkte der Freundin nach, die sich in leichtem Trab entfernte. Für den Mathetest würde Lena auf jeden Fall noch üben müssen. Ich mache es, wenn ich im Bett liege, entschied sie. Auf Iphigenies Geschichte war sie natürlich auch brennend gespannt.

Gregor bot sich an, die liegen gebliebenen Gegenstände vom Lagerplatz im Wald zu holen. Ioannis und Pitt spannten bereits die Haflinger vor den Planwagen. Mit dem Pferdegespann konnten sie ja gut über die Waldwege fahren, mit dem Volvo würde das schwierig sein bei dem hohen Gras der Mittelstreifen. Der Schimmel Gogo stand versorgt im Stall und sollte sich ausruhen. Tewes stieg zu Gregor auf den Kutschersitz, Pitt und Ioannis, die unbedingt mitfahren wollten, kletterten auf die Ladefläche.

„Hoh, auf geht's!" Der Kutscher Gregor schnalzte mit der Zunge.

Lena konnte sich ein Grinsen nicht verkneifen. Ihr Vater wirkte immer noch ziemlich komisch im Umgang mit Pferden. Doch seit sie auf dem Pferdehof wohnten, hatte Gregor mit der Zeit immer mehr Freude an den Tieren gefunden, obwohl er es nicht zugab. Und er hatte von Tewes auch einiges gelernt.

Hanna begann mit den Essensvorbereitungen, Lena half mit. Iphigenie hockte offenbar noch immer in der Badewanne, aber es konnte ja auch sein, dass es für sie wichtig war, mit ihren Gedanken und Gefühlen eine Weile halbwegs ins Reine zu kommen. Alles war doch so neu für sie.

„Was hältst du von Bandnudeln mit Käsesoße?", fragte Hanna.

„Viel, Hanna! Ob Iphigenie das mag? Soll ich mal raufgehen und mich erkundigen? Wir können auch noch Pilze und Rührei machen. Pilze mag sie, das weiß ich."

„In Ordnung. Aber geh noch nicht nach oben. Lass ihr noch etwas Zeit. Was wollen wir trinken?"

„Gregor will bestimmt Bier. Ich stelle schon mal welches kalt. Ich hätte am liebsten Apfelsaft mit Sprudel. Pitt mischt sich sowieso irgendwas Grauenhaftes zusammen. Milch mit Tomatensaft oder Tee mit Kakao oder so." Lena schüttelte sich bei dem Gedanken.

Als später die Badezimmertür klappte, lief Hanna zu Iphigenie hinauf. Sie zeigte ihr das Gästezimmer, kramte im Kleiderschrank herum und fand passende Jeans von sich selbst und eine weite Kosakenbluse von Lena. Iphigenie bewegte sich scheu und verlegen in diesen Sachen, erhob aber keinen Einspruch.

„Wenn ich nur wüsste, wie es Ramon geht!", sagte sie bekümmert.

„Das kriegen wir raus", meinte Hanna und ließ sich

nicht anmerken, dass sie sich auch Sorgen machte. Viel Neues erfuhr sie aber am Telefon nicht. Der Arzt, der gerade den Spätdienst begonnen hatte, wartete nur mit dem Satz auf, dass es dem Patienten den Umständen entsprechend normal gehe – was immer das heißen mochte. Aber er sei für die Nacht gut versorgt und schlafe jetzt fest.

„Können wir ihn morgen früh besuchen?", wollte Hanna wissen.

„Wahrscheinlich. Aber rufen Sie vorher an."

Hanna teilte Iphigenie diese Auskunft mit. Das Mädchen nickte stumm. Sie setzte sich auf einen Küchenstuhl und starrte die Wand an. Lena versuchte mit ihr ins Gespräch zu kommen, erkundigte sich nach dem Alter des Schimmels und nach Ramons Reiseplänen, bekam aber nur dürftige Antworten.

Aber plötzlich begann Iphigenie dann doch zu erzählen. Das war nach dem Abendessen. Sie hatte nur wenig von den Nudeln und der Soße genommen, ein paar Pilze und ein wenig vom Rührei gegessen und eine Tasse Milch getrunken. Aber dann, als sie gemeinsam vor dem Kaminfeuer hockten, fing sie von sich aus an zu reden.

„Wir sind Zigeuner", sagte Iphigenie. Sie schaute von Gregor zu Hanna, von Lena zu Pitt. Es war, als versuchte sie zu erkennen, was diese Aussage bei der Familie auslöste, die ihr und ihrem Vater Hilfe angeboten hatte.

„Sinti oder Roma?", fragte Hanna.

„Das wissen wir nicht. Nichts wissen wir! Ramon war ein Waisenkind. Eltern unbekannt. Zigeuner haben ihn mit sich genommen, und sie haben ihn gut behandelt. Und darum hat er mich später zu sich genommen, als er mit den Zirkusleuten zog. Ich bin auch Waise. Eltern unbekannt. Ramon ist nicht mein wirklicher Vater. Aber er war immer gut zu mir – wie ein wirklicher Vater."

„Den Zirkus gibt es nicht mehr?" Gregor pruckelte mit dem Reiniger im Pfeifenkopf herum.

„Nein, der hat sich aufgelöst. Wir waren von Prag aus nach Norden gefahren, weil wir dachten, dass wir in Dänemark Aufführungen machen könnten. Jemand hatte uns geraten, zu den Dänen zu gehen, weil die gern in den Zirkus kommen. Das stimmte aber nicht. Unsere Vorstellungen blieben leer. Es war ja auch nur ein winziger Zirkus. Keine Raubtiernummern und Sensationen. Nur Artisten, Pferdedressur, Messerwerfer, ein Magier, der ein Mädchen verschwinden ließ ..." Iphigenie unterbrach ihre Erzählung und lächelte. „Das war immer ich, dieses Mädchen. Ich habe auch Kunststücke auf Gogos Rücken gezeigt. Ramon hat mit der Peitsche Kerzenflammen gelöscht und Zeitungen durchgehauen und einem Zuschauer eine Zigarette aus dem Mund geschlagen, ohne ihn zu berühren. Solche Sachen. Er hat auch mit drei Schweinen gearbeitet, die konnten nach Walzermusik tanzen."

„Klasse!" Pitt staunte.

„Dann war kein Geld mehr da für das Essen der Menschen und das Futter der Tiere. Wir haben sogar gebettelt. Es war schrecklich. Ramon wollte sich erschießen, weil das gegen seine Ehre ging, doch er musste ja für mich sorgen. Als sich unser kleiner Zirkus auflöste, wollten einige der Artisten in Dänemark bleiben und Arbeit suchen. Ich weiß nicht, ob sie eine Aufenthaltserlaubnis bekommen haben. Ramon und ich, wir sind mit Gogo und unserem Wohnwagen nach Deutschland gefahren."

„Aber ihr seid nur auf der Durchreise, ja? Ihr wollt weiter nach Südfrankreich, hab ich das richtig verstanden?" Hanna schenkte Tee nach.

„Ja, nach Les-Saintes-Maries-de-la-Mer. So heißt eine Stadt ganz im Süden, wo es die Salzsümpfe gibt und schwarze Stiere und weiße Pferde ..."

„Und viele Touristen", murmelte Gregor dazwischen.

Hatte Iphigenie das überhaupt gehört? Sie sagte: „Dort treffen sich jedes Jahr viele Zigeuner. Ramon hofft, dort Freunde zu finden. Vielleicht kann er einen neuen Zirkus auf die Beine stellen. Und jetzt sind wir hier und können nicht weiter. Ramon hat gesagt: Nur schnell durch Deutschland durch! Die Deutschen sind ausländerfeindlich." Iphigenie erschrak, als sie das ausgesprochen hatte, und schlug sich auf den Mund. „Oh, das durfte ich nicht sagen!"

„Doch", entgegnete Gregor ernst, „das darfst du sagen. Ich wollte, ich könnte dir widersprechen. Ich würde dir gern sagen: Das stimmt nicht! Die Deutschen sind tolerante Leute und behandeln Menschen aus anderen Ländern wie Gäste. Das behaupten zwar einige Politiker, doch darum stimmt es noch lange nicht. Du darfst aber eins nicht vergessen, Iphigenie: In jedem Land gibt es unfreundliche Menschen, aber auch freundliche. Und in Deutschland ist das auch so. – Verzeih, ich wollte dir keine Predigt halten." Gregor griff nach den Zündhölzern.

„Wir haben in Deutschland viele unfreundliche Leute erlebt. Wir sind oft verjagt worden." Iphigenie legte den Kopf schief, als müsste sie angestrengt nachdenken. „Wir haben aber auch freundliche Menschen getroffen." Es war ihr zweifellos peinlich, so zu reden. Sie lächelte hilflos und sagte ganz unvermittelt: „Danke!"

Gregor räusperte sich. Hatte er sich am Bier verschluckt?

Iphigenie nestelte an den Knöpfen der Kosakenbluse herum. „Nur keine Almosen!, hat Ramon immer zu mir gesagt. Nur kein Sozialamt!"

„Das mit dem Sozialamt ist nicht ganz richtig", wandte Hanna ein. „Sozial, das bedeutet, dass es alle Menschen betrifft. Das Sozialamt hat mit Almosen nichts zu tun." Hanna blinzelte Gregor zu. „Jeder Mensch hat ein Recht auf die Hilfe der Gesellschaft. Zur Gesellschaft gehört jeder. Würdest du nicht auch einem Menschen helfen, der gerade Hilfe braucht?"

Ehe Iphigenie antworten konnte, rief Lena aus: „Leute, es ist schon so spät! Iphigenie wird todmüde sein. Was sie alles hinter sich hat! Stimmt's?"

Iphigenie nickte Lena zu. „Aber ich muss mich noch um Gogo kümmern."

„Dein Schimmel ist gut versorgt und steht bei den anderen Pferden im Stall." Hanna erhob sich. „Lena hat Recht. Zeit zum Schlafen."

Pitt protestierte natürlich, allerdings vergeblich.

Ronja gähnte.

Ein Abschiedstanz

Das war natürlich die Sensation am nächsten Tag in Lenas Klasse. Was, richtige Zigeuner? Und die habt ihr einfach ins Haus gelassen? Roma und Sinti, also, man weiß doch, dass die klauen! Warum habt ihr nicht die Polizei gerufen, als ihr die im Wald gefunden habt? Fahrendes Volk, da weiß man nie! Und wenn die Krankheit von dem Mann ansteckend ist? Und das Mädchen ist gar nicht richtig seine Tochter? Wenn die jetzt gar nicht mehr wegwollen vom Pferdehof! Können wir uns das große Pferd mal anschauen? Lena konnte das Geschreie und Gefrage kaum noch ertragen. Sie hielt sich die Ohren zu, doch die Mädchen und Jungen drangen weiter auf sie ein. Und es war ja auch tatsächlich etwas Außergewöhnliches geschehen! Die Neugier der anderen schien nur logisch zu sein. Lena sah das im Grunde ein.

Und hatte sie nicht selbst ein wenig Schuld an diesem Getratsche? Vielleicht hätte sie Annette nicht gleich alles erzählen müssen, was sie von Iphigenie und Ramon wusste. Andererseits hatte Annette ein Recht auf diese Informationen, denn sie war ja dabei gewesen, als sie den kranken Mann im Wald fanden.

Lange hatte Lena am Abend nicht einschlafen können. Die Gedanken waren nicht zur Ruhe gekommen, und die Nähe des fremden Mädchens hatte sie seltsam nervös gemacht. Doch dann hatte Lena kurz entschlossen das Mathebuch aus der Schultasche gezogen und ein paar Lektionen für den Test wiederholt, und das half: Sie konnte endlich einschlafen.

Lena frühstückte mit Gregor und Hanna. Pitt hatte mal wieder die ersten Stunden schulfrei. Außergewöhnlich wortkarg trank Hanna ihren Hagebuttentee, Gregor redete morgens ohnehin nicht viel, weil er ein ausgesprochener Morgenmuffel war. Ob die Eltern in der Nacht auch über Iphigenie und ihren Vater nachgedacht hatten? Lena glaubte, dass Ramons Traum, in Südfrankreich Freunde zu finden und vielleicht einen neuen Zirkus gründen zu können, wohl auch immer ein Traum bleiben würde: unerfüllbar, fern von der Wirklichkeit, märchenhafte Vergangenheit. Lena hatte in einem Buch Bilder vom alljährlichen Zigeunerfest in Les-Saintes-Maries-de-la-Mer gesehen, dort, wo in der düsteren Unterkirche Sara, die Patronin der Zigeuner, verehrt wurde. Das Fest von einst war wohl längst zum allgemeinen Tralala mit Kirmes und Klamauk und entsetzlich vielen Touristen verkommen. Armer Ramon, du machst dir etwas vor!, dachte Lena.

Iphigenie hatte wohl eine Menge Schlaf nachzuholen. Die Geräusche aus dem Badezimmer hatten sie nicht geweckt. Als Lena an der Tür des Gästezimmers lauschte, hörte sie laute, regelmäßige Atemzüge.

„Fährst du mit dem Mädchen zum Krankenhaus?", fragte Gregor. Er war wieder einmal in Eile.

„Ja", sagte Hanna, „vermutlich. Ich soll erst mal anrufen, ob es auch sinnvoll ist. Hoffentlich hatte der Mann eine halbwegs gute Nacht. Der war ja fix und fertig. Wenn die Lungen angegriffen sind, schüttelt es den ganzen Körper durch."

Gregor trank im Stehen noch eine letzte Tasse Kaffee. „Es wird heute spät bei mir. Wir haben mehrere komplizierte Verhandlungen. Aber wenn's wichtige Nachrichten aus dem Krankenhaus gibt, dann ruft im Sekretariat an, ja? Die sagen's mir weiter." Und dann verschwand Gregor eilig durch die Seitentür bei der Küche, begleitet von Ronjas traurigem Winseln.

Für Lena wurde es auch Zeit. Als sie an der Bushaltestelle bei Schulze-Gehlings Hof ankam, wurde sie von Annette mit tausend Fragen überfallen, und das aufgeregte Gerede ging im Bus weiter, steckte die anderen Schülerinnen und Schüler an und wurde dann in Lenas Klasse endgültig zur großen Sensation.

An normalen Unterricht war nicht zu denken. Frau Fiebig fing geschickt das allgemeine Gerede über Landfahrer im Allgemeinen und Zigeuner im Besonderen auf, und mehr und mehr entwickelte sich ein Gespräch über berechtigte und unberechtigte Furcht vor Fremden, über Vorurteile und Aggressionen, über Dummheit und die

Wurzeln des Hasses gegenüber Menschen aus anderen Ländern. Als Frau Fiebig erklärte, dass es *die Deutschen* im Grunde gar nicht gebe und dass alle Länder Europas aus einem Gemisch der unterschiedlichsten Rassen und Herkünfte entstanden seien, da wurden auch die ganz lauten Krakeeler ein bisschen ruhiger. „Goethes Vorfahren zum Beispiel stammten vermutlich aus Persien", sagte Frau Fiebig. „Und dass sich damals in der Zeit des großen römischen Reiches und während der Völkerwanderung die Menschen hier überall vermischt haben, das wisst ihr ja wohl. Und wenn alle Fremden etwas Neues an Ideen und Brauchtum und Können mitbringen, dann lernt man voneinander."

„Man braucht ja bloß an die guten internationalen Kochrezepte und an die türkischen und chinesischen und italienischen Kneipen zu denken!", rief Ioannis. „Und an die griechischen natürlich!"

Da lachten alle. Typisch für Ioannis, dass er sofort ans Essen dachte! Immerhin waren seine Argumente aber unschlagbar und überzeugend. Lena allerdings lachte nicht mit. Ihr war das Gespräch ziemlich entbehrlich vorgekommen, weil sie im Umgang mit Menschen aus fremden Ländern keine Probleme sah. Das lag wahrscheinlich an ihren Eltern. Gregor witzelte immer: „Die ganze Welt ist voll von Ausländern. Man braucht nur nach Amerika oder nach Russland oder nach Schweden zu fahren: überall nix als Ausländer!"

Und dann ergänzte Pitt: „Und wenn die Franzosen nach

Deutschland reisen, dann rufen sie: Iiii! Was sind die Deutschen für komische Ausländer!"

Voll Sorge radelte Lena nach der Schule zum Pferdehof zurück. Doch als Hanna und Iphigenie dann vom Besuch im Kreiskrankenhaus berichteten und dass sie mit Ramon sogar hätten sprechen können, da klatschte Lena vor Erleichterung in die Hände. Hanna sagte, Ramons Lungen und Bronchien seien durch einen gefährlichen Virusbefall, eine verschleppte Sommergrippe und wahrscheinlich auch eine alte Malariaerkrankung erheblich angegriffen, jedoch sei es zum Glück noch nicht zu einer schweren Entzündung gekommen. Außerdem sei Ramons Allgemeinzustand durch den starken Verbrauch an Widerstandskräften nicht gut, doch dies hielten die Ärzte wohl mehr für eine Schwäche als für eine Krankheit. Und sie hätten auch wiederholt, was Dr. Sommer schon angedeutet hatte: Dass Ramon ein zäher Bursche sei. „Natürlich muss er eine Weile im Krankenhaus bleiben", schloss Hanna ihren Bericht.

„Wenn er nur gesund wird", sagte Iphigenie leise, „dann ist das ein großes Glück, und dann werde ich der Heiligen Sara zum Dank eine ganz große Kerze anzünden — wenn wir am Ziel sind." Sie sah Hanna verlegen an. „Es tut mir Leid, dass wir Ihnen solche Umstände machen."

„Ach, Iphigenie, red doch nicht so!" Hanna gab dem dunklen Mädchen einen Klaps vor den Hintern. „Ich dachte, dieses Thema hätten wir erledigt. Willst du mit mir in den Garten gehen und Tomaten und Paprikaschoten und Zucchini pflücken? Ich denke, wir sollten einen großen Topf Ratatouille kochen für heute Abend. Und zum Mittagessen lade ich euch in die Pizzeria nach Uhlendorf ein. Einverstanden?"

Lena war einverstanden, Iphigenie war einverstanden, Pitt rief einen Ergänzungsvorschlag von der Galerie herunter, wo er mit Ronja auf dem Teppich lag und in einem Pferdebuch las. Aber für mich müssen ein paar Würstchen rein in den Ratatouillepott!", verlangte er. „Nur so Gemüsekram finde ich langweilig!"

Hanna und Lena nickten sich viel sagend zu. Da waren sie also wieder einmal bei dem verflixten Thema Fleisch angekommen. Bei Pitt und auch bei Gregor würden sie noch eine Menge Überzeugungsarbeit leisten müssen.

Während Hanna und Iphigenie mit dem Korb zum Garten gingen, verstaute Lena schnell die Schultasche und rief zuerst bei Annette und dann bei Ioannis an, denn die beiden mussten die gute Nachricht ja erfahren. Beide freuten sich, beide luden sich dann selber zum abendlichen Ratatouille-Essen ein.

Durch das Fenster in der Diele schaute Lena der Mutter und Iphigenie zu, die den Korb bereits gefüllt hatten und nun Astern und Dahlien für die Bodenvase in der Wohnhalle abschnitten. Das dunkle Mädchen wirkte in Jeans und Bluse schon beinahe fraulich. Um die üppige Haarmähne hatte Iphigenie ein hellrotes Tuch wie einen kleinen Turban geschlungen. Wie schön sie aussieht!, dachte Lena. Sie spürte sogar einen kleinen Anflug von Neid.

Sie fuhren mit dem Volvo nach Uhlendorf. Pitt nörgelte ein wenig, weil ihm die Fahrt mit den Haflingern mehr Spaß gemacht hätte, doch das Pferdegespann zog immer viele Schaulustige an, und da wäre es mit einem genüsslichen Mittagessen in Brunos Pizzeria garantiert nichts geworden. Als sie aus dem Wagen stiegen, hielt Iphigenie sich fast ängstlich zwischen Lena und Hanna, doch als sie dann die Gaststätte betraten und einige Gäste das fremde Mädchen geradezu unverfroren anstarrten, nahm Iphigenies Gesicht sofort einen verschlossenen Ausdruck an. Offenbar war sie es gewöhnt, angestarrt zu werden, und zweifellos empfand sie es als Demütigung. Hanna steuerte den großen Tisch mitten im Lokal an. Unter diesen Umständen wäre es ihr nie auch nur im Traum eingefallen, sich mit ihren Gästen in eine Ecke zu verdrücken. Lena freute sich diebisch darüber, dass nun viele Uhlendorfer wieder Anlass hatten, sich den Kopf zu zerbrechen und den Mund fusselig zu reden. Eine Ausländerin bei den Belkers vom Pferdehof? Was hat das zu bedeuten?

Und wer kam dann wie zufällig in die Pizzeria geschlendert und tat ganz verwundert? Ioannis natürlich! Lena war sich ganz sicher, dass dieser Junge von der Möglichkeit, von irgendwem zu einem zusätzlichen Essen eingeladen zu werden, magisch angezogen wurde. Er musste einfach einen siebten Sinn dafür haben!

„Hallo, ist das ein Zufall!" Ioannis nahm auf Hannas Wink auch schon am Tisch Platz. „So einen kleinen Happen könnte ich wirklich noch vertragen."

Pitt wählte Pizza mit Thunfisch, Zwiebeln und Käse. Hanna und Lena entschieden sich für den Artischockenbelag. Iphigenie schien Schwierigkeiten mit dem Lesen zu haben. Darüber wunderte Lena sich, denn Iphigenie konnte sich fließend auf Deutsch unterhalten. Ob sie vielleicht nie eine Schule besucht hatte? Und wenn: dann eine in einem anderen Land?

„Pizza mit Salami und Mozarella vielleicht?", schlug Hanna vor.

Iphigenie lächelte erleichtert. „Ja, gern!"

„Und für mich Pizza speciale", sagte Ioannis gelassen, „wie immer. Pizza mit allem, da liegt man immer richtig."

„Fresser!", flüsterte Lena ihm zu.

Das nahm Ioannis aber nicht persönlich. Als Bruno kam, um die Bestellungen aufzunehmen, erledigte er das für alle. Die jungen Leute wollten Cola trinken, Hanna bestellte einen trockenen Frascati. Während sie auf das Essen warteten, hörten sie dem Bericht über die verbesserte Angelkonstruktion zu. Ioannis hatte sich nämlich inzwischen doch für einen Schwimmer aus Flaschenkorken entschieden, gegen den die Forellen angeblich keine Chance hätten.

Plötzlich sagte Iphigenie: „Forellen musst du mit der Hand fangen, Ioannis!"

„Meinst du das im Ernst?" Ioannis machte große Augen. „Sag bloß, du kannst das!"

„Ich hab's schon oft gemacht. Von Ramon weiß ich, wie es geht. Du kniest dich in den Bach und hältst die Hände flach unter die Wasseroberfläche. Wenn dann eine Forelle drüberwegschwimmen will – zack! Du schleuderst sie einfach ans Ufer."

„Stark!" Ioannis staunte. „So werde ich es machen. Wenn du das kannst, dann kann ich das auch."

„Und ich auch!", krähte Pitt.

„Vergesst es!", sagte Lena. „Wie oft soll ich noch schwören, dass es in unserem Bach keine Forellen gibt! So, und jetzt wird erst mal gegessen."

Bruno und sein Sohn brachten die heißen Teller. Sie trugen dazu Handschuhe, die fast so dick waren wie richtige Boxhandschuhe. Ioannis und Pitt stellten wieder einmal neue Rekorde im Schnellessen auf.

An diesem Nachmittag erzählte Iphigenie Lena noch andere Erlebnisse von ihren Reisen. Da saßen sie auf dem Gatter, weil Pitt natürlich seinen Sturmwind vorführen wollte. Es waren schöne und unschöne Erlebnisse, von denen Iphigenie in spröden und knappen Sätzen berichtete.

Sie waren oft an Campingplätzen abgewiesen worden, weil der verwitterte Zirkuswagen anderen Gästen angeblich nicht zumutbar war. Wenn sie irgendwo im Freien lagerten, erschien meist schon bald eine Polizeistreife, und dann wurden sie fortgewiesen. *Ausländer raus!*: Das war ihnen bisweilen an den Wagen geschmiert worden. Sie hatten noch und noch zu spüren gekriegt, dass Landfahrer unbeliebt waren. Lena verstand nun auch, dass Ramon und Iphigenie sich und den Wagen so tief im Gebüsch verborgen hatten. Es war die Angst, vertrieben zu werden, und dabei war Ramon doch krank. Darum ließ Iphigenie den Schimmel auch immer erst in der Dunkelheit aus dem Wald hinaus.

Doch es gab auch Fröhliches zu berichten. Damals, als CIRCUS CAMBA noch bestand, war Iphigenie manchmal auch als Clown aufgetreten mit meterlangen Latschen an den Füßen und einem Klappzylinder auf dem Kopf. Ramon war der dumme August gewesen, mit dem der Clown Pipo seinen Schabernack trieb, ihm eimerweise Wasser über den Kopf goss und ihn vom Pferd ins Sägemehl plumpsen ließ und so die Kinder zum Lachen brachte. Es hatte wunderbare Vorstellungen vor vollen Rängen gegeben. Der Artistin Iphigenie hoch oben auf dem Rücken des großen Schimmels hatten die Zuschauer zugejubelt, mit Applaus und Blumen war sie beschenkt worden, und schöne, fremde Städte hatte sie kennen gelernt. Aber das war längst vorbei.

„So einen witzigen Clown zu spielen, das passt irgendwie gar nicht zu dir", sagte Lena.

„Man muss nicht selber witzig sein, wenn man ein Clown ist. Du kriegst eine ulkige Nase aufgesetzt und wirst witzig angemalt, aber unter der Schminke kannst du ruhig heulen. Das merkt keiner. Weißt du das nicht, Lena?"

Pitt beschwerte sich über mangelndes Interesse seines Publikums. „Ich veranstalte hier gefährliche Ritte, aber kein Schwein guckt zu!"

„Hast ja Recht, Pitt!", rief Iphigenie. „Wir sind unhöfliche Leute!" Sie klatschte Beifall und winkte dem Reiter aufmunternd zu. Zu Lena sagte sie: „Nichts ist für einen Zirkusartisten schlimmer als ein hochmütiges Publikum, das mit Beifall geizt."

Am Abend, als alle zum großen Ratatouille-Essen um den runden Tisch saßen, war Iphigenie wieder sehr schweigsam. Sie blieb auch in den kommenden Tagen still und in sich gekehrt. Wenn Hanna sie darum bat, half sie im Haushalt oder im Garten mit, sie kümmerte sich rührend um Gogo, nahm die anderen Tiere aber kaum wahr. Nur einmal versuchte sie dem Ziegenbock das Hüpfen auf zwei Beinen beizubringen, doch als Xerxes sich wehrte, gab sie die Versuche bald auf. Und Lena war froh darüber. Ihre Tiere sollten keine Kunststücke machen.

Manchmal ging Iphigenie allein und wie verträumt um den Hof oder zur Bachbrücke hinunter, häufig hockte sie vor dem Fernseher und schaute belanglose Filme und Shows an, hin und wieder spielte sie mit drei oder vier Fingern einfache Melodien auf dem Klavier. Hanna respektierte das und versuchte gar nicht erst, das Mädchen in Gespräche zu verwickeln.

Lena fühlte sich zuerst ein wenig gekränkt durch Iphigenies Verhalten, das nicht abweisend war, aber doch signalisierte: Bitte, kommt mir nicht zu nah! Wie gern wäre Lena so etwas wie Iphigenies Freundin gewesen! Aber das dunkle Mädchen ließ keinen Zweifel daran, dass es sich auf der Durchreise befand und keine Wurzeln schlagen wollte. Auch Freundschaften können solche Wurzeln sein, dachte Lena voll Traurigkeit. Sie hatte einmal ein Gedicht gelesen: *Das Ziel der Reise ist die Reise.* Das hatte sie damals nicht verstanden, nun wusste sie, wie es gemeint war.

Iphigenie war immer auf der Reise gewesen, und so sollte es wohl auch bleiben – so bitter das Reisen vielleicht auch war. Irgendetwas trieb das fahrende Volk wohl immer weiter, von Sehnsüchten und Träumen, die für die Sesshaften unbekannt waren, wurden solche Menschen magisch angezogen. Lena erkannte Iphigenies Ruhelosigkeit, konnte sie aber nicht wirklich verstehen.

Ich brauche mein Zuhause hier auf dem Pferdehof, sagte Lena sich. Ich muss wissen, wohin ich immer zurückkehren kann und wo ich zur Ruhe komme. Mein fester Punkt: Das ist der Pferdehof. Solche Gedanken gingen Lena durch den Kopf, wenn sie hoch unter dem Dach in ihrem Zimmer auf dem Bett lag oder wenn sie auf Rajas Rücken langsam durch die Wiesen ritt.

Jeden Tag fuhr Hanna mit Iphigenie zum Kreiskrankenhaus. Obwohl es Iphigenie nicht recht zu sein schien, forderte Hanna auch Lena zum Mitfahren auf. Das war an einem Nachmittag, als ein starker Landregen niederging. Die Gerüche und Geräusche des Krankenhauses ließen wieder einmal die Schmetterlinge in Lenas Magen schwirren. Männer und Frauen in weißen Kitteln, Kranke in gestreiften Schlafanzügen oder Bademänteln, Leute an Krücken oder von Pflegern gestützt: Lena fühlte sich von diesen Bildern eingeschüchtert und verunsichert.

Zuerst erkannte sie den Mann nicht, der in einem Vier-

Bett-Zimmer am Fenster saß und in den herbstlichen Park starrte. Das eingefallene Gesicht war nun frisch rasiert, der harte Zug um Mund und Nase wirkte umso krasser. Lena schätzte Ramons Alter auf ungefähr fünfundfünfzig bis sechzig Jahre. Das graue Haar war schütter, die Kopfhaut schimmerte durch. Die Nase stand schief.

Ramon begrüßte Hanna und Lena sehr förmlich mit Handschlag und leichter Verbeugung. Für seine Tochter hatte er scheinbar nur ein Kopfnicken, doch in seinem Blick lag viel Zärtlichkeit für das Mädchen.

Sie sprachen flüsternd, weil die anderen Männer im Zimmer so neugierig wirkten. Ramon wartete wohl ungeduldig auf seine Entlassung, Hanna redete ihm zu, dass die Genesung ihre Zeit brauche. Iphigenie berichtete, dass Gogo in guter Form sei.

„Ich bin Ihnen dankbar, dass Sie meiner Tochter Gastfreundschaft erwiesen haben", sagte Ramon mehrere Male. Von dem, was die Belkers für ihn getan hatten, sprach er nicht. Schämte er sich? Aber vom Geld fing er wieder und wieder an: „Ich kann das alles gar nicht bezahlen!"

Hanna gab sich Mühe, ihn von seinem Recht auf Hilfe zu überzeugen, doch es gelang ihr nicht. Zweifelnd, fast verständnislos hörte der Mann ihr zu.

„Ich muss hier raus! Ich muss hier raus!" Ramon sagte das wie einen Vorwurf. Es hörte sich an wie die Frage: Warum hält man mich hier eingesperrt?

„Komm, Lena, wir lassen Iphigenie noch ein bisschen

mit ihrem Vater allein!" Hanna legte Ramon zum Abschied die Hand auf die Schulter.

Lena folgte der Mutter auf den Flur.

Dort wartete ein älterer Arzt bereits auf Hanna. „Frau Belker, nicht wahr? Ich möchte mit Ihnen reden."

„Ja, bitte."

„Doktor Schwarze. Ich bin der Stationsarzt. Hören Sie, unser Patient macht mir Kummer. Ich kenne die Geschichte, wie Sie sich um diese Leute gekümmert haben und dass Ihr Mann sich bei den Ämtern auch für Herrn Ramon verwandt hat. Respekt! Und das ist auch alles in Ordnung so."

Herr Ramon! Wie merkwürdig das klingt, dachte Lena.

„Die Sache ist die: Wir werden ihn wohl morgen entlassen. Zwar mit großen Bedenken und auf seine Verantwortung hin. Aber er verkümmert uns hier. Ich habe noch nie einen so unruhigen Patienten erlebt. Wie ein eingesperrter Vogel! Er ist über den Berg. Aber um gesund zu werden, muss er hier raus. Das hört sich absurd an, ich weiß, aber ..."

Hanna lächelte. „Das hört sich überhaupt nicht absurd an."

Da lächelte auch der Arzt. „Wir unterziehen ihn heute Abend noch einmal einer Generaluntersuchung, doch wie ich den Fall sehe, werden wir Herrn Ramon wohl morgen entlassen. Die Frage ist: Können Sie ihn abholen? Natürlich hätte er Anspruch auf ein Taxi, aber das wäre mit Schreibkram und Anträgen verbunden."

„Wann sollen wir ihn abholen?"

„Könnten Sie gegen neun Uhr kommen?"

„Das wird gehen", sagte Hanna.

Iphigenie strahlte vor Freude, als sie auf der Rückfahrt die Nachricht erfuhr. Für sie war es eine gute Nachricht. Sie fragte nicht: Ist er denn schon richtig gesund? Vielleicht dachte sie eine solche Frage nicht einmal. Sie kannte Ramons Unruhe doch!

Lena wusste, dass ihr dieses Mädchen immer fremd bleiben würde.

Es hatte sich ausgeregnet. Die Wolkenbänke ließen die Strahlen der tief stehenden Sonne wie Scheinwerfer blitzen. Im Westen färbte sich ein schmaler Streifen rot. Lena dachte: Solche Farben sieht man oft am Schluss von Wild-West-Filmen, nur dass die Musik fehlt.

Iphigenie hatte sich eine Überraschung ausgedacht. Wahrscheinlich sollte das ihr Abschiedsgeschenk sein, ihr Dank, für den sie keine Worte brauchte. Sie bat Annette, am Abend auf den Pferdehof zu kommen und ihre Familie mitzubringen. Auch Ioannis und seine Familie und natürlich Tewes lud sie ein, doch mehr verriet sie nicht. Nur Pitt wurde in das Geheimnis eingeweiht. Der lief den Rest des Tages mit stolzgeschwellter Brust herum und wog mindestens drei Zentner vor Bedeutung.

Sie trafen sich nach dem Abendessen auf der Hausweide. Die anderen Tiere waren bereits im Stall, nur der Schimmel stand unbeweglich beim Gatter. Vom Stallgiebel und von der Scheunenwand strahlte Lampenlicht.

Gregor schenkte Schnaps ein, Oma Toni trank am meisten.

„Jetzt bin ich aber mal neugierig, ob ich gespannt bin", sagte Herr Schulze-Gehling so laut, dass alle es hören konnten, und lachte als Einziger.

Aus dem Innern des Wohnwagens ertönte plötzlich ein Trompetenstoß. Dann trat Pitt auf die Mitte der Koppel. Er hatte einen glänzenden Frack an, dessen Schöße er über das Gras schleppte. Unter dem übergroßen Zylinderhut klang seine Stimme wie aus einem altmodischen Radio.

„Meine Damen, meine Herren!", schrie Pitt. „Mein sehr verehrtes Publikum! Ich habe nun die Ehre, Ihnen eine Weltsensation anzukündigen. Auf dem Rücken jenes wunderbaren Pferdes wird jetzt die Königin der Artisten ihre unvergleichbaren Kunststücke für Sie aufführen. Begrüßen Sie die Große Iphigenie! Applaus!"

„Mensch, Pitt! Das hast du ja toll aufgesagt!" Lena war sprachlos. So hatte sie ihren Bruder noch nie erlebt.

Donnernder Beifall von allen Seiten. Am lautesten klatschte Ioannis. Ronja legte sich platt auf die Seite und heulte leise. Oma Toni brauchte schon wieder einen Schnaps. Pitt verneigte sich und gab die Manege frei.

Die Große Iphigenie!

Sie sprang aus dem Wohnwagen. Ihr silbernes Trikot glitzerte im Licht. „Hoh, Gogo, hoh!", rief Iphigenie. Da setzte sich der mächtige Schimmel in Bewegung, wurde schneller und schneller und lief dann mit ausholenden

Schritten seine Kreise. Plötzlich lief Iphigenie los, erreichte in einem scheinbar mühelosen Sprung Gogos Rücken und stand dort wie eine Figur aus Marmor.

„Ist ja ein Ding!", flüsterte Tewes aufgeregt.

„Stark, unheimlich stark!" Annette bekam den Mund nicht zu.

Lena war hingerissen von so viel Anmut.

Dann begann Iphigenie ihr Programm. Sie schlug wirbelnde Flic-Flacs, Salti und Spiralen. Dann tanzte sie auf den Händen, während das weiße Pferd ruhig seine Kreise trabte. Als die Tänzerin auf dem Kopf stand und Arme und Beine spreizte, hielten die Zuschauer den Atem an, und als sie mit einem ansatzlosen Überschlag wieder auf die Beine sprang, jubelten alle.

Das war wirklich ein Fest der Artistik! Im Takt der Bewegungen ihres Pferdes wirbelte und sprang Iphigenie, und dies war kein Turnen auf dem Pferd, wie Annette und Lena es vom Voltigieren kannten, dies war ein Tanz, war Kunst in Vollendung. Voll Grazie streckte Iphigenie sich mal auf der einen, mal auf der anderen Hand hoch und schien die Gesetze der Schwerkraft dabei zu vergessen; dann sprang sie mit dem Seil, überkreuzte die Arme und vollführte einen Handstandüberschlag nach dem anderen. Sie jonglierte mit einem Reifen und einem schillernden Ball, den sie so hoch warf, dass der Abendhimmel ihn fast verschluckte, doch sie fing ihn liegend mit den Füßen auf.

Iphigenie schien, ohne Hände und Beine zu rühren, mit

dem Rücken an der Flanke des Pferdes zu kleben, und als alle aufschrien, weil sie dachten, dass Iphigenie stürzen würde, tauchte sie unter dem Pferdebauch durch, berührte nicht eine Sekunde den Boden und saß dann wie eine Märchenprinzessin plötzlich am Halsansatz des Schimmels, und keiner wusste, wie sie das geschafft hatte, denn eigentlich war es unmöglich. Was für ein Trick! Was für ein zirzensisches Gaukelspiel!

Lena erwachte wie aus einem wunderbaren Traum, als Gogo austrabte und dann zum Stehen kam. Auf seinem Rücken stand die silberne Tänzerin und winkte den Zuschauern zu. Ja, das war wie ein Abschiedswinken. Lena hatte einen Kloß im Hals.

Pitt durfte den Schimmel mit der Artistin zum Wohnwagen führen. Er tat es voll Ehrfurcht. „Die Vorstellung ist zu Ende!", rief er.

Die Zuschauer klatschten lange. Als Iphigenie in Jeans und Kosakenbluse aus dem Wohnwagen stieg, brandete der Beifall erneut auf. Aber Iphigenie reagierte nicht mehr darauf und ging langsam zum Haus. Sie wirkte müde.

Lena reitet über die Wiese

Nur unkonzentriert und unruhig brachte Lena am nächsten Tag den Unterricht hinter sich. Das Erzählen übernahmen Ioannis und Annette, und sie erledigten das mit Hingabe. Ioannis brach sich fast den Hals, als er Iphigenies Kopfstand auf dem Pult demonstrieren wollte.

Ramon war auf dem Pferdehof, als Lena nach Hause kam. Lena sah ihn mit Tewes beim Stall stehen. Die beiden Männer redeten anscheinend über den Hufbeschlag des Schimmels, denn sie schauten beide auf Gogos Vorderfüße. Als Lena einen Gruß rief, winkten sie kurz.

Iphigenie wusch den Wohnwagen aus. Die Kisten und Kästen waren schon gepackt. Da hingen auch ein paar Kleidungsstücke auf der Wäscheleine.

„Die wollen doch nicht heute schon fahren?", fragte Lena die Mutter, als sie ins Haus trat und Ronjas Begrüßung über sich ergehen ließ.

„Nein, erst morgen. Ramon meint, man müsse mit dem ersten Sonnenlicht aufbrechen, das bringe Glück. Und das können die beiden ja wohl gebrauchen."

„Und ob!" Lena nahm eine Sprudelflasche aus dem Kühlschrank und trank sie fast leer. „Wenn Ramon nur nicht einen Rückschlag bekommt. Es ist nachts schon ganz schön kalt."

„Er ist an solche Reisen gewöhnt", sagte Hanna.

„Und wenn er in den Süden kommt, hat er's ja vielleicht auch wärmer." Lena wusste, dass sie das nur so redete, um sich selbst zu beruhigen.

Ramon kam zwar mit Tewes zum Mittagessen, doch er aß nur wenig und sprach kaum. Da war es gut, dass Pitt mit seinen Reden die Unterhaltung an sich riss. Selbstverständlich habe er sich jetzt in der Frage nach seiner beruflichen Zukunft entschieden, erklärte er. Und wenn man ihm so zuhörte, konnte man überzeugt sein, dass er der Pferdeakrobatik und überhaupt der gesamten Zirkusszene neue Glanzlichter aufsetzen würde. Ramon sah ihn ernst an, Iphigenie lächelte leicht.

Den Nachmittag verbrachte Iphigenie mit Bügeln. Lenas Hilfe lehnte sie ab. Vielleicht war sie in ihren Gedanken schon weit fort. Ramon lief unruhig auf dem Hof hin und her, nestelte mal am Geschirr des Schimmels herum, schmierte auch die Radachsen des Wohnwagens, aber es war keine wirkliche Arbeit, die er tat, er brachte einfach die Zeit hinter sich. Bisweilen hustete er und schien dabei Schmerzen zu haben.

Pitt wurde ungewohnt still. Er lief mit Ronja zum Waldrand und kam später schimpfend zurück, weil ein Bauer ihn angeschnauzt hatte. „Der hat gesagt, er würde auf Ronja schießen, wenn ich sie nicht an die Leine nähme. So ein Hirni!“

„Die Jäger sind doof“, tröstete Lena. „Mach dir nichts draus! Leute, denen es Spaß macht, auf Tiere zu schießen, ticken nicht richtig.“ Lena beschäftigte sich in ihrem Zimmer mit den Hausarbeiten, ihre Gedanken schweiften aber immer wieder ab.

Am Abend zog Ramon sich in den Wohnwagen zurück. Noch lange brannte dort Licht. Lena wusste von Iphigenie, dass er seine Landkarten studierte und die Reiseroute austüftelte. Auf die Bitte seiner Tochter hin baten Gregor und Hanna ihn nicht ins Wohnhaus.

Iphigenie wollte noch einmal im Gästezimmer schlafen.

„Bitte, behalte meine Kosakenbluse!", sagte Lena. „So denkst du wenigstens mal an mich. Außerdem kommt dann schon einmal ein Kleidungsstück von mir bis ans Mittelmeer. Irgendwann schaffe ich's dann selber vielleicht."

Iphigenie war einverstanden. Sie nahm auch die Jeans und einen Pullover von Hanna an, mehr aber nicht. Pitt schenkte ihr seinen Hamster aus grünem Plüsch.

„Mein Talisman." Iphigenie streichelte Pitts Gesicht.

In dieser Nacht schlief Lena nur wenig.

Kaum graute der Morgen, da begann geschäftiges Treiben im Haus und auf dem Hof. Iphigenie verstaute den Wäschekorb im Wohnwagen, Ramon hatte den Schimmel bereits vor den Wagen gespannt. Zu Lenas Verwunderung hatte Iphigenie wieder die schlotternde Männerjacke angezogen.

„Dann wollen wir mal!", rief Ramon. Er kletterte mühsam auf den Bock.

Iphigenie setzte sich neben den Vater und blickte ernst nach vorn. Für einen kurzen Augenblick schaute sie Lena an. Aber sie sagte nichts.

Gregor trat an den Wagen. „Besuchen Sie uns, wenn Sie auf der Durchreise mal zufällig in diese Gegend kommen sollten. Sie wissen, dass Sie uns jederzeit willkommen sind."

„Das weiß ich", antwortete Ramon, „und ich werde es nicht vergessen." Er wippte mit der Peitsche.

Das weiße Pferd schnaubte leise und zog dann an. Der Kies knirschte unter den Wagenrädern. Ronja verstand das alles nicht, sie bellte anhaltend. Pitt sagte kein Wort. Lena hatte die Hände in den Hosentaschen. Gregor und Hanna winkten, doch die Reisenden winkten nicht zurück.

Lena wusste, dass sie Iphigenie und Ramon und den Schimmel niemals wieder sehen würde.

Pitt schniefte. „Können wir jetzt endlich frühstücken? Ich hab solchen Hunger!"

„Fresser!", sagte Lena. Ihre Stimme klang belegt.

Am Nachmittag legte Lena der alten Stute die Filzdecke auf den Rücken und machte einen Lederriemen am Halfter fest. Sie wollte keinen Sattel und keinen Zaum. Sie ritt langsam über die Wiesen.

Raja zupfte hin und wieder Blätter von den Haselbüschen. Die Nüsse waren schon reif. Der Wind wehte kühl. Am Bach stiegen Krähen auf, als die Reiterin sich näherte. Die Vögel krächzten rau und flogen über Gronerdingers Busch davon.

Leichter Dunst – es war kein richtiger Nebel – lag auf dem Hügel. Lena konnte die Stelle erkennen, an der an jenem Abend das weiße Pferd so plötzlich erschienen war. Sie dachte: Vielleicht kann man noch immer die Hufspuren sehen. Wie viele Tage war das jetzt her?

Aber war das noch wichtig? Bei Menschen und Tieren, die immer unterwegs sind, spielten Tage und Wochen keine Rolle. Das Ziel der Reise ist die Reise ...

Lena hielt ihr Pferd an und ließ den Blick über das weite

Land schweifen. Nach dem heißen Sommer verfärbten die Laubbäume sich früh. Der kleine Bach murmelte seine Geschichten. Als ob in so einem Gewässer Forellen wären!

Aus dem Kamin des Wohnhauses quoll ein Rauchfaden. Hanna hatte schon früh das Herdfeuer entzündet. Lena liebte das Knistern des Holzes und das beruhigende Glühen. Wärme, die man sehen konnte. Mein Zuhause! Der Ort, zu dem ich immer wieder zurückkehren kann! Lena gab sich Mühe, nicht an die beiden Reisenden zu denken.

Fern am Horizont zog ein Trecker, klein wie ein Kinderspielzeug und scheinbar ohne jedes Geräusch, einen Wagen über ein Feld. Vielleicht war es diese Weite, die Lena so traurig machte.

„Wir gehen wieder nach Hause", flüsterte sie Raja zu.

Die alte Stute hatte verstanden.

Als sie sich dem Pferdehof näherten, hatte Lena auf einmal eine Melodie im Kopf. Es war ein Lied, das wusste sie, doch die Wörter dazu fielen ihr nicht ein.

Lenas Fahrt zum großen Fest

Besuch auf dem Pferdehof

Endlich! Der Schulgong schepperte zwar wie ein alter Eimer, doch jetzt verkündete der blecherne Ton den Beginn der Ferien, und darum klang er in Lenas Ohren wie süßes Glockengeläute.

In der ersten Stunde hatte Deutschlehrer Seliger vergeblich versucht, die Mädchen und Jungen zu einem Gespräch über das Gedicht *Weihnachtslied, chemisch gereinigt* von Erich Kästner zu ermuntern. An jedem anderen Tag hätten sie gewiss Spaß gehabt an dieser spöttischen Fassung des Liedes *Morgen, Kinder, wird's was geben*, aber doch nicht am letzten Schultag vor den Ferien!

In der zweiten Stunde hatte der eifrige Referendar Kümmel, dem bereits in jungen Jahren die Haare ausgefallen waren, den Erdkundeunterricht dazu genutzt, mit Hilfe einer Landkarte die Entstehung des Staates Israel zu erklären. An jedem anderen Tag hätte er vielleicht aufmerksame Zuhörer gehabt, die auch kritische Fragen gestellt hätten, aber doch nicht am letzten Schultag vor den Ferien!

In der dritten Stunde wollte Frau Spinn, die von allen natürlich nur Missis Spider genannt wurde, ihren Schülerinnen und Schülern das Kanon-Liedchen *Hallo, my little boy* beibringen, das sie selber lustig fand, obwohl es den Kindern eher albern vorkam, doch dann gab sie ihr Vorhaben entnervt auf. An jedem anderen Tag hätten die Leutchen aus der siebten Klasse wahrscheinlich Lust auf einen musikalischen Englischunterricht gehabt, aber doch nicht am letzten Schultag vor den Ferien!

Und dann schepperte endlich der Schulgong. Schluss! Aus! Ferien! Noch schneller als sonst stürmten alle zur Tür. Die Weihnachtsgrüße und Neujahrswünsche von Missis Spider hörten sie nicht mehr. Kreischend und lachend schwadronierten die Jungen und Mädchen von zu erwartenden Geschenken, Skifahren in den Alpen, unfertigen Bastelarbeiten und anstehenden Familienfeiern bei den Großeltern. Frannes schwärmte von neuen Programmen für seinen PC, Marita redete von einem Hund aus dem Tierheim, Ioannis erklärte mit Händen und Füßen die elektrische Lichtschranke, die er für das Gartentor konstruiert hatte und mit der er seine Eltern überraschen wollte. Lena hielt sich lachend die Ohren zu. Was für ein Lärm!

Die gesamte Droste-Schule wirkte wie ein Irrenhaus. Auf dem Schulhof hüpften und tanzten die Kinder wie verrückte Clowns. Die älteren Schülerinnen und Schüler bemühten sich, gelassen und cool zu wirken, doch auch sie strebten hastiger als sonst dem flachen Schuppen zu, wo die Fahrräder, Mofas und Mopeds untergestellt waren. Der große Tannenbaum vor dem Schulportal schwankte im Regenwind, die bunten Kerzenbirnen klingelten wie Silberschellen.

Der Schulbus rollte knurrend aus der Haltebucht. An diesem Tag saß Frau Hulscher, die Besitzerin des Busunternehmens, selber am Steuer. Sie hatte die Heizungsklappen so weit geöffnet, dass Lena sie in Verdacht hatte, sie wollte ihre Fahrgäste braten. Plärrende Chorgesänge drangen schmerzhaft aus den Lautsprechern. Viele Kinder schrien oder pfiffen die Melodie von *White Christmas* mit. Die feuchten Jacken und Mäntel dampften. Wie üblich war der Bus auf dem ersten Teil der Strecke proppenvoll.

„Dass die Leute zu Weihnachten immer anfangen zu spinnen!" Annette kicherte. Sie saß eingequetscht auf dem Fensterplatz neben Lena.

„Kann man nichts gegen machen", antwortete Lena. „Mein Vater sagt immer: Zu Weihnachten werden alle triefherzig, dann spenden sie ein paar Mark und beruhigen ihr Gewissen, und nach dem Vollrausch zu Silvester benehmen sie sich wieder wie die Kannibalen."

Annette lachte laut. „Da ist was dran! Sag mal, was spielt sich denn bei euch zu Hause so zu Weihnachten ab? Macht ihr richtig mit Baumschmücken und Bescherung und solchem Tralala?"

Lena war von der Frage der Freundin überrascht. Sie hatte nie darüber nachgedacht. Als sie noch in der Großstadt wohnten, hatten sie immer eine kleine Fichte mit Wurzeln gehabt, weil Pitt darauf bestand. Die Bäumchen waren später in den Vorgarten gepflanzt worden. Aber dies würde nun die erste Weihnacht auf dem Pferdehof sein, und sie hatten noch nicht darüber gesprochen, wie sie die Feiertage begehen wollten. Lena antwortete ausweichend: „Vermutlich machen wir ganz ruhig in Familie. Ohne Besuch und so. Kleine persönliche Geschenke wird's geben. Was Selbstgemachtes. Meine Eltern hassen diese vorweihnachtliche Einkaufshysterie, von der die gesamte Bevölkerung befallen wird. Ich finde sie übrigens auch bescheuert. Pitt sieht das natürlich anders. Der ist raffgierig und verfressen."

„Das brauchst du mir nicht zu sagen!" Annette wischte mit dem Anorakärmel den Beschlag von der Fensterscheibe. „Ich kenn den Knilch ja!" Sie schüttelte sich die Nässe aus dem kurz geschnittenen weißblonden Haar. „Meine Eltern sind ziemlich konservativ, ich meine, was Weihnachten betrifft. Und Oma Toni erst mal! Wenn wir nicht einen riesigen Ömmes von Weihnachtsbaum in der Diele stehen haben, der genau bis zur Decke reichen muss, dann werden die garantiert todkrank und beißen sich die Ohren ab. Aber in Familie machen wir auch. Meine Schwester Gabriela kommt aus Reutlingen. Die arbeitet da als Versicherungskauffrau. Frag mich bloß nicht, was 'ne Versicherungskauffrau macht!"

Lena boxte Annette in die Seite. „Tu ich auch nicht."

Annette beugte sich zu Lena hinüber und flüsterte: „Sie bringt übrigens ihren Freund mit. Klaus heißt der. Ich kenne den Typen noch gar nicht. Meine Eltern sind ganz schön kribbelig. Der Lutz taucht morgen schon zu Hause auf."

„Wer ist denn Lutz?", fragte Lena erstaunt.

Da sprang Annette fast empört vom Sitz auf. „Mein Lieblingsbruder natürlich! Von dem hab ich dir doch schon tausendmal erzählt!"

Lena verteidigte sich. „Klar, von deinem Bruder hast du mir schon mal was erzählt. Dass er Kreismeister im Gespannfahren war und dass er in Göttingen Forstwirtschaft studiert. Aber den Namen Lutz, den hör ich jetzt zum ersten Mal. Hast du ihn sonst nicht Ludger genannt?"

Annette winkte ab. „Vergiss es! Der Lutz heißt ja eigentlich auch Ludger, aber den Namen mag er nicht leiden. Nur Oma Toni und meine Eltern sagen Ludger zu ihm, die anderen nennen ihn Lutz. Alles klar?"

„Alles klar." Lena fasste Annette beim Kragen und zog sie auf den Sitz zurück. „Ist er nett?" Lena fragte das nur so dahin, um die aufgeregte Freundin ein wenig zu beruhigen. Ob er nun Ludger oder Lutz hieß: Was hatte sie schon mit Annettes Bruder zu tun! Dass sie ihre Meinung bald ändern würde, konnte Lena ja jetzt noch nicht wissen.

„Und ob der nett ist! Wäre er sonst mein Lieblingsbruder?" Annette rieb sich die Hände. „Ich freu mich ganz doll auf ihn!" Dann sagte sie: „Ich hab eben schon große Geschwister. Du weißt doch, dass ich das doofe kleine Nesthäkchen bin, die Nachzüglerin." Annette kicherte albern.

Lena ließ sich von Annettes übermütiger Laune anstecken. „Dass du doof bist, weiß ich schon lange!" Und dann quiekte Lena los, weil sie sich heftig gegen Annettes Kitzelangriffe wehren musste.

Der Schulbus hatte inzwischen den Außenbezirk von Habichtsbeek erreicht. An jeder Haltestelle polterten Scharen von Schülerinnen und Schülern nach draußen und brüllten dabei irgendwelchen Quatsch. Ferien! Da hat man jede Menge Recht auf Blödsinn.

Lena schaute hinaus auf die triefende Landschaft. Fisselregen, knorrige Weidenbäume im Nebel, düsterer Himmel über grauen Wiesen und schwarzen Äckern, Feldscheunen und kleine Kotten wie Spukhäuser, abweisend wie unbewohnte Burgen die einsamen Gehöfte im flachen Land: Lena liebte das Münsterland auch in der dunklen Jahreszeit, während Pitt es verächtlich Matschland nannte. Als Lena und Annette beim Hof von Schulze-Gehling ausstiegen, waren nur noch die Kinder von der Großgärtnerei in Frau Hulschers Bus.

Lena lief zu ihrem Fahrrad, das wie immer an der Mauer hinter dem Hoftor abgestellt war. „Ich krieg übrigens auch Besuch!", rief sie Annette nach, die zum Wohnhaus eilte.

„Meine alten Freundinnen aus der Stadt. Mein Vater bringt sie mit. Sie bleiben über Nacht auf dem Pferdehof. Du, ich bin riesig gespannt!"

Annette hatte sich ganz plötzlich auf dem Absatz umgedreht und starrte Lena beinahe giftig an. „So, bist du das? Wie schön für dich!"

Lena fasste sich an den Kopf. „Mensch, Annette! Bist du etwa eifersüchtig?"

„Ich und eifersüchtig? Pah! Was du dir da wieder einbildest!" Annette schlug mit einer heftigen Handbewegung, als müsste sie einen unsichtbaren Feind verprügeln, durch die Luft und war Sekunden später im Haus verschwunden.

Lena war so sehr in Gedanken, als sie nach Hause zum Pferdehof radelte, dass sie die Kälte an den Händen und die Regentropfen im Gesicht kaum spürte. Ob Annette wirklich eifersüchtig war auf Kerstin und Dörthe? Erst jetzt machte Lena sich richtig klar, dass sie die beiden Freundinnen seit dem Auszug aus der Stadt nicht mehr gesehen hatte, und das war immerhin ein halbes Jahr her. Lena dachte: Und dabei hatten wir uns doch hoch und heilig geschworen, dass wir uns nicht aus den Augen verlieren würden! Und wenn Dörthe nicht angerufen hätte am vergangenen Sonntag, hätte ich mich dann von mir aus bei den beiden gemeldet? Lena spürte auf einmal so etwas wie ein Schuldgefühl. Da war plötzlich die wichtige Frage: Freue ich mich auf Kerstin und Dörthe?

Die Antwort fand sie nicht mehr. Denn als Lena über den Kiesweg das Heckenrosenrondell auf dem Vorplatz des Pferdehofes umkurvte, sah sie den weinroten Peugeot aus Methusalems Zeiten, der gehörte dem Organisten von Uhlendorf. Alois Raderschall gab nebenher Klavierunterricht, und zwar nicht aus pädagogischer Sorge um den Pianistennachwuchs, sondern um sein kümmerliches Gehalt aufzubessern. Einer seiner schlechtesten Schüler war Pitt.

Und Pitt schlug auch nur unter Protest in die Tasten. Eigentlich träumte er schon seit Monaten von der Welle der Begeisterung, von der die Band *The hot Potatoes* von einem Riesenerfolg zum anderen geschwemmt würde, wenn sie ihre Welthits in allen Ländern vor gigantischen Publikumsmengen mit ihren 3000-Watt-Anlagen erdröhnen lassen würden. *The hot Potatoes*: Das waren der Gitarrist Simon, der Bassmann Wanja und der Schlagzeuger Pitt, alle aus der vierten Klasse der Grundschule in Uhlendorf. Als Sängerin wollten sie Eva-Maria verpflichten, doch die sträubte sich beharrlich, weil sie sich lieber dem Training mit ihrem Pony Tarzan widmete als den drei Starmusikern. Simon und Wanja spielten übrigens auf schnurbespannten Stöcken, während Pitt auf Pappkartons, Blechkanistern und Plastikeimern trommelte. Pitt behauptete, er beherrsche sein Schlagzeug schon professionell und brauche nun unbedingt eine Schießbude wie Carl Palmer.

Lena musste unwillkürlich lachen, als sie an Pitts Auseinandersetzung mit den Eltern dachte. Gregor hatte erklärt, gegen die Anschaffung eines Schlagzeuges sei grundsätzlich nichts einzuwenden, doch erstens habe er das Geld dafür nicht übrig und zweitens müsse nach seinem Verständnis ein Musiker erst einmal Noten und die Grundbegriffe der Musik lernen. Hanna, die wie stets praktisch dachte, entschied, dass sich dafür der Klavierunterricht besonders eignet, zumal sowieso ein solches Instrument vorhanden sei. Und so war es zur Zusammenarbeit von Pitt und Herrn Raderschall gekommen. Eigentlich war es mehr ein Zweikampf.

Lena schob ihr Fahrrad in die Scheune. Aus dem Wohnzimmer wimmerte der Viervierteltakt vom *Tanz des Schweinehirten*. Pitt übte dieses kleine Stück von Béla Bartók schon seit Wochen. In sein verzögertes Klimpern bettelte Alois Raderschalls Fistelstimme ununterbrochen: „Allegro! Allegro!" Es hörte sich steinerweichend an: Pitts Klavierspiel und die Bitten des Organisten.

Lena rannte zur Hauskoppel. Trotz des nassen Wetters waren die Haflinger, Pitts kurzbeiniges Pony Sturmwind mit dem Harlekinfell und der Ziegenbock Xerxes auf der Weide. Tewes wollte, dass die Tiere tagsüber so viel wie eben möglich im Freien liefen, weil das nach seiner Erfahrung abhärtete.

Motte und Benno wiegten fröhlich die Köpfe mit den weißen Mähnen, als sie Lena erkannten. Mux, das verspielte Fohlen, kam auskeilend gesprungen und übte sich im Wiehern, doch es ging ziemlich daneben. Xerxes riskierte nur kurz ein Auge und mümmelte dann weiter im spärlichen Gras.

Lena kletterte auf das Gatter und kraulte die weichen Hälse der Haflinger. „Schöne Pferde seid ihr!", sagte sie.

Dann zog sie einen eingetrockneten Apfelschnitz aus der Anoraktasche und hielt ihn Mux vor die Nase, der nahm ihn nur zögernd. „Du verwöhnter Halbstarker, du!", rief Lena lachend.

Im großen Stall wartete Raja. Die alte Stute hatte längst Lenas Stimme gehört. Regenwetter war schlecht für ihre Gelenke, darum musste sie im Stall bleiben. Sie nahm das, wie alles, mit großer Geduld hin. Lena presste ihr Gesicht gegen die Backe des großen Pferdes, ließ die eine Hand über das schorfige Fell gleiten und streichelte mit der anderen Rajas Lippen. So standen sie minutenlang. Lena hätte vorher nicht geglaubt, dass sie einmal eine so innige Zuneigung zu einem Tier empfinden würde.

„Du bist die Allerschönste!", flüsterte sie der Stute zu.

Das sanfte Pferd schnaubte leise. Lena wusste, dass Raja lächeln konnte, doch das verriet sie niemandem. Sie drückte der Stute einen Abschiedskuss auf die Nase und verließ den Stall.

Lena ging durch die Seitentür in die Küche. Aus dem zischelnden Suppentopf stiegen angenehme Düfte auf. Vorn in der Wohnhalle hackte Pitt noch immer auf dem Klavier herum. Wuschelhündin Ronja jaulte jämmerlich die Begleitung dazu. Hanna saß in ihrem Arbeitszimmer am Computer und schien nicht recht weiterzukommen.

„Hallo, Hanna!" Lena gab der Mutter einen Klaps auf die Schulter. „Uff, endlich Ferien!"

„Hallo, Lenamädchen! Du hast Ferien, und ich zermartere mir hier das Gehirn. Ganz schön ungerecht."

„Was machst du denn da?"

„Ich versuche, einen lyrischen Text aus dem Schwedischen zu übersetzen. Aber wie soll man sich bei Pitts Geklimper konzentrieren!" Hanna lächelte gequält. „Immerhin habe ich in Ronja und Herrn Raderschall zwei Leidensgenossen. Sag mal, Lena, hast du keine Lust, Klavierspielen zu lernen?"

Beinahe entsetzt schüttelte Lena den Kopf. „*Ein* Versager am Klavier reicht doch wohl für diese Familie, oder? Nee, nee, Hanna, vergiss es! Ich höre dir gern zu, wenn du spielst. Vielleicht könnte ich's später mal mit einem Blasinstrument versuchen. Oboe oder Fagott, also, reizen würd mich das schon."

„Dann lass uns das mal mit Gregor besprechen, Lena!" Hanna stand vom Stuhl auf und streckte sich. „Jetzt wollen wir erst einmal essen." Sie hob den Finger, als plötzlich Stille eintrat im Wohnzimmer. „Na, bitte! Pitt ist schon verhungert."

Alois Raderschall nahm die Einladung zum Mittagessen gern an. Er fingerte sich den wallenden Haarschopf zurecht, der daran erinnerte, dass der Organist sich für einen Künstler hielt, und murmelte, Pitt mache allmählich Fortschritte. Das glaubte ihm aber niemand.

Sie saßen um den runden Tisch in der Küche und löffelten die Gemüsesuppe. Pitt maulte, dass eindeutig zu wenig Wurst in der Suppe sei, und fütterte mit den Möhrenstückchen die bettelnde Ronja, weil er Möhren nicht mochte. Lena hielt ihm den üblichen Vortrag über die

Fleisch fressenden Jungen, die die Schuld daran trügen, dass es zu viele Schweinemäster, zu viele zusammengepferchte Schweine und zu viel Gülle gebe. Herr Raderschall aß hastig und schweigend, Hanna schaute dauernd auf die Wanduhr und wirkte ein wenig nervös.

Und erst da fiel es Lena siedend heiß wieder ein, dass der Vater ja bald mit Kerstin und Dörthe aus der Stadt kommen würde. Merkwürdig, dachte sie, eigentlich müsste ich doch unentwegt dem Wiedersehen mit den alten Freundinnen entgegenfiebern. Ob sie sich sehr verändert haben? Ob sich die alten Freundschaftsgefühle wieder einstellen? Ob wir so vertraut miteinander reden werden wie damals? Lena wusste auch, dass die Frage noch offen war: Freue ich mich wirklich?

An diesem Schmuddelwettertag dunkelte es schon früh. Lena war kaum mit dem Staubwischen in ihrem Wigwam fertig, als sie durch das Fenster ihres Giebelzimmers die Lichtkegel auf der Zufahrt zum Pferdehof wahrnahm. Dann erscholl das fröhliche Gehupe des Vectra.

Sie sind da! Lena spürte plötzlich Schmetterlinge im Bauch, als sie diesen Satz dachte. Dann stürmte sie die Treppe hinunter und rannte beinahe Pitt und Ronja um, die schon in der offenen Haustür standen.

„Lena! Lena!", schrien Dörthe und Kerstin gellend.

„Dörthe! Kerstin! Dass ihr endlich gekommen seid!" Lena eilte mit ausgebreiteten Armen auf die beiden Mädchen zu.

Dann begann ein verrückter Indianertanz. Lena, Kerstin

und Dörthe hielten sich umschlungen und hüpften und tanzten und kreischten dazu wie am Spieß.

Pitt musste alle Kraft aufbieten, um die bellende und zappelnde Ronja am Halsband festzuhalten, die sich nur zu gern in das Getümmel gestürzt hätte. „Lass die blöden Schnepfen doch!", knurrte Pitt. „Die sind ja vom wilden Affen gebissen!"

Gregor hob die Sporttaschen von Kerstin und Dörthe aus dem Kofferraum. „Pfui, Pitt, so redet der feine Mann doch nicht!"

Pitt legte den Kopf schief und blinzelte den Vater an. „Ach, jetzt bin ich auf einmal ein feiner Mann? Das ist ja ganz was Neues. Komm, Ronja, lauf mit dem feinen Mann ins Haus! Vielleicht finden wir was zu essen!"

Es dauerte noch Minuten, bis die drei Mädchen die irre Begrüßungszeremonie beendeten. Da war so viel zu fragen und zu sagen. Sie brabbelten und glucksten sich die heißesten Neuigkeiten zu, starrten sich an und konnten nicht aufhören zu kichern. Lena fühlte, dass dies alles ein Versuch war, die Unsicherheit zu überspielen.

Kerstin und Dörthe hatten von rund tausend Leuten Grüße auszurichten. Für Lena hatten sie die neue CD von Phil Collins mitgebracht, für Hanna einen Rosenstrauß.

„Typisch!", fauchte Pitt. „Ich krieg wieder nix."

Dörthe pellte sich aus ihrem Polarforscher-Outfit: wattierter Anorak, Moonboots, Lappländermütze. Kerstin zog das Regenzeug aus. Die Fassade des imposanten Wohnhauses mit den geschnitzten Pferdeköpfen am Giebel hatten die Besucherinnen schon gebührend bestaunt. Nun bewunderten Kerstin und Dörthe mit lauten „Ohs" und „Ahs" die große Wohnhalle mit dem alten Gebälk, den gewaltigen Kamin, die geschwungene Treppe zum Obergeschoss, die gekachelte Küche und die Nebenräume.

„Kommt, ich zeige euch jetzt unsere Tiere!", rief Lena.

Aber zuerst wollten Kerstin und Dörthe Lenas Wigwam sehen. Angeführt von Ronja eilten die Mädchen nach oben. Gregor schaute ihnen schmunzelnd nach, dann stopfte er sich eine Pfeife.

„Weiber!", murmelte Pitt. Doch da hörte er Tewes' Moped draußen knattern, und schon hellte sich sein Gesicht auf. Er würde heute mit dem alten Stallmeister die Tiere von der Weide holen. Er! Und nicht Lena.

Kerstin und Dörthe waren hingerissen von Lenas Zimmer unter dem Dach. Ja, es war wirklich wie ein Indianerwigwam! Wer — außer Lena — durfte schon in solch einem herrlichen Zimmer wohnen!

„Mensch, Lena, ich beneide dich", sagte Dörthe.

Kerstin streckte sich auf dem Bett aus. „Irrsinnig gemütlich. Irr-sin-nig! Wenn ich das in der Schule erzähle, wow! Werden die staunen!"

Regen trommelte gegen die Fensterscheiben. Der Wind tuschelte in den kahlen Zweigen der Ulmen. Weit in der Ferne klagten Wildtauben.

„He, sollen wir drei nicht das Abendessen machen?", fragte Kerstin plötzlich. „Wie in alten Zeiten!"

Dörthe war sofort dafür. „Ja, wie in alten Zeiten."

„Und die Tiere?" Lena protestierte. „Wollt ihr nicht erst mal unsere Tiere sehen?"

„Das machen wir morgen", sagte Dörthe. „Die laufen uns doch nicht weg."

Lena nickte, doch es machte sie traurig, dass Kerstin und Dörthe die Pferde und den Ziegenbock nicht sehen wollten. Und sie begriff, dass die alten Zeiten unwiderruflich vorbei waren. „Also gut, machen wir das Abendessen", sagte Lena. „Wie in alten Zeiten."

Abschiedstränen

Im Kamin zischelte die Glut. Hanna lag auf dem Ledersofa und las die Zeitung. Gregor und Pitt pokerten um Streichhölzer. Ronja nagte am Teppichrand.

Die Mädchen hatten sich Schürzen vorgebunden und machten sich in der Küche mit ausgelassenem Eifer daran, ein erstklassiges Abendessen zuzubereiten. Italienisch: Darauf hatten sie sich rasch geeinigt. Im Gänsemarsch stolzierten sie ins Wohnzimmer, stellten sich nebeneinander auf und unterbreiteten ihren Vorschlag.

Kerstin verkündete: „Als Vorspeise *Tortino di patate all'aglio*, alle einverstanden?"

„Was für 'n Zeug?", fragte Pitt entsetzt.

„Das sind Kartoffelküchlein mit Knoblauch", erklärte Kerstin. „Dass du das nicht weißt!"

Hanna und Gregor waren einverstanden, Pitt enthielt sich der Stimme. Ronja stieß einen fröhlichen Jaulton aus, sie schien zu spüren, dass über etwas Essbares geredet wurde.

Den Namen des Hauptgerichts las Dörthe von ihrem Zettel ab. *„Pappardelle rose alla salsa di porro!"* Und ehe Pitt eine blöde Bemerkung machen konnte, fügte sie hinzu: „Es handelt sich um Tomaten-Bandnudeln mit Lauchsoße."

„Und Fleisch? Ist in dem Essen kein Fleisch drin?" Pitt ließ enttäuscht die Spielkarten auf den Tisch fallen.

„Nein", sagte Lena schadenfroh, „da ist kein Fleisch drin. Wir servieren ein Essen für Genießer und nicht für Banausen. Zum Nachtisch gibt es *Gelato al caramello.* Da ist übrigens auch kein Fleisch drin."

Gelato! Dass es sich um Eis handelte, das irgendwie mit Karamell zu tun hatte, begriff Pitt sofort, und es versöhnte ihn ein bisschen. Auf Eis war er zu allen Jahreszeiten scharf.

Gregor fragte: „Und an welche Getränke zu diesem köstlichen Mahl haben die Damen gedacht?"

Dörthe breitete die Arme aus. „Ist doch klar, dass wir unsere alte Spezialerfindung kredenzen! Früchtetee mit Saft von ausgepressten Orangen, zerstoßenen Nelken und Zimtstangen."

„Katzenhaare und Fußnägel und Kinderpipi würde ich auch noch reinschütten!", maulte Pitt. „Gibt's keine Cola?"

„Weder Cola noch Ketschup", antwortete Lena hart.

„Wir haben da noch einen ausgezeichneten *Brunello* aus

der Toskana im Keller", gab Gregor zu bedenken, „der würde auch hervorragend zu dieser Speisenfolge passen. Ist es gestattet, dass Hanna und ich statt eurer Spezialerfindung also ein Gläschen Wein trinken?"

Die drei Mädchen nickten gnädig und eilten wieder in die Küche. Lena genoss es, mit den alten Freundinnen ohne viel Gerede etwas zu schaffen. Herrliche Düfte erfüllten die Küche, die Arbeit ging ihnen gut von der Hand, und als sie dann den Tisch gedeckt hatten und zum Essen riefen, waren sie sehr stolz.

Hanna und Gregor lobten die tollen Köchinnen und meinten es ehrlich. Pitt verriet es nicht, dass auch ihm das italienische Essen schmeckte, und schaufelte schweigend so viel wie möglich in sich hinein; er ließ die eine oder andere Bandnudel auch unter den Tisch gleiten, wo die Wuschelhündin hockte.

Später saßen sie alle, wohlig gesättigt, in der Wohnhalle. Kerstin und Dörthe erzählten von zu Hause, Lena ließ die CD laufen, die sie geschenkt bekommen hatte, und Pitt hatte wieder einmal etwas zu meckern.

„Hört euch das bloß an!", höhnte er. „Der Gruppe vom Phil Collins fehlt doch eindeutig ein anständiger Schlagzeuger mit einem richtigen Drive."

Da musste Lena laut lachen. „Klar, einer, der Pitt heißt! Der mit den weltberühmten wirbelnden Drumsticks. Brüderchen, du gibst mal wieder an wie so 'n Sack Seife!"

Pitt zog sich schmollend mit Ronja zurück. Das heißt, sie verschwanden zwar in Pitts Zimmer, doch später, als auch die anderen schlafen gegangen waren, schlichen sie in die Küche zurück und futterten zusammen die Knackwürstchen, die noch im Kühlschrank lagen. Das merkte aber keiner.

Lena, Dörthe und Kerstin dachten natürlich noch lange nicht ans Schlafen. Sie hatten die Matratze von Lenas Bett auf den Fußboden gelegt und dazu die Matratze aus dem Gästezimmer. Mit den Decken und Kissen kuschelten sie sich auf diesem Nachtlager dicht zusammen, und erst hier in Lenas Wigwam flüsterten und kicherten sie über die geheimen Neuigkeiten, die nicht unbedingt für die Ohren der Erwachsenen bestimmt waren.

Dörthe berichtete, dass Schönling Harry sich in die langweilige Trixi verknallt habe und dass Kerstin jetzt eifersüchtig sei. Kerstin stritt das selbstverständlich ab und verriet Lena hämisch, dass Dörthe dem schüchternen Französischlehrer schöne Augen mache und eine richtige Streberin geworden sei. Das artete in eine Art Ringkampf aus, und als Dörthe und Kerstin dann prustend und nach Atem ringend wieder Frieden schlossen, sprudelten sie im Duett alles heraus, was Lena angeblich unbedingt wissen musste. Angelas Modefimmel, die Scheidung von Renés Eltern, Mirkos Fahrradsturz, die Schwangerschaft der jungen Referendarin, der große neue Fernsehapparat mit dem Superbildschirm, die Winterkollektion in Twiggy Blue's Boutique, die Menstruationsbeschwerden von Roxana und das Toupet des Sportlehrers: Alles wurde eifrig durchgesprochen. Es gab ja so viel zu erzählen!

Lena hörte zuerst neugierig zu, doch dann merkte sie erstaunt, dass es eigentlich nur die Stimmen der beiden Mädchen waren, denen sie lauschte, und dass das, was sie so hastig mitteilten, zum Wortgeklingel wurde. Lena dachte: Das geht mich doch alles gar nichts mehr an. Soll Melanie sich doch das Haar rosa färben, soll Michael doch alle zu seinem Geburtstag einladen, soll Anja doch Stöckelschuhe tragen! Na und? Was hab ich damit zu tun? Das ist alles so weit weg von mir. Und Lena dachte auch: Kerstin und Dörthe labern die ganze Zeit, mich lassen sie überhaupt nicht reden.

Irgendwann, da war Mitternacht nicht mehr fern, wurde es still in Lenas Zimmer. Zuerst schlief Dörthe ein, dann begann Kerstin mit leisen Pfeiftönen zu schnarchen. Lena fühlte sich auch hundemüde, aber sie konnte nicht einschlafen. In ihrem Kopf brannte das Licht noch hell, so viele Gedanken wollten noch geordnet werden. Lena spürte auch, dass ihr die Anwesenheit der beiden Mädchen in ihrem geheimen Wigwam auf einmal ein wenig unangenehm war. Sie hörte dem unregelmäßigen Rauschen der Ulmen und den spukigen Geräuschen im Dachgebälk zu. So ein altes Haus kam nie wirklich zur Ruhe.

Aber geschlafen hatte Lena dann doch, und zwar tief und fest, denn sie erschrak, als plötzlich die Tür aufflog und eine Büffelherde ins Zimmer stürmte. Die Büffel waren Pitt und Ronja. Die Wuschelhündin schüttelte sich heftig, und die Nässetropfen aus ihrem dunklen Fell hüllten das kleine Zimmer in eine Art Sprühregen. Dörthe und Kerstin kreischten auf, als Ronja ihnen liebevoll die Gesichter abschleckte.

„Aufstehen, ihr Pennerinnen!", brüllte Pitt. „Ich will euch endlich zeigen, was für ein erstklassiger Reiter ich bin! Und einen Rehbock haben wir unten am Bach auch schon aufgescheucht, die Ronja und ich."

Lena, Kerstin und Dörthe wühlten sich aus den Decken. Die stürmische Freude der Hündin steckte an. Bald erscholl dreistimmiger Gesang aus dem Badezimmer, begleitet von Gelächter und Geplatsche und fröhlichem Geschrei. Lachend polterten die Mädchen dann hinunter in die Küche, wo der Frühstückstisch gedeckt war.

„Hab ich alles gemacht!", schrie Pitt. Er wuchtete die gusseiserne Pfanne von der Herdplatte auf den Tisch. „Spiegeleier mit Schinken!"

Die Mädchen wollten aber lieber Müsli mit Erdbeerquark und Marmeladenbrote essen. Hatte Pitt damit gerechnet? Wortlos machte er sich über die Spiegeleier her.

Da kam Hanna in die Küche, sie hatte schon eine Weile an ihrer Übersetzung gearbeitet. „Hallo, guten Morgen, ihr Langschläferinnen! Wie war die Nacht?"

„Kurz", murmelte Lena.

„Ich hab wunderbar geratzt", sagte Kerstin. „Vielleicht hat's die gute Landluft gemacht."

„Und ich erst mal!" Dörthe blies die Backen auf. „Von wilden Schwänen habe ich geträumt und von Neujahrsraketen. Ist das nicht komisch?"

„Warum hast du denn nicht von Pferden geträumt?",

fragte Pitt. Bis zu den Ohren war er mit Eigelb beschmiert.

„Pitt!", rief Hanna empört. „Das darf doch nicht wahr sein! Du hast doch schon mit Gregor gefrühstückt!"

„Das ist schon lange her", gab Pitt kauend zurück.

„Eines Tages platzt er", erklärte Lena ihren Freundinnen.

„Aber vorher zeige ich euch meine Reiterkunststücke!" Pitt wischte sich den Mund an der Tischdecke ab. „Auf geht's!"

Lena und Kerstin zogen ihre Regenjacken an, Dörthe verkleidete sich wieder als Polarforscherin. Umhüpft von Ronja eilten sie lärmend aus dem Haus. Regenwind schlug ihnen entgegen.

Pitt war als Erster beim Pferdestall. „Und jetzt zeige ich euch unsere Supertiere!", verkündete er Dörthe und Kerstin und riss schwungvoll die Stalltür auf. „Ich bitte um Beifall!"

Während Lena die Haken der Blendläden öffnete und Licht in den Stall ließ, betraten Kerstin und Dörthe erwartungsvoll und ängstlich zugleich das Wohnhaus der sechs Tiere. Dörthe stieß einen kleinen Schrei aus, als sie sah, dass die Pferde nicht in den Ständern festgemacht waren, sondern zusammen mit dem Pony, dem Fohlen und dem Ziegenbock frei herumliefen. Der Stall, der einst für zwei Dutzend Pferde gebaut worden war, bot ihnen Platz genug, und sie kamen ja auch friedlich miteinander aus.

Zuerst kam Mux getrippelt, um sich bei Lena seinen Apfelschnitz zu holen. Er schob Kerstin und Dörthe achtlos zur Seite und stieß fiepsiges Wiehern aus, als er Lena draußen entdeckte. Um Ronja machte er einen großen Bogen.

„Ist der süß!", jubelte Kerstin. „Darf ich das Fohlen streicheln? Oder ist es bissig?"

„Mux beißt dir die Hand bis zum Ellenbogen ab, wenn du ihn berührst", knurrte Pitt. Er hatte nämlich fest damit gerechnet, dass die beiden Besucherinnen zuerst einmal sein Pony Sturmwind bewundert hätten.

Kerstin und Dörthe beschmusten inzwischen ausgiebig die beiden Haflinger, was Motte und Benno augenscheinlich sehr gefiel. Lena schüttete das Futtergemisch, das Tewes am Abend vorher in der Futterkammer zubereitet hatte, in die Tröge und schleppte Wasser heran. Raja schaute ihr dabei aufmerksam zu. Der kleine Sturmwind stand wie üblich abseits und wirkte ein bisschen traurig. Das Fohlen Mux veranstaltete draußen vor dem Stall ein Wetthüpfen mit der Wuschelhündin.

Dörthe ging zu Lena hinüber, als die Pferde die Köpfe in die Tröge senkten und zu fressen begannen. „Das ist aber ein alter Klepper!" Sie zeigte auf Raja. „Kriegt der bei euch sein Gnadenbrot?"

Klepper! Gnadenbrot! Diese Wörter trafen Lena wie Stromstöße. Wie konnte Dörthe nur so etwas sagen! Lena konnte sich nur mühsam beherrschen. „Raja ist meine Freundin, und sie ist das schönste Pferd der Welt. Spürst du nicht, wie zärtlich sie ist? Hast du nicht ihren Blick gesehen?"

Dörthe widersprach heftig. „Unter einem schönen Pferd stelle ich mir aber was anderes vor! Du musst doch zugeben, dass deine Raja schon uralt ist, oder? Ganz braune Zähne und ...“

Zornig schlug Lena mit der Faust gegen den Stützbalken. „Was du für einen Scheiß redest, Dörthe! Alte Menschen können schön sein und alte Pferde auch. Du kennst Pferde ja bloß aus Bilderbüchern und Reklamekalendern!“

„Streitet euch nicht!“, bat Kerstin. „Jeder hat eben einen eigenen Geschmack. Ob wir vielleicht mal ein bisschen reiten können? Da hätte ich Lust drauf.“

„Erst müsst ihr mir zuschauen!“, forderte Pitt. Er hatte seinem Sturmwind in der Zwischenzeit das Zaumzeug angelegt und den kleinen Sattel aufgelegt, obwohl er wusste, dass Tewes es nicht leiden konnte, wenn man den Tieren nach dem Fressen nicht erst Ruhe gönnte.

Hanna erschien. Sie hatte den roten Kapuzenmantel an und sah aus wie ein Nikolaus ohne Bart. „Ich wollte nur mal schauen, ob ihr auch keinen Unsinn macht.“

Gemeinsam mit den Mädchen sah sie zu, wie das Pony Sturmwind gemächlich über die Hauskoppel trottete und wie der Reiter Pitt mit kühnem Lächeln die Arme ausstreckte, um allen zu zeigen, dass einer wie er selbst beim schärfsten Galopp sicher im Sattel sitzt, ohne sich festzuhalten.

„Was für ein ulkiges buntes Pony!“, gluckste Kerstin, „dass es mit den kurzen Beinen überhaupt laufen kann!“

„Im Fernsehen sind die Ponys viel schicker“, sagte Lena

bitter und hatte schon wieder Mühe, nicht aus der Haut zu fahren. „Aber wir sind hier nicht im Fernsehen. Unser Vater hat den kleinen Sturmwind nach einem Ponyturnier auf der Auktion gekauft, weil niemand den Knubbel mit den kurzen Beinen haben wollte. Und der stand da so betrübt und einsam. Pitt ist sehr stolz auf sein Pony. Los, klatscht tüchtig Beifall, bitte!"

Kerstin und Dörthe spendeten also Applaus, aber große Begeisterung merkte man ihnen nicht an. Sie durften dann auf Benno und Motte sitzen und im Schritt ein paar Runden auf der Hausweide drehen. Weil beide vorher noch nie im Sattel gesessen hatten, war das natürlich ein spannendes Abenteuer für sie. Hanna achtete darauf, dass die Pferde langsam gingen. Dörthe zerrte übertrieben lebhaft an Mottes Zügel, zappelte wie ein Clown und erklärte, sie fühle sich wie ein richtiges Cowgirl. Kerstin hockte ziemlich verkrampft im Sattel, lächelte aber selig.

Pitt spottete: „Die Kerstin hat die Hose voll!"

Nach einer Viertelstunde hatten Dörthe und Kerstin die Lust an den Pferden verloren. Hanna und Lena sattelten Benno und Motte ab. Und da kam plötzlich jemand in irrsinnigem Tempo auf seinem Mountainbike angerast, vollführte eine rasante Vollbremsung und landete auf dem Hosenboden.

„Ioannis!", schrie Pitt voll Freude.

„Wer ist das denn?", flüsterte Kerstin Lena zu. „Ein Ausländer?" Sie guckte beinahe erschrocken.

Lena sagte: „Ioannis ist Grieche. Er ist kein Ausländer."

„He, wo ist denn da der Unterschied?", wollte Kerstin wissen.

Lena tat so, als hätte sie die Frage nicht gehört. Sie wollte nicht antworten, weil Kerstin sie wahrscheinlich doch nicht verstehen würde. Sie sagte: „Ioannis ist der Besitzer des Ziegenbocks."

Das hatte Ioannis gehört. Er streifte das Regenwasser aus seinem dunklen Haarschopf und erhob sich würdevoll. „Der Xerxes ist der stärkste Ziegenbock des Münsterlandes."

„Das glaube ich nicht", zweifelte Dörthe. „Ich hab schon viel größere Ziegenböcke gesehen." Sie griff nach Xerxes' Hörnern und begann kräftig zu schütteln. „Wehr dich, du Ziegenbock!"

„Nicht an den Hörnern ziehen!", rief Ioannis. „Vorsicht, das kann er nicht leiden!"

Die Warnung kam zu spät. Xerxes stemmte die Hinterbeine in den Boden, spannte sie kurz wie eine Sprungfeder und schoss dann mit einem so plötzlichen Ruck nach vorn, dass Dörthe nicht einmal Zeit hatte, einen Schreckensschrei auszustoßen, bevor sie rücklings ins klatschnasse Gras plumpste.

Hohngelächter erscholl. Dann riefen Lena, Kerstin, Pitt und Ioannis im Takt: „Zu-ga-be! Zu-ga-be!"

Hanna lachte nicht. Sie half der eingesudelten Dörthe auf die Beine und wehrte den Ziegenbock ab, der die Aufforderung zur Zugabe anscheinend verstanden hatte und schon wieder Anlauf nahm.

„Ihr seid alle doof!", schrie Dörthe den Lachern zu und war den Tränen nahe. „Meine neuen Sachen! Seht ihr nicht, wie ich eingesaut bin?"

„Das trocknet wieder", tröstete Hanna. „Vielleicht macht ihr mal einen kleinen Spaziergang, ihr drei Mädchen. Lena möchte euch bestimmt gern ein bisschen von der Umgebung zeigen."

„Aber ich muss den Stall ausmisten", sagte Lena.

„Das mache ich", erklärte Ioannis, „ich bin Spezialist."

„Ich bin auch Spezialist!", krähte Pitt. „Ich helfe mit."

Und so schlenderten die Mädchen also durch den Nieselregen. Lena zeigte den alten Freundinnen die Scheune und die leeren Rotschwänzchennester im Dachstuhl, den Bauerngarten und die Käuzchenlöcher, die Rosensträucher hinter dem Haus und die verrußte alte Schmiede. Doch jetzt im Winter fehlten die Farben, und alles wirkte ein wenig traurig. Dass Lena diese Stimmung mochte, würden Dörthe und Kerstin gewiss nicht verstehen können. Darum hielt Lena einfach den Mund, als die beiden über das schlechte Wetter schimpften. Was ist eigentlich schlechtes Wetter?, dachte Lena.

Sie liefen auch zum Bach unten in den Wiesen hinunter, wo Ioannis immer vergeblich Forellen zu angeln versuchte. Die Wellen flüsterten leise, der Regen brachte die Wasseroberfläche zum Sprudeln, der Wind flötete in den Kopfweiden.

„Ist es nicht schön hier?", fragte Lena.

„Vor allem ist es kalt." Dörthe zitterte trotz der dicken

Winterkleidung. Und dann fragte sie beinahe nebenher: „Hast du hier eigentlich eine neue Freundin, Lena?"

„Die Annette aus meiner Klasse. Sie ist übrigens eine richtig ernsthafte Springreiterin. Ihr Pferd heißt Odin, er ist ein Fuchswallach. He, der Hof von Schulze-Gehling ist höchstens zwei Kilometer entfernt! Sollen wir die Annette mal besuchen?"

„Das fehlte noch!", antwortete Dörthe spitz.

„Ich will sie auch nicht sehen", erklärte Kerstin entschieden.

„Dann hab ich einen anderen Vorschlag", sagte Lena. „Wir besuchen Tewes. Er war früher Stallmeister auf dem Pferdehof, und jetzt kümmert er sich um unsere Tiere. Ohne ihn ständen wir ganz schön auf dem Schlauch. Aber er weiß alles über Pferde, das kann ich euch flüstern. Lacht nicht, wenn ihr ihn seht, hört ihr? Er ist nämlich ziemlich klein, so einssechzig höchstens, aber dafür ist er so breit wie hoch. Und vier geheimnisvolle Katzen wohnen bei ihm. Pechschwarze! Sein Kotten liegt dort hinter dem Wäldchen. Höchstens 'ne halbe Stunde ..."

„Lasst uns lieber wieder ins Haus gehen", unterbrach Kerstin. „Ich bibbere schon wie Espenlaub. Außerdem muss ich mal. Nun kommt schon!" Kerstin eilte voraus zum Pferdehof.

Dörthe nahm Lena beim Arm und fragte leise: „Mal ganz ehrlich, Lena! Macht's dir wirklich Spaß, in dieser einsamen Gegend zu leben? Oder möchtest du wieder in der Stadt wohnen?"

Lena brauchte wirklich nicht lange nachzudenken. „Ich möchte hier leben. Hier! Ich bin jetzt auf dem Pferdehof zu Hause. Und diese Gegend ist alles andere als einsam, Dörthe, das kannst du mir glauben."

„Aber hier ist doch nichts los! Keine Geschäfte, keine Kinos, keine Clique von heißen Kids, keine Partys ..." Dörthe kicherte. „Keine tollen Jungs und so."

„Partys!" Lena schnaubte verächtlich. „Es gibt doch nichts Öderes als Partys. Da pfeif ich drauf. Ich liebe diese Landschaft und den Pferdehof und unsere Tiere. Hier passiert so viel Aufregendes! Nein, in die Stadt möchte ich um keinen Preis zurück."

Das Gespräch war beendet. Schweigend gingen die drei Mädchen zum Pferdehof zurück. Sie zogen die nassen Mäntel und Schuhe aus, brühten sich Tee auf und hockten sich in der Wohnhalle in die Sessel und auf das Sofa. Sie knabberten Kekse, kraulten Ronja, redeten belangloses Zeug und wärmten dann für das Mittagessen die restlichen Bandnudeln vom Vorabend auf.

Hanna merkte, als sie zusammen beim Essen saßen, dass die Stimmung gedrückt war. Es hatte den Anschein, als warteten die Mädchen geradezu darauf, dass sie sich verabschieden konnten. Pitts gute Laune steckte niemanden mehr an. Ioannis kam aus Uhlendorf geradelt – zum zweiten Mal an diesem Tag, und es sollte nicht das letzte Mal sein. Er verputzte dann endgültig alle Essensreste, obwohl er gerade zu Hause zu Mittag gegessen hatte. Er und Pitt waren scharfe Konkurrenten im Vielessen.

Kurz vor vier Uhr brachten Hanna und Lena ihren Besuch nach Habichtsbeek zum Bahnhof, wie es mit Kerstins und Dörthes Eltern vereinbart worden war. Der Schienenbus kam pünktlich. Es war nur eine Fahrt von zwanzig Minuten bis zur Stadt.

„Also dann!", rief Dörthe beim Einsteigen. „Hoffentlich sehen wir uns bald wieder! Dass es mal bloß nicht wieder ein halbes Jahr dauert!"

Kerstin winkte aus dem Fenster. „Es war schön auf dem Pferdehof! Vielen Dank für alles!"

„Kommt gut nach Hause!", rief Hanna. „Und fröhliche Weihnachten euch und euren Familien!"

„Fröhliche Weihnachten!", riefen Dörthe und Kerstin. „Fröhliche Weihnachten!" Sie riefen es, bis der Schienenbus in den Tunnel einfuhr.

Lena hatte nichts gesagt. Und während sie noch winkte, wurde ihr klar, dass Kerstin und Dörthe und sie sich wohl niemals wieder sehen würden. Die alte Freundschaft war zu Ende.

Sie haben sich so verändert, dachte Lena, Kerstin und Dörthe haben sich so verändert. Doch dann schüttelte sie fast wütend den Kopf, sodass ihr langes schwarzes Haar sich wie ein Schleier vor ihr Gesicht hängte. Es ist ganz anders, sagte Lena sich.

Die beiden haben sich nicht verändert. *Ich* habe mich verändert. Nur ich.

Als sie im Volvo zurück zum Pferdehof fuhren, weinte Lena.

Hanna suchte im Autoradio nach einem Sender, der keine Weihnachtslieder dudelte.

Lena sagte: „Du fragst mich ja gar nicht, warum ich heule."

„Nein", antwortete Hanna, „ich weiß es doch."

Stürmische Weihnacht

Natürlich musste Lena ihren Kummer der alten Stute Raja mitteilen, obwohl ihr klar war, dass dieser Kummer gleichzeitig auch so etwas wie Erleichterung bedeutete. Enttäuschung. Hieß das denn nicht auch, dass man sich nicht länger von einer Einbildung täuschen ließ? Lena sah nun alles deutlicher. Dörthe und Kerstin waren auf der einen Seite, sie selber war auf der anderen. Das Ende einer Freundschaft: So etwas kam doch vor. Trotzdem war Lena traurig.

Raja blähte die Nüstern, als Lena ihr die Backen streichelte. Willig nahm sie es hin, dass Lena ihr die Zäumung anlegte, die Tewes für die alte Pferdedame angefertigt hatte. Nasenriemen und Kinnriemen waren mit Lammfell umwickelt. Eigentlich hätte Lena auch auf das gebisslose Zaumzeug verzichten können, denn Raja reagierte ohnehin auf jeden Zuruf und auf den leisesten Schenkeldruck. Genau genommen fand die Stute allein den Weg, den sie und ihre Reiterin gehen wollten. Lena legte die dicke weiche Filzdecke auf und zog sie fest. Einen Sattel brauchte sie nicht.

Es dunkelte schon stark, als die Reiterin und ihr Pferd in den Wiesenweg einbogen, der zum Murmelbach führte. Lena genoss die Bewegungen der Stute, ihre Nähe und ihre Wärme. Der Reitlehrer hatte gesagt, Lena habe keinen exakten Sitz und hocke wie ein Apache auf dem Pferderücken. Für Lena war dieser Vergleich keine Beleidigung gewesen. Wie ein Indianer jede Bewegung des Pferdes in den eigenen Körper übergehen zu lassen und eins zu werden mit dem Tier, das war genau das, was sie unter Reiten verstand.

Sicher, sie konnte sich gut vorstellen, wie sie mit einem jungen Pferd ausgelassen über die Ebene galoppieren würde, doch sie hatte niemals den Wunsch, einem Pferd etwas zuzumuten, was es von Natur aus nicht tun würde. Hindernisrennen, Hürdenspringen und Dressur-Vorführungen fand sie schrecklich. Pferde zu Sklaven der Menschen gemacht: So sah Lena das. Gregor hatte einmal gesagt: „Wenn jemand gern über hohe Hürden springt, dann soll er es doch tun. Warum muss er dazu sein Pferd missbrauchen?"

Mit ihrer Freundin Annette hatte Lena zwangsläufig Streit, wenn sie über ihr Verhältnis zu Pferden sprachen. Annette war eine ehrgeizige Reiterin, die keine Springprüfung in der Umgebung ausließ und die davon träumte, dass sie mit ihrem Odin schon bald das Deutsche Jugendreitabzeichen erringen könnte. Inzwischen hatten

Annette und Lena aber beschlossen, dass die Freundschaft unter ihren unterschiedlichen Ansichten nicht leiden sollte.

„Über die Brücke, Raja!", rief Lena und lenkte die Stute zum anderen Bachufer hinüber. Sie wusste, dass manche Pferde vor dem schmalen Steg scheuten, doch Raja, die diesen Weg wohl schon seit vielen Jahren kannte, hatte keine Schwierigkeiten. „Du bist ein braves Pferd!", lobte Lena.

Der Regenwind fuhr von Südwesten her kalt über die Hügelkuppe. Lena zog die Kapuze tief ins Gesicht und legte den Kopf auf Rajas Hals. Sie holte mühelos das schöne Bild in ihre Vorstellung:

Ich bin jetzt eine Apachin. Mit meinem Pferd verlasse ich den schützenden Wald und gelange auf die offene Prärie, deren beißende Kälte mich fast blind macht. Die Schneekristalle funkeln wie Diamanten. Am Horizont zieht die Herde der Büffel. Vor der weißen Wintersonne zeichnet sich scharf der kreisende Adler ab ...

Schluss mit dem Tagtraum! Raja wendete auf Zügelhilfe. Die Stute wusste selbst, dass dies keine Tageszeit für Ausritte war, zumal hier in den baum- und buschlosen Wiesen der Wind wie mit Peitschen nach dem Pferd und der Reiterin schlug. Zurück über den Bach zum Pferdehof!

Ioannis war wieder da – zum dritten Mal an diesem Tag. Im Licht des Tiefstrahlers an der Scheunenwand machte er sich zusammen mit Pitt an der Fichte zu schaffen, die neben dem Gartentor aufragte. Der Baum war ungefähr fünf Meter hoch. Die beiden Jungen balancierten auf einer Stehleiter und hatten offensichtlich etwas sehr Anstrengendes zu tun. Ronja, nur als schwarzes Bündel am Fuß der Leiter zu erkennen, passte winselnd auf, dass den beiden Jongleuren nichts geschah.

„Was macht ihr denn da?", rief Lena im Näherkommen.

„Wir schmücken den Weihnachtsbaum", antwortete Ioannis.

Pitt krähte: „Wenn wir schon im Haus keinen Weihnachtsbaum haben, dann soll wenigstens draußen einer stehen! Ich und Ioannis, wir wickeln eine lange Lichterkette um die Fichte. Siehst du das nicht?"

„Nein", sagte Lena, „es ist schon zu dunkel. Wie funktioniert denn das?"

Ioannis war voll in seinem Element. „Wir ziehen hier Kabel quer durch den Baum, und ich installiere dann überall Anschlüsse mit bunten Glühbirnchen. Ist 'n Klacks für so einen erfahrenen Elektriker wie mich. Bisschen Weihnachtsbeleuchtung muss schon sein."

„Habt ihr denn überhaupt Strom hier draußen?", wollte Lena wissen.

„Ich zapfe irgendein Kabel in der Scheune an", gab Ioannis zu verstehen.

„Genau", bestätigte Pitt. „Wir zapfen irgendein Kabel in der Scheune an."

Lena rief lachend, während sie Raja in Richtung Stalltür lenkte: „Passt bloß auf, ihr zwei Weihnachtsmänner, dass ihr keinen gewischt kriegt!" Sie sprang ab und führte ihr

Pferd in den Stall, wo die Futtertröge schon gefüllt waren. War Tewes hier gewesen? Hatten die beiden Jungen oder Hanna sich um die Tiere gekümmert? Lena rieb Rajas nassen Rücken mit einem alten Frotteehandtuch ab. „Komm, Raja, mach dich ans Futter ran!"

Die Haflinger und das Pony mampften voll Inbrunst. Der Ziegenbock fetzte mit den Hörnern den Heuballen auseinander, der in der Futterraufe klemmte. Was für ein hungriger Verein!, dachte Lena, als sie Rajas Geschirr an den Wandhaken hängte – und genau in diesem Augenblick machte es entsetzlich laut *Peng*.

Schwärze. Absolute Schwärze. Kein Fünkchen Licht war mehr auf dem gesamten Pferdehof. Und draußen schrie Pitt wie am Spieß, während die Wuschelhündin erbarmungswürdige Klagegesänge anstimmte. Die Pferde schnaubten irritiert.

Lena tastete sich nach draußen. „Was ist passiert?"

Eine klägliche Stimme, die zweifellos zu Ioannis gehörte, gab Antwort. „Ich glaube, es hat einen Kurzschluss gegeben. Irgendwas ist passiert und ...“

„Vielleicht hab ich mir was gebrochen!", wimmerte Pitt, der anscheinend vor Schreck von der Leiter gestürzt war. Doch als Ronja ihn mit wildem Geschmatze wieder ins Leben zurückrief, fing er furchtbar an zu lachen, weil er so kitzlig war.

Hannas Stimme drang voll Furcht vom Wohnhaus herüber: „Ist alles okay? Pitt, Ioannis! Sagt doch was!"

Lena gab die Antwort. „Die beiden Clowns haben einen

Kurzschluss veranstaltet! Weiter ist nichts geschehen. Überlebt haben sie's auch. Ioannis hat mal wieder den genialen Elektriker gespielt."

„Ihr Saftheinis, ihr!", schimpfte Hanna. „Jetzt ist der ganze Strom weg. Die Hauptsicherung knallt sofort wieder raus. Irgendetwas ist im Eimer. Ioannis, dein Vater muss kommen! Wie ist eure Telefonnummer?"

„Du kannst doch nicht telefonieren, Hanna, wenn der Strom weg ist!", rief Lena.

„Quatsch!", brüllte Ioannis, dem es schon wieder sehr viel besser ging. „Das Telefon ist an ein anderes Stromnetz angeschlossen! Weiß doch jeder!" Dann gab er ein wenig zerknirscht die Telefonnummer an: „Sieben-acht-drei-null."

Elektromeister Katsanakis war zum Glück erreichbar. Als er mit seinem Montagewagen auf den Pferdehof gerollt kam, näherte sich fast gleichzeitig Gregors Vectra. Das war ein Glück für Ioannis, denn so blieb es ihm erspart, dass sein Vater ihm erst einmal die Ohren lang zog. Vater Katsanakis wusste, wie gefährlich der leichtfertige Umgang mit der Elektrizität war, und er hatte seinem Sohn schon so oft die Alleingänge verboten.

„Ziemlich duster", stellte Gregor beim Aussteigen fest.

„Ich hoffe, ich kann es schnell reparieren", sagte Herr Katsanakis, dem das alles natürlich peinlich war. „Mein Sohn und sein verdammter Übereifer! Wie oft habe ich schon ...“

„Wer nichts tut, der kann auch nichts falsch machen", unterbrach Gregor. „Soll ich eine Laterne holen?"

Herr Katsanakis hatte einen Handscheinwerfer dabei. Er rief Ioannis zu sich, der auch ängstlich geschlichen kam. Während Ioannis leuchtete, legte sein Vater das Relais in der Scheune still und kappte das verbrannte Kabel. Dann kümmerte er sich im Wohnhaus um den Sicherungskasten. Und dann gab es auch wieder Licht!

„Man sollte dir das Fell versohlen!", schimpfte Herr Katsanakis und drohte seinem Sohn mit beiden Fäusten. Er war wirklich außer sich, denn diese Panne hätte auch schlimmer ausgehen können.

Gregor stimmte zu. „Und wenn du's dreimal gut gemeint hast, Ioannis, aber das war echt eine Scheißidee. Hoffentlich lernst du daraus."

Die beiden Männer beschlossen, auf den Schreck einen Schnaps zu trinken, und Hanna forderte empört auch einen Schnaps, denn immerhin waren ihr die drei letzten übersetzten Seiten im Computer durch den Stromausfall abgestürzt.

„Was ist denn jetzt mit unserem Lichterbaum draußen?", fragte Pitt.

„Den kannst du dir abschminken", sagte Gregor.

Pitt war stinksauer. „Weihnachten ohne Weihnachtsbaum ist überhaupt kein Weihnachten!"

Pitt konnte zu diesem Zeitpunkt noch nicht wissen, dass er von der beleuchteten Fichte draußen ohnehin nichts gehabt hätte. Der Sturm setzte am Morgen von Heiligabend ein und wurde stärker und stärker. Die großen Ulmen stöhnten und ächzten, Hagel prasselte gegen die

Fensterscheiben an der Westseite des Hauses, Laub quirlte in Wirbeln auf dem Vorplatz, und die Zweige der Heckenrosen wurden hin und her gefetzt. Das Scheunentor flog auf, Gartengerät, Heuballen und Blumenkästen kullerten und schepperten über den Hof. Gregor stürzte nach draußen, um dem Sturm die Beute zu entreißen und das Tor sicher zu verrammeln.

Hanna war ziemlich früh am Morgen mit dem Volvo nach Uhlendorf gefahren, um letzte Einkäufe zu erledigen. Lena stand mit zusammengekniffenen Lippen wartend am Dielenfenster und machte sich Sorgen um die Mutter. Pitt, auf einmal seltsam kleinlaut, hatte sich mit Ronja in die Küche verzogen, wo man vom Sturm am wenigsten spürte.

„Komm endlich, Hanna!", wünschte Lena. „Komm endlich!"

Und das Wünschen half. Scheinwerfer tasteten sich durch Regenböen und Hagelsturm heran. Lena erkannte, dass Gregor einen Flügel des Scheunentors geöffnet hatte, damit Hanna den Wagen in Sicherheit bringen konnte. Lena eilte zur Haustür. Minuten später hasteten die Eltern ins Wohnhaus: schwer bepackt, nass bis auf die Haut und völlig außer Atem.

„So hab ich mir Weihnachtswetter immer vorgestellt!", keuchte Hanna. „Herr des Himmels! Ich hab unterwegs jeden Augenblick damit gerechnet, mitsamt dem Auto auf den nächsten Acker geschleudert zu werden. An der Abzweigung nach Billerbeck sind sämtliche Verkehrsschilder umgeknickt, und die Feldscheune von Bauer Biermann hat's regelrecht zerlegt. Puh, und was da so alles durch die Gegend fliegt! Hoffentlich wird's nicht noch schlimmer."

Es wurde schlimmer.

Am Nachmittag steigerte sich der Sturm zum Orkan. Aus dem Radio tönten immer neue Warnungen. Die Landstraßen waren wegen umgestürzter Bäume unpassierbar, die Autobahnen hatte man im Bereich Niederrhein und Westfalen längst gesperrt, Feuerwehren und Rettungsdienste waren pausenlos im Einsatz, Bäche quollen über und wurden zu reißenden Flüssen, die Leute in den Städten wurden aufgefordert, die Häuser nicht zu verlassen, weil Dachziegel, Zaunbretter und Reklamewände durch die Luft wirbelten.

Es war ein schreckliches Unwetter.

Lena sah durch das Küchenfenster, wie die Fichte neben der Scheune sich mehr und mehr zu Boden neigte und dann mit dem gesamten Wurzelwerk aus dem Boden gerissen wurde. Pitts Weihnachtsbaum!

Die Belkers hockten um den Küchentisch und lauschten bedrückt dem Toben des Sturms. Gregor paffte seine Pfeife, Hanna wärmte sich die Hände an der Teekanne, Pitt streichelte unentwegt die zitternde Ronja, Lena saß ganz starr und ballte die Hände vor dem Gesicht.

Dabei hatten sie sich das Weihnachtsfest doch so schön vorgestellt! Herrliches Essen wollten sie miteinander kochen, lange Spaziergänge wollten sie unternehmen, vor dem Kamin wollten sie sitzen und Musik hören, ein Po-

kerturnier veranstalten und ihre kleinen Geschenke über-
reichen. Hanna und Pitt hatten sogar ein Klavierstück für
vier Hände eingeübt.

Aber nun dieser Sturm, der allen durch Mark und Bein
ging!

Plötzlich brüllte der Wind in jäher Heftigkeit auf und
schlug wie mit der Faust zu. Das ganze Haus schien zu
vibrieren. Dann rauschte es auf dem Dach, als ginge eine
Lawine talwärts.

„Scheiße!", sagte Gregor. „Das waren die ersten Dachziegel. Gleich fliegt das ganze Haus weg."

„Die Welt geht unter", flüsterte Pitt voll Angst.

„Die Tiere!", schrie Lena. „Wir müssen nach den Tieren
schauen!"

Gregor sprang auf und warf die Pfeife in den Aschenbe-
cher. „Ich mach das! Ihr bleibt im Haus!"

„Ich komme mit!", sagte Lena entschlossen. „Ich komme auf jeden Fall mit!" Sie rannte in die Diele und riss den
Regenmantel vom Haken.

Gregor war ihr gefolgt; er zog sich den Anorak über und
griff nach der ledernen Schirmmütze. „Aber bleib dicht
hinter mir, Lena! Das ist gefährlich!"

Sie schlüpften aus der Seitentür, als der Wind für einen
Augenblick den Atem anhielt, und hasteten zum Stall-
anbau hinter dem Wohnhaus. Gregor hatte den Arm um
Lenas Schultern gelegt.

Aber da! Was hatte das zu bedeuten? Da brannte doch
Licht im Pferdestall! Lena schützte ihr Gesicht mit den

Händen. Sie spürte, dass Gregor sie mit sich riss. Dann sprang die Stalltür auf.

Tewes!

„Großer Gott, Herr Tewes!" Gregor starrte verblüfft den alten Mann an. „Sie sind bei dem Wetter ...''

„Ja", antwortete Tewes, „ich bin bei dem Wetter gekommen. Pferde sind sehr schreckhaft. Da ist es gut, wenn einer da ist, der sie beruhigt."

Lena fühlte sich beschämt und erleichtert zugleich. Tewes hatte trotz Sturm und Regen den weiten Weg auf sich genommen. Wenn einer auf die verstörten Tiere einwirken konnte, dann war er es.

„Wenn sie aufgeregt sind", sagte Tewes, „dann muss man sie festmachen. Sie keilen aus und können sich gegenseitig verletzen."

Die beiden verschreckten Haflinger, die sich sonst frei im Stall bewegten, waren in ihren Ständern angebunden. Mux drängte sich fest an Motte. Das Pony Sturmwind, das fast wie ein kleines Kind wimmerte, war jetzt in einer Box. Der Ziegenbock lag wiederkäuend im Stroh und wiegte unruhig den Kopf hin und her.

Raja stand ganz ruhig in der hintersten Ecke des Stalles, sie schien zu schlafen. Vielleicht hatte sie in ihrem langen Pferdeleben schon so manches Unwetter erlebt. Lena drückte das Gesicht gegen den Hals der Stute und flüsterte leise, zärtliche Worte. Und auf einmal war es so, als beruhigte das Pferd das Mädchen.

Gregor konnte es noch immer nicht fassen. „Mensch,

Herr Tewes! Also, dass Sie extra hergekommen sind bei dem Orkan!"

Tewes streichelte die Flanken der Haflinger. „Die Gegenwart vertrauter Menschen ist bei so einem Wetter wichtig für die Tiere." Es hörte sich beinahe ein wenig vorwurfsvoll an, als er hinzufügte: „Wenn man Verantwortung hat, muss man sie auch wahrnehmen."

Lena und die beiden Männer blieben lange im Pferdestall. Dann und wann redeten sie beruhigend auf die Tiere ein. Mux holte sich bei Lena seine Streicheleinheiten. Raja stand wie ein Denkmal mit gesenktem Kopf.

„Der Wind lässt nach", sagte Tewes plötzlich unvermittelt, „er hat gedreht. Ich spüre es in den Knochen." Er schaute auf seine Armbanduhr. „Mitternacht ist vorbei. Fröhliche Weihnachten!"

Lena war aus einer Art Halbschlaf gerissen worden. „Fröhliche Weihnachten!", rief sie und erhob sich aus der Hocke.

„Fröhliche Weihnachten!", knurrte Gregor.

Später stapften sie gemeinsam ins Haus. Der Sturm spielte seine letzten Kräfte aus. Das ganze Land dröhnte wie in einem Widerhall. „Fröhliche Weihnachten!", riefen Gregor, Tewes und Lena.

Hanna und Pitt staunten nicht schlecht, als da auf einmal der alte Tewes in der Wohnhalle stand. Ja, man wünschte sich lachend ein frohes Fest, und alle waren erleichtert, dass das Unwetter vorüber war und dass die Tiere keinen Schaden erlitten hatten.

„Uff!" Gregor ließ sich in einen Sessel sinken. „So etwas hab ich noch nie erlebt. Hoffentlich sind nicht zu viele Ziegel vom Dach gefallen. Ob man den Dachdecker auch zu Weihnachten anrufen kann?"

Hanna winkte ab. „Ich fürchte, so bald sind wir noch nicht an der Reihe. Da wird's in Uhlendorf viele Häuser noch schlimmer erwischt haben. Anrufen müssen wir trotzdem, damit sie uns auf die Liste setzen."

Und dann gab es sogar noch eine kleine nächtliche Weihnachtsfeier. Lena sorgte für die Musik und wählte die CD mit den Flötenkonzerten von Mozart aus. Pitt hatte für die Eltern mit richtiger Anstreicherfarbe ein Bild auf eine Pressspanplatte gemalt, und wenn man genau hinsah, erkannte man Ronja. Dafür bekam er von Hanna und Gregor drei Bücher der amerikanischen Schriftstellerin Mary O'Hara: *Flicka, Sturmwind – Flickas Sohn* und *Grünes Gras der Weide*. Auf diese Weise erfuhr Pitt, dass es noch ein anderes berühmtes Pferd mit Namen Sturmwind gab – jedenfalls in der Literatur.

Lena überreichte dem Vater feierlich eine Tabakdose, die hatte sie aus Ton geformt und im Brennofen in der Schule gebrannt. Für Hanna hatte Lena einen Gürtel aus farbigen Lederriemen geflochten. Als die Eltern ihr dann ein wunderbares neues Stirnband schenkten, in das sogar richtige Halbedelsteine gewirkt waren, führte Lena einen Indianertanz auf. Die Wuschelhündin bellte dazu.

Tewes nahm verschämt das Kautabakpaket und den Burgunder-Rotwein von Gregor und Hanna entgegen.

Lena bekam auf einmal rote Ohren. Ihr fiel siedend heiß ein, dass sie kein Geschenk für den alten Stallmeister hatte. Oder hatte sie vielleicht doch eins? Sie eilte in ihren Wigwam hinauf und kramte aus der Geheimniskiste das Foto hervor, das sie von Raja gemacht hatte. Es zeigte den Kopf der Stute, und ganz gewiss würde Tewes das Lächeln in den Augen erkennen.

Tewes freute sich sehr über Lenas Geschenk.

Und als der Morgen graute, merkten sie, dass es zu schneien begonnen hatte. Weiße Weihnachten auf dem Pferdehof! Nur Pitt sah die Flocken nicht. Er war mit Ronja im Arm auf dem Sofa eingeschlafen.

Annettes Idee

Zwei Reiter näherten sich von Norden her über die schneebedeckten Felder. Ihre Silhouetten standen schwarz vor dem blassblauen Himmel. Die Schneekristalle funkelten wie Edelsteine im hellen Licht der Wintersonne. Lena wischte sich die Kältetränen aus den Augen und schaute den Reitern entgegen. Es war ein wunderschönes Bild.

Dann kam Ronja um die Hausecke gefetzt. Sie hatte herrlich im Schnee gewühlt und tobte ausgelassen wie ein Welpe. Auf Pitts Rufe hörte sie nicht, denn sie hatte die Reiter entdeckt. Unter fröhlichem Gebell raste sie ihnen entgegen. Dass der eine Reiter eine Reiterin war, die auf dem Fuchswallach Odin saß, hatte Ronja wohl längst gemerkt.

„Hallo, Lena!", rief Annette schon von weitem. „Frohe Weihnachten!"

„Frohe Weihnachten!" Lena winkte mit beiden Armen.

Den Pferden wölkte dampfender Atem aus den Nüstern. Sie gingen in raumgreifendem Schritt. Die aufgeregte Hündin schien sie nicht zu stören. Lena sah, dass das andere Pferd die großrahmige dunkelbraune Oldenburger Stute Tessa war, die meist von Annettes Vater geritten wurde. Den jungen Mann, der jetzt in ihrem Sattel saß, hatte Lena vorher noch nicht gesehen, doch er hatte beinahe so helles Haar wie Annette, und das Gesicht war ähnlich schmal geschnitten; also konnte er nur Lutz, der Lieblingsbruder, sein.

Trotz der Schneedecke knirschten die Stollen an den Hufen der Pferde auf dem Kies des Vorplatzes. Hanna und Gregor waren aus dem Haus getreten. Pitt kam atemlos und immer noch nach Ronja rufend von der Scheune hergerannt.

„Das ist mein großer Bruder!", sagte Annette. „Und frohe Weihnachten auch!"

„Frohe Weihnachten!", riefen Hanna, Gregor und Lutz durcheinander. Pitt balgte bereits wieder mit Ronja herum.

„Ich bin Lutz Schulze-Gehling", stellte Lutz sich vor und nahm die Reitkappe ab. „Wird höchste Zeit, dass ich die neuen Nachbarn kennen lerne. Annette hat schon viel von Ihnen erzählt."

„Na, so neu sind wir ja nun auch nicht mehr", entgegnete Gregor. „Wir wohnen schon länger als ein halbes Jahr auf dem Pferdehof."

„Sie haben Recht", gab Lutz lachend zu. „Aber in den letzten Semesterferien war ich zu einem Praktikum in der Eifel und konnte nicht nach Hause kommen. Also, für mich sind Sie neu. Ich studiere übrigens Forstwirtschaft in Göttingen."

„Hat Annette schon erzählt", sagte Lena. Sie hatte Lutz die ganze Zeit aus dem Augenwinkel beobachtet und mit leichtem Herzklopfen festgestellt, dass ihr Annettes Bruder gefiel.

„Darf ich ins Haus bitten?", fragte Hanna.

Annette und Lutz stiegen ab. Sofort kam Pitt gelaufen. Er erklärte, selbstverständlich werde er die Pferde in die Scheune führen und dort festmachen, weil er nun einmal der Spezialist für derartigeAufgaben sei. Und wie man die Sattelgurte lockere, das wisse er auch. Also vertrauten Lutz und Annette dem Spezialisten ihre Tiere an. Die Wuschelhündin fand es wohl gar nicht lustig, dass Pitt sein Spiel mit ihr unterbrach, denn sie kläffte protestierend.

„Du bringst aber schönes Wetter mit", sagte Hanna zu Annette.

Annette knöpfte den gefütterten Anorak auf. „Nach so einer Nacht haben wir das ja wohl auch verdient! Ich hab richtig Schiss gehabt, als unser Haus zu wackeln begann. Ein riesiges Stück von unserer Hofmauer ist umgekippt, und das Plastikdach von unserem Schweinestall ist fast bis nach Habichtsbeek geflogen. Von den Pappeln oben an der Straße, also, da ist mindestens die Hälfte aus der Erde gerissen worden. Schlimm war das!"

„Ist bei Ihnen viel passiert?", fragte Lutz.

„Geht so", antwortete Gregor. „Rund fünf Quadratmeter Ziegel sind vom Dach gefallen, und einige Bäume hat's erwischt. Aber Menschen und Tiere sind zum Glück heil geblieben."

Lena und Annette machten sich ans Kaffeekochen. Pitt schleppte Kuchen heran. Und da war auch Ronja wieder versöhnt. Sie seiberte fröhlich.

„Oje, wir kommen gerade vom Mittagessen!", wehrte Lutz ab.

„Aber Kuchen kann man auch auf Sattsein essen", erklärte Pitt. „Außerdem hab ich mitgeholfen beim Backen."

„Dann ist die Sache natürlich klar", sagte Lutz. „Unter diesen Umständen esse ich ein Stück. Marmorkuchen ist sowieso mein Lieblingskuchen."

Pitt lächelte selig. Er langte selbst zu wie einer, der kurz vor dem Verhungern steht. Ganz offensichtlich mochte er Annettes Bruder auch gut leiden.

Lutz erzählte den Belkers von seinem Studium und von den Problemen der modernen Forstwirtschaft, die mit den Idyllen der schnulzigen Försterfilme absolut nichts zu tun habe, und er hörte aufmerksam zu, als Gregor von seiner Arbeit als Jugendrichter und der Chancenlosigkeit vieler junger Leute berichtete. Ihn interessierte Hannas Tätigkeit als Übersetzerin sehr, weil er mit dem Gedanken spielte, für ein Jahr als Austauschstudent nach Schweden zu gehen. Lena war außergewöhnlich schweigsam und gab sich Mühe, Annettes Bruder nicht immer anzustarren. Pitt war vor allem mit Kuchenmampfen beschäftigt.

Plötzlich legte Lutz Lena die Hand auf die Schulter. „Du, Lena, die Annette hat nicht übertrieben. Du siehst wirklich ein bisschen wie eine Indianerin aus. So langes dunkles Haar ... Und was für ein tolles Stirnband du trägst!"

„D-d-das hab ich zu Weihnachten bekommen", stotterte Lena und spürte die Schmetterlinge in ihrem Magen. Sie dachte: Wenn der Lutz mir das bloß nicht ansieht, dass ich so verlegen bin! Doch gleichzeitig wurde ihr warm vor Freude.

„Meine Schwester Gabriela und ihr Freund sind schon wieder nach Schwaben gefahren, aber Lutz bleibt noch zwei Wochen zu Hause", sagte Annette strahlend. „Und wir wollen zusammen Freunde im Teutoburger Wald besuchen. Wenn du Lust hast, Lena, also, wenn du mit uns fahren willst ..."

Lena wollte etwas sagen, doch da steckte ein dicker Kloß in ihrem Hals, und so konnte sie nur verwirrt von Lutz zu Hanna und von Hanna zu Gregor schauen.

Lutz sagte: „Ja, wenn du Lust hast und wenn deine Eltern es erlauben, dann kannst du gern mit uns fahren. Es ist ein Hof von Öko-Bauern, die kenne ich gut, und da treffen sich ein paar junge Leute zu einem kleinen Fest."

Nur mühsam konnte Lena die Wörter formulieren. „Ja? Darf ich?"

„Von mir aus", sagte Gregor und stopfte sich eine Pfeife. „Wo Herr Schulze-Gehling dabei ist und auf das junge Gemüse aufpasst. Was meinst du, Hanna?"

„Bitte", wandte Lutz ein, „sagen Sie Lutz zu mir! Herr Schulze-Gehling: Das klingt furchtbar feierlich."

Hanna legte den Kopf schief, als müsste sie angestrengt nachdenken. „Also, wo Lutz auf das junge Gemüse aufpasst, da hab ich eigentlich auch nichts dagegen." Und um Lena ein bisschen zu necken, fragte sie scheinbar besorgt: „Hast du auch wirklich Lust dazu?"

Lena hörte jemanden ganz laut „Ja!", rufen, dann begriff sie, dass sie das selbst war. Und ob sie Lust hatte!

„Und was ist mit mir?", nörgelte Pitt.

„Du kannst doch Ronja nicht allein lassen", gab Hanna zu bedenken. „Außerdem brauchen wir ja einen Spezialisten auf dem Pferdehof."

Das sah Pitt ein, er nahm sich ein weiteres Stück Marmorkuchen.

„Klasse, Lena!", rief Annette. „Das wird toll werden!"

Lutz stand vom Tisch auf. „Ich hab gehört, dass die gute alte Raja bei Ihnen im Stall steht. Ob ich sie wohl mal sehen kann? Als ich ein kleiner Junge war, hat der Tewes mich manchmal auf ihr reiten lassen."

„Ja, gehen wir in den Stall!", rief Hanna. „Wir wollten die Tiere ohnehin ein bisschen in den Schnee lassen. Tewes meint, dieses Wetter sei für ihre Lungen und den Kreislauf gut."

Im Gänsemarsch zogen alle zum Pferdestall. Lena, Pitt

und Annette ließen die Tiere ins Freie. Xerxes machte sich nicht viel aus Schnee, er meckerte ungehalten und veranstaltete Boxkämpfe mit den verschneiten Grasbüscheln auf der Koppel. Mux prüfte misstrauisch den weißen Teppich, der da auf einmal die Wiese bedeckte, er hatte noch nie in seinem kurzen Pferdeleben so etwas gesehen. Doch dann hob er fröhlich den Kopf und galoppierte mit seinen langen Beinen eine Ehrenrunde. Das Pony Sturmwind hoppelte hinterher.

„Jetzt zeige ich meine Reiterkunststücke!", rief Pitt und forderte Lutz auf, nur ja aufmerksam zuzuschauen. Er schwang sich auf Sturmwinds Rücken, und während das kurzbeinige Pony brav am Gatter entlangtrippelte, träumte Pitt seinen Reitertraum vom atemberaubenden Ritt über eine endlose Ebene.

„Bravo!" Lutz klatschte Beifall. „Bravo, du schneidiger Reitersmann!"

Raja trat langsam aus dem Stall ins helle Licht hinaus. Lena hatte sich an sie geschmiegt und tätschelte ihr die Kruppe. Die sanfte Stute sog genüsslich die klare Luft ein, dann versuchte sie auf der Hausweide sogar einen leichten Trab.

„Kennst du mich nicht mehr?", rief Lutz ihr nach. Er gab sich selbst die Antwort: „Nein, altes Mädchen, du kannst mich nicht mehr kennen. Das ist doch alles so lange her." Lächelnd schaute er ihr zu, wie sie mit spitzen Lippen nach den verschneiten Halmen schnappte. „Ich hab die Raja immer geliebt", sagte Lutz leise.

281

Lena dachte: Dafür würde ich dich am liebsten küssen! Sie erschrak bei dem Gedanken. „Raja ist das schönste Pferd der Welt", murmelte sie verlegen.

Motte und Benno wieherten geradezu lustvoll, bevor sie sich prustend im Schnee wälzten.

„Ein schönes Gespann!" Lutz staunte. Er zeigte auf Mottes Fohlen. „Der Bursche dort stammt doch garantiert von Pirmin ab, hab ich Recht?"

„Kann man das erkennen?", fragte Hanna verblüfft.

„Aber sicher! Pirmin ist unter den Haflingern weit und breit der beste Vererber. Der Kleine wird mal ein prächtiges Pferd!" Lutz klopfte sich selber auf die Schulter. „Ein alter Fachmann erkennt das sofort. Die beiden Großen scheinen mir ein bisschen mollig zu sein. Vielleicht brauchen die etwas mehr Bewegung."

„Hat Tewes auch gesagt", verkündete Pitt.

Und genau in diesem Augenblick hatte Annette eine fabelhafte Idee. „He, Leute! Wie wär's denn, wenn wir unsere Fahrt in den Teutoburger Wald mit dem Planwagen und dem Haflingergespann unternähmen?"

Lena blieb schier die Spucke weg. „Das wär ein Ding!"

Lutz überlegte einen Augenblick. „Sind die Pferde denn an den Wagen gewöhnt? Ich meine, haben die schon Erfahrung mit dem Straßenverkehr und so?"

„Klar!", rief Lena. „Hubert Mühlenkamp aus Uhlendorf hat doch mit Benno und Motte schon Touristen durch das Münsterland kutschiert! Der Planwagen steht in der Scheune, der ist völlig in Ordnung!"

„Na ja", sagte Lutz und zweifelte noch immer ein wenig, „zu überlegen wär es schon, und Spaß würde es sicher auch machen." Er schaute Hanna und Gregor an. „Was meinen Sie dazu?"

Gregor lachte. „Ich meine gar nichts dazu, weil ich davon keine Ahnung habe."

Annette schaltete sich ein. „Der Lutz ist ein erstklassiger Gespannfahrer mit viel Erfahrung!"

Hanna, die ja selbst oft die beiden Haflinger vor den Wagen spannte, wenn sie Besorgungen in Uhlendorf zu machen hatte oder wenn sie Pitt zur Grundschule kutschierte, wusste genau, dass Motte und Benno ausgesprochen ruhig vor dem Wagen gingen. Sie hatte keine Einwände.

„Also abgemacht", erklärte Lutz. „Ich tausche ganz gern mal die Zügel gegen die Leinen. Wir reisen also mit dem Planwagen."

„Leinen?" Lena verstand das nicht.

„Die Zügel für die Wagenpferde nennt man Leinen", erklärte Lutz.

„Weiß doch jeder", behauptete Pitt.

Lena rannte selig über die Wiese und erzählte ihrer Freundin Raja von der geplanten Reise mit dem Pferdewagen. „Wir werden uns dann ein paar Tage nicht sehen, wir zwei", flüsterte sie der Stute zu, „aber ich komme ja bald wieder."

Am späten Nachmittag, als die Sonne schon tief stand, ritten Lutz und Annette zum Hof von Schulze-Gehling zurück. Lena schaute den Reitern und ihren Pferden nach, die lange Schatten auf das verschneite Feld warfen.

Sie dachte: So ein schönes Weihnachtsfest!

Die Winterreise

Ein wenig aufgeregt waren sie alle, und sogar Tewes ließ sich anstecken. Er und Lutz überprüften in der kleinen Schmiede hinter dem Pferdestall die Hufe und die Hufeisen der Haflinger, wobei der Spezialist Pitt aufpasste, dass sie auch alles richtig machten. Als Tewes mit dem Hufkratzer Erdbrocken, Steinchen und Mist entfernt hatte, stellte er zufrieden fest, dass Hufe und Hufeisen in einwandfreiem Zustand waren. Unter seiner Aufsicht durfte Pitt anschließend Mottes und Bennos Hufe einfetten.

Lutz reinigte in der Scheune die Kumtgeschirre, die Leinen und die Deichselhalteriemen und rieb alles Lederzeug mit einem Pflegemittel ein. Natürlich war auch Ioannis zur Stelle und sprühte – wie üblich – vor Tatkraft. Zusammen mit Annette und Lena schrubbte er den gesamten Aufbau des Planwagens, schmierte die Achsen und säuberte die Reflektoren. Zur kleinen Probefahrt nach Uhlendorf, wo Lutz an der Tankstelle den Luftdruck der Reifen kontrollieren wollte, kletterten alle vier Kinder auf die Ladefläche und schrien und sangen. Den Haflingern schien es zu gefallen, dass sie diese fröhliche Fuhre durch die weiße Landschaft ziehen durften. Sie fielen von selbst in leichten Trab.

„Astrein, das Gespann!", lobte Lutz. „Und wie leicht die beiden sich lenken lassen!"

Auf dem Rückweg schafften Pitt und Ioannis es dann mit allerlei Tricks, Lutz zu einem kurzen Halt vor Brunos Pizzeria zu überreden, wo Lutz dann alle zu einer Runde Pommes rot-weiß einlud.

Tewes hatte inzwischen auf dem Pferdehof die Futtersäcke für die Reise gefüllt. „Dass die Pferde unterwegs nur nicht zu viel kaltes Wasser saufen!", mahnte er Lutz.

„Ich passe auf", sagte Lutz. „Wir rasten auf Bauernhöfen. Entlang der ganzen Strecke gibt's Verwandte und Bekannte von uns. Manchmal glaube ich, dass jeder zweite Bewohner des Münsterlandes irgendwie mit uns Schulze-Gehlings verschwistert oder verschwägert ist."

Zusammen mit Gregor hatte Lutz mit Hilfe der Messtischblätter eine Reiseroute ausgeklügelt, die durch besonders schöne Landschaften führte und auf der man größere Straßen und die Durchfahrt durch Dörfer und Städtchen vermeiden konnte. Am Nachmittag des zweiten Reisetages wollte Lutz den Öko-Hof bei Sentrup im nördlichen Teutoburger Wald erreichen.

„Schade, dass ich nicht mitfahren kann!", maulte Ioannis.

Hanna tröstete ihn. „Wir können während Lenas Abwesenheit gut und gerne einen zweiten Spezialisten hier brauchen. Ich dachte mir, dass du vielleicht zusammen mit Pitt den Laden schmeißen könntest. Also, wenn du willst und wenn deine Eltern keine Einwände haben, kannst du selbstverständlich auf dem Pferdehof wohnen."

„Du darfst sogar in meinem Wigwam schlafen", sagte Lena.

„Abgemacht!" Ioannis grinste zufrieden.

„Wie findet der Mux das denn wohl, dass seine Mutter ihn für ein paar Tage allein lässt?", wollte Lena von Tewes wissen.

Tewes schob mit der Zunge den Kautabak von der linken Backe in die rechte. „Ist ganz gut für den Halbstarken, dass er mal 'ne Weile nicht an Mutters Schürze hängt. Der ist inzwischen groß genug, um allein zurechtzukommen. Allmählich müssen wir uns sowieso Gedanken über die Zukunft des jungen Hengstes machen."

Was wollte Tewes damit sagen? Lena erschrak, sie gab sich alle Mühe, den Gedanken zu verscheuchen. Sie wusste, was das Wort Kastration bedeutete. Musste so etwas denn auch mit Mux geschehen? „Komm, Annette, wir kochen Tee!", rief sie.

Als sie allein in der Küche waren, sagte Annette, die bemerkt hatte, dass Lena ziemlich blass geworden war: „Nun mach dir mal bloß nicht in die Hose! Das mit dem Mux, das hat noch 'ne Menge Zeit. Wenn sie ihn kastrieren, muss er mindestens ein Jahr alt sein. Mindestens! Und es kann ja auch sein, dass man ihn zur Zucht auswählt, wo er doch ein Sohn vom berühmten Pirmin ist."

Lena lächelte der Freundin dankbar zu, dann legte sie

allerlei Plätzchen und Kekse auf einem großen Tablett zu einem Muster zurecht, während Annette den Tee aufgoss.

Pitt und Ioannis lärmten wie zwei Fastverhungerte, als die Mädchen wieder in die Wohnhalle kamen, und Ronja meldete lauthals auch ihre Ansprüche an. Tewes nahm nur eine Tasse Tee mit einem Schuss Cognac und brach dann auf, um zu seinen vier Katzen zu gehen. Lutz und Annette hatten es auch eilig, weil sich zu Hause Besuch angesagt hatte. Ioannis schwang sich auf Hannas Drängen hin auf sein Mountainbike, denn es dunkelte schon.

Gregor zündete sich eine Pfeife an, kraulte sich behaglich den Bart und streckte sich im Sessel vor dem Kaminfeuer aus. „Die Belkers machen noch ein bisschen in Familie, ja?"

Hanna spielte eine Weile auf dem Klavier, Pitt las beinahe gierig die Geschichte von Flicka, Lena lag neben Ronja auf dem Sofa und war in ihren Gedanken schon auf der Reise. Gemeinsam versorgten sie später die Tiere. An diesem zweiten Weihnachtsabend gingen sie früh zu Bett.

Klar, dass Lena noch lange wach lag!

Das Rauschen der Dusche und Gregors mürrisches Gebrummel weckten sie am anderen Morgen auf. Für den Vater hatte ein harter Arbeitstag begonnen, für Lena der schöne Tag der Abreise. Sie hüpfte aus dem Bett und eilte zum Fenster. Der Schnee war nicht geschmolzen!

„Herrlich!", flüsterte Lena und klapperte dabei mit den Zähnen, weil es kalt war in ihrem Wigwam, und so wurde der anschließende Jubelschrei eine Mischung aus Apachenkriegsgeheul, Hundejaulen und Hustenanfall. Mit diesem Lärm machte Lena auch Pitt und Ronja wach.

Alles ging rasch an diesem Morgen. Gregor trank im Stehen seinen Kaffee, Hanna im Joggingdress betätigte mit der einen Hand den Toaster und mit der anderen die Knöpfe des Radios, um auf irgendeinem Sender den Wetterbericht zu erwischen. Pitt schaute neugierig zu, wie Lena ihren Proviantbeutel füllte.

Ein Auto näherte sich mit lautem Gehupe. Frau Schulze-Gehling chauffierte Lutz und Annette zum Pferdehof. Ronja schaute durch den Haustürspalt und bellte ihren Willkommensgruß.

„Brrr!" Frau Schulze-Gehling rieb sich bibbernd die Hände. „Was für eine Kälte! Aber das wird ein schöner Tag. Kalt und klar. So muss es sein im Winter."

Lena und Annette begrüßten sich wie Volleyballspielerinnen mit Händetatschen und liefen hinter Lutz her, um beim Pferdeanschirren zu helfen. Pitt, der noch im Schlafanzug war, kreischte, man solle gefälligst auf ihn warten, doch niemand hörte ihm zu.

Hanna und Frau Schulze-Gehling verstauten das Reisegepäck auf dem Planwagen; sie legten die Schlafsackbündel dazu und schoben das Kistchen mit der Verpflegung und der großen Thermoskanne unter den Kutschbock. Motte und Benno ließen sich willig vor den Wagen spannen. Die Wuschelhündin sorgte für Getöse. Und als Pitt endlich aus dem Haus gestürmt kam, rollte der Pferdewagen schon über den Kiesweg davon.

Lutz knallte zum Abschied mit der Peitsche. Lena und Annette winkten. Gregors Ratschläge gingen im allgemeinen Lärm unter.

Lena sagte so leise, dass nur sie es hören konnte: „Jetzt sind wir auf der Reise."

Lutz hockte links auf dem Kutschbock, Annette saß in der Mitte, Lena hatte den Außenplatz. „Wir wechseln uns immer ab", hatte Annette vorgeschlagen, „der Platz in der Mitte ist natürlich der wärmste." Für Lena war das nur der eine Grund, dass sie damit einverstanden war, der andere hatte mit Lutz zu tun. Neben ihm wollte sie auch gern sitzen. Der Kutscher würde selbstverständlich immer links auf dem Bock seinen Platz haben.

Zunächst rollten sie durch vertraute Gegenden. Der Atem schien ihnen vor dem Mund zu gefrieren. Sie hatten sich dick vermummt, und die Füße steckten im wärmenden Fußsack. Motte, die links ging, und Benno, der unentwegt die Ohren spielen ließ, legten sich gehörig ins Zeug. Der Streudienst war schon früh unterwegs gewesen. Selbst auf den kleinen Straßen war die glatte Fläche mit den dunklen Punkten des Granulats gespickt.

Sie machten sich gegenseitig darauf aufmerksam, wenn sie etwas Ungewöhnliches entdeckten auf den verschneiten Flächen oder bei den Gehölzen: Da trippelten Krähen in großer Schar schreiend auf einem Tierkadaver herum, da hatte der Orkan ein Fichtenwäldchen umgeknickt, da bauten lärmende Kinder vor einem Hof in der Ferne einen gewaltigen Schneemann, da stieg hinter einem Hügel eine

Rauchfahne senkrecht hoch und schien kein Ende zu haben, da watschelten bunte Enten über die dünne Eisdecke eines Hausteiches und brachen immer wieder ein ... Es gab so viel zu sehen!

Dreimal, viermal hupten Autofahrer hinter ihnen. Lutz lenkte dann das Gespann auf den Grasstreifen, damit die Wagen überholen konnten. Als ihnen ein Laster mit Baumstämmen entgegenkam, mussten sie fast bis in den Straßengraben hinein ausweichen. Benno und Motte reagierten auf jeden Zug der Leinen, sie waren an Autos gewöhnt und scheuten nicht. Dann sahen Lena, Lutz und Annette fast eine Stunde lang kein anderes Fahrzeug mehr. Sie fuhren auf einem Feldweg entlang des bewaldeten Höhenzuges, der sich von Westen nach Osten erstreckte, und hatten die Sonne schräg vor sich. Sie wärmte den Reisenden sogar ein wenig die Gesichter.

Die Hufe der Haflinger klopften gedämpft, hier war der Schnee nur von Wildspuren durchzogen. Bisweilen führte der Weg ein Stück in den Wald hinein, und Lena genoss den Anblick der bepuderten Bäume und die Stille. Auf diesem ebenen Weg durfte sie die Leinen halten. Sie stellte sich vor, dass die Fahrt bis zum Ende der Welt gehen würde.

Annette verteilte Kaugummis. Sie zeigte mit der Handschuhhand nach oben, wo eine dunkelgraue Wolke wie ein einsamer Ballon tief und ganz dicht über den Baumwipfeln vor der strahlenden Bläue schwamm.

Und dann fiel plötzlich Schnee aus der Wolke!

Lutz streckte die Zunge raus, um Schneeflocken aufzufangen.

Annette summte: „Leise rieselt der Schnee ..."

Lena dachte: Eigentlich ist das Quatsch. Der Schnee rieselt gar nicht leise, er fällt unhörbar. Lautlos! Das Wort *lautlos* gefiel ihr sehr. Sie schloss die Augen und spürte die zarten Berührungen auf den Wimpern.

Dann war der Zauber zu Ende. Als sie die Hügelkette verließen und in einen breiteren Fahrweg bogen, lenkte Lutz wieder das Gespann. Hier war rosafarbenes Salz verstreut worden, das hatte den Schneebelag zu schlieriger Matsche aufgelöst. Lutz ließ die Pferde langsam gehen, damit es nicht so sehr spritzte. Auf einem großen Feld an der rechten Wegseite brummte ein Trecker, und aus der Gülletonne auf dem Anhänger sprühte es in hohem Bogen braun und stinkend. Die Mädchen pressten die Handschuhe vor die Gesichter. Lutz fluchte.

„Pfui Deibel!", stöhnte Annette.

„Das ist der Preis, den wir Schweinefleischfresser zahlen müssen", knurrte Lutz. „Dass die Bauern und Schweinemäster den Boden und das Wasser verseuchen, daran sind auch wir Konsumenten schuld. Wir schlingen gierig diese Fleischmassen in uns rein, und sie lachen sich ins Fäustchen und produzieren, was das Zeug hält."

„Bei uns zu Hause ist es auch nicht anders", sagte Annette bedrückt, „wir haben ja auch einen Maststall auf dem Hof. Angeblich rentiert sich sonst die Landwirtschaft nicht mehr, behauptet Vater immer wieder."

Lutz lachte bitter. „Das kenne ich! Es geht nur um die Piepen. Ob wir uns vergiften oder nicht: Umsatz ist alles! Mit der großen Giftspritze werden die Pestizide in die Landschaft gepustet, damit die Pflanzen ein bisschen üppiger wachsen, obwohl wir ohnehin Überschüsse haben. Und die Gülle aus den Mastbetrieben gibt dem Grundwasser dann den Rest. Den deutschen Rekord hält ein privater Brunnen in Meißen. Die Leute von Greenpeace haben dort 810 Milligramm Nitrat pro Liter Trinkwasser gemessen. Das müsst ihr euch mal vorstellen!"

„Ist das sehr viel?", fragte Annette überflüssigerweise.

Lutz lachte bitter. „Das ist verdammt viel! Der Europa-Grenzwert liegt bei 50 Milligramm, was schon zu viel ist. Jetzt stellt euch mal das Sechzehnfache des Grenzwertes vor! Wer solches Wasser trinkt, bringt sich in Lebensgefahr. Dass Nitrosamine Krebs erregend sind, sollte sich ja wohl inzwischen bis zum letzten Säugling herumgesprochen haben." Lutz zeigte mit der Peitsche in die Richtung, in der sie fuhren. „Auf der anderen Seite des Teutoburger Waldes liegen die Kreise Vechta und Cloppenburg. Dort gibt's besonders viele Schweinemäster. Von dieser flüssigen Schweinescheiße fallen in diesen beiden Kreisen jährlich fünf Millionen Kubikmeter an. Fünf Millionen! Und ich sage euch: Im Münsterland ist es auch kaum anders."

Lena schwieg betroffen. Sie hatte in einer Zeitschrift gelesen, dass es in Süddeutschland besonders schlimm sei und dass dort immer mehr Brunnen geschlossen werden müssten. Sie schaute zu dem Treckerfahrer hinüber und empfand ihn als Feind, obwohl sie wusste, dass das ungerecht war.

Lutz fragte: „Hat eine von euch Ahnung, wie viel Liter Luft ein Mensch von seiner Geburt bis zum Tod so etwa in seine Lungen zieht?"

Annette schüttelte entschieden den Kopf. Lena wusste es auch nicht.

„Mehr als 300 Millionen Liter", erklärte Lutz. „Er braucht nun mal massenhaft von dem Sauerstoff, der in der Luft enthalten ist. Aber die giftigen Gase, die noch und noch in die Atmosphäre geblasen werden, die braucht er ganz und gar nicht: Schwefeldioxid, Stickoxide, Kohlenmonoxid, Kohlenwasserstoffe ..." Lutz schrie nun fast. „Benzol, dieses Teufelszeug, das im Benzin noch immer bis zu fünf Prozent enthalten ist, macht die Menschen kaputt. Es erzeugt Krebs. Jeder weiß es. Aber ziehen wir Konsequenzen daraus?"

Lena empfand zwiespältige Gefühle. Einerseits dachte sie: Es ist wichtig, dass Lutz mir solche Dinge erklärt, denn dann denke ich genauer und schärfer darüber nach. Andererseits dachte sie: Müssen wir gerade auf dieser schönen Reise über so erschreckende Themen reden?

Hatte Lutz etwas gemerkt? Er sprach auf einmal wieder ruhig. „Menschen sind lernunfähig. Das ist der Knackpunkt. Sie sind intelligent und können Informationen aufnehmen, doch sie sind anscheinend nicht in der Lage, Schlüsse daraus zu ziehen. Sie tanken im Laufe ihres Lebens eine Menge an Wissen, doch sie setzen es nicht in

Einsichten und in Bildung um. Das ist das Problem. Und darum ist die Welt in so einem schlimmen Zustand. – Langweile ich euch?"

„Aber nein", sagte Lena schnell, „du langweilst mich nicht."

„Mich auch nicht." Annette kramte die Thermoskanne unter dem Sitz hervor. „Aber für heute reicht es. Da brummen einem ja Hummeln im Schädel. Puh!"

Sie ließen den Kaffeebecher wandern und aßen Butterbrote, die ein bisschen knirschten, weil die Wurst leicht angefroren war. Die Hügelkette lag hinter ihnen, flaches Wiesen- und Ackerland dehnte sich vor ihnen, so weit der Blick reichte. Kopfweiden und Telegrafenmasten, Zaunpfähle und Buschreihen wirkten wie dunkle Bleistiftstriche auf einem weißen Blatt Papier.

„Motte und Benno sind wirklich gut in Form", lobte Lutz.

Gerade wollte Lena sagen, dass das auch ihre Meinung sei, als von hinten ein Landrover unter gellendem Gehupe gebraust kam. Lena erschrak von dem plötzlichen Lärm. In gewagtem Manöver steuerte der Fahrer in grünem Jägerlook am Fuhrwerk vorbei, und er und die Beifahrerin wedelten wie zwei Verhaltensgestörte beim Überholen mit ihren Hüten. So dicht preschte der Wagen an den Pferden vorbei, dass Motte und Benno zur Seite sprangen und erschrocken hochstiegen. Die drei auf dem Kutschbock konnten sich nur mit Mühe festklammern. Der Planwagen schlingerte. Lutz brauchte alle Kraft, die Haflinger zu halten und den Wagen wieder sicher auf die Straße zu bringen. Der Schneematsch spritzte in hohem Bogen.

„Ihr Armleuchter!", brüllte Lutz den Leuten im Auto nach.

„Euch sollte man stundenlang in den Hintern treten!", schrie Annette.

Lena flüsterte: „Das war knapp!" Sie zitterte am ganzen Körper.

„Dieser Vollidiot! Fährt wie ein Henker ... Hat sich jemand die Autonummer gemerkt?"

„Es ging zu schnell", antwortete Lena.

Kaum fünf Minuten war der Wagen wieder ruhig gerollt, da wurde das Fahrzeug von der Polizei angehalten. An einer Straßenkreuzung hatten die beiden Polizisten ihren grün-weißen Passat geparkt. Der eine schwenkte wichtigtuerisch die Kelle, der andere hatte lässig und wie zufällig die Hand auf die Pistolentasche gelegt.

„Das soll wohl 'n Witz sein", raunte Lutz den Mädchen zu.

„Allgemeine Verkehrskontrolle!", rief der Beamte mit der Kelle.

„Sind wir zu schnell gefahren?", fragte Lutz honigsüß.

Der andere Polizist zog die schwere Lederjacke unter dem Kinn zusammen. „Haben Sie eine Fahrerlaubnis für Pferdefuhrwerke?"

„Habe ich", sagte Lutz.

„Dann darf ich mal bitten", forderte der Mann mit der Kelle.

Lutz zog den Ausweis aus der Anoraktasche. Er war noch immer wütend auf die Raser mit dem Geländewagen und reagierte entsprechend gereizt. „Hier! Weil Sie so freundlich gebeten haben."

„Ach, Sie nehmen das wohl nicht ernst?", fragte der Polizist, der sich so betont lässig gab. „Sind die Bremsen des Fahrzeugs in Ordnung?"

„Sie sind", sagte Lutz. Dann fauchte er: „Hören Sie, wir fahren hier langsam und friedlich durch die Gegend, aber uns halten Sie an. Gerade ist hier ein wild gewordener Rennfahrer mit seiner Tussi vorbeigestocht, aber den haben Sie wohl nicht angehalten, wie?"

Der Polizist klemmte sich die Kelle unter den Arm und prüfte umständlich die Fahrerlaubnis. „Das überlassen Sie mal uns, wen wir anhalten und wen nicht!"

„Ungern", knurrte Lutz.

Lutz bekam den Ausweis zurück. Die Polizisten stiegen in ihren Passat und hatten offensichtlich jegliches Interesse an dem Pferdewagen verloren. Die drei jungen Leute brachen in Lachen aus.

Dann und wann schaute Lutz nun auf die Landkarte. Nach einer lang gezogenen Straßenkurve zeigte ein Schild die Ortschaft Hanselt an, und dann war auch schon das große Reklameschild zu sehen: *Landhandel van Oye.*

„Kleine Pause!", verkündete Lutz.

Frau van Oye, quirlig, pummelig und lustig anzusehen in ihrem feuerroten Overall, begrüßte die Besucher überschwänglich. Sie war, wenn Lena das richtig verstanden hatte, wohl über drei Ecken mit Annettes Vater verwandt. Heinz müsse in der Lagerhalle nur noch ein paar Kunden abfertigen, dann komme er auch, sagte sie. Und das Mittagessen sei auch bald fertig.

„Wir bleiben nicht zum Essen", sagte Lutz, „wir wollen nur die Pferde versorgen. Vor Anbruch der Dunkelheit müssen wir noch bis Gimbte kommen."

Frau van Oye war sichtlich betrübt. „Deine Mutter hat am Telefon aber nichts davon gesagt, dass ihr nicht zum Essen bleiben könnt!"

Lutz breitete bedauernd die Arme aus. Lena und Annette hatten inzwischen die Pferde ausgespannt und in die Lagerhalle geführt. Sie nahmen ihnen die Trensenzäume ab und legten ihnen Decken über. Lutz schleppte Wasser aus dem Wohnhaus heran, dann bekamen Motte und Benno die Säcke mit Hafer und Futtergemisch vorgehängt. Sie ließen es sich schmecken.

In der Küche tranken Lutz, Annette und Lena mit Frau van Oye Tee und aßen Weihnachtsstollen dazu. Heinz van Oye ließ sich nur kurz sehen, weil da noch immer Kunden warteten. Er guckte schmollend wie ein Kind durch die dicken Brillengläser, als er erfuhr, dass die Besucher gleich weiterführen – und war schon wieder verschwunden.

„Wir schauen auf der Heimfahrt noch mal rein", versprach Lutz, als er dann den Planwagen wieder auf die Straße lenkte.

Es war kälter geworden. Die Sonne verblasste. Lutz ließ

die Pferde die erste Stunde nur langsam gehen, das war besser so nach dem Fressen. Lena saß nun in der Mitte auf dem Kutschbock und sah ein wenig scheu zu Lutz hoch.

Alle drei waren auf einmal schweigsam. Die Luft wirkte grau. Mäusebussarde kreisten über ihnen. Die Autos fuhren schon mit Licht. Lutz hatte auf dem Messtischblatt einen Wirtschaftsweg markiert, der kürzte ein erhebliches Stück der gewundenen Landstraße nach Sprakel ab. Außerdem fuhren hier keine Motorfahrzeuge. Einmal begegneten sie zwei Jägern mit Flinten, einmal einer Schar kreischender Kinder, die ein Pony spazieren führten. Dann unterquerten sie durch einen Tunnel die Autobahn. Der Hufschlag der Pferde vervielfältigte sich in der düsteren Röhre.

„Noch vier, fünf Kilometer", sagte Lutz, als müsste er die Mädchen trösten. „Bei den Pelkums wird's euch gefallen, da bleiben wir über Nacht."

Staunende Passanten winkten freundlich, als der Planwagen durch Sprakel rollte. Ein paar Mopedkids waren auf Zoff aus, doch als Lutz mit der Peitsche drohte, verschwanden sie grölend. Von der Ems stieg milchiger Dunst auf. Lutz lenkte das Gespann in den Uferweg hinein. Hier kannte er sich aus. An mehreren ausladenden, großen Gehöften ging es vorbei. Dann begrüßte heller Lampenschein am Torbogen eines reetgedeckten Hofes die Reisenden und ihre Pferde.

In dieser Reihenfolge kamen sie gerannt: zuerst ein win-

ziger schwarzer Hund, dann zwei Knirpse mit Pudelmüt-
zen und endlich ein Mann und eine Frau.

Die beiden Kinder hatten zunächst nur Augen für die
schönen Pferde.

„Hallo, da seid ihr ja! Herzlich willkommen!", rief die
Frau.

Lutz ließ die Peitsche knallen. „Ja, da sind wir, Tante
Cilly!"

Lena spürte wieder einmal Schmetterlinge im Bauch.

Hinauf in den Wald

„Das ist nun mal so Sitte in Westfalen!", dröhnte Onkel
Gottfried. Er war also, wie Lena nun wusste, ein Vetter von
Frau Schulze-Gehling. „Ein Begrüßungsschluck muss
sein!" Onkel Gottfried schwenkte mit der linken Hand die
Kornschnapsflasche und mit der rechten das Tablett mit
den Gläsern. „Das gilt auch für die jungen Damen."

Sie hatten die Haflinger in den Kuhstall geführt und
versorgt, weil der ehemalige Pferdestall längst zur Garage
für den Trecker und die Landmaschinen umgebaut worden war. Motte und Benno hatten eindeutig nichts gegen
Kühe. Lena hatte den beiden Haflingern die Hälse getät-
schelt und sich für ihre zuverlässige Arbeit bedankt. Der
Planwagen stand im Schuppen, das Reisegepäck war im
Haus. Und nun fand die lautstarke Begrüßung statt.

„Iiii!" Annette schüttelte sich. „Ich trink doch keinen Schnaps! Und wenn das dreimal so Sitte ist."

Auch Lena wehrte sich erfolgreich.

Also tranken der füllige, rotgesichtige Onkel Gottfried, die gut gelaunte Tante Cilly mit der blonden Hochfrisur und Lutz den Begrüßungsschnaps. Und dann noch einen und dann noch einen.

„Armer Lutz!", flüsterte Annette Lena zu. „Er mag doch gar keinen Schnaps."

Thomas und Bernd, die Zwillinge mit den abstehenden Ohren, die sich nur durch die Farbe ihrer Pullover unterschieden, entpuppten sich als zärtliche Quälgeister, die sich ohne lange Umstände an Lena und Annette heranmachten, um sie ins Kinderzimmer zu entführen. Ihre Malereien wollten sie zeigen und ihre Warmwasserfische und ihre Urkunden als schnellste Läufer der Grundschule. Außerdem wollten sie mit den Mädchen Monopoly spielen. Tante Cilly machte aber resolut klar, dass zuerst einmal gegessen werde.

Während die Zwillinge noch schmollten, weil sie doch wenigstens ihre Weihnachtsgeschenke vorführen wollten, kam Helga, die ältere Schwester, mit ihrem Polo gesaust. Lena fand das Mädchen mit dem aschblonden langen Haar und der lustigen Nickelbrille auf Anhieb sympathisch, doch dass sie Lutz mit einem schmatzenden Kuss begrüßte und für sie und Annette nur einen flüchtigen Händedruck übrig hatte, gefiel Lena weniger. Sie erfuhr, dass Helga bei der Sparkasse arbeitete.

Im großen Wohnzimmer, dessen Wände mit Rehgehörnen und allerlei ausgestopften Tieren bedeckt waren, fand das Abendessen statt. Tante Cilly wuchtete gusseiserne Pfannen mit gewaltigen Schnitzeln und fetttriefenden Bratkartoffeln und Schüsseln mit Möhrengemüse und grünen Bohnen auf den Tisch. Onkel Gottfried schenkte Bier ein. Für die Zwillinge und für Lena und Annette gab es ein Gemisch aus Apfelsaft und Sprudelwasser. Lena langte mutig zu, obwohl ihr dieses mächtige Mahl auf den Magen schlug. Sie dachte: Das wäre was für Pitt!

Und später, während wieder die Schnapsflasche kreiste, wurde erzählt. Lutz und Annette mussten von zu Hause berichten, alle Grüße ausrichten und Oma Tonis Befinden schildern, Tante Cilly spulte bei einem großen Glas Bier die Familiennachrichten der Pelkums herunter, assistiert von ihrer großen Tochter, Gottfried, jetzt weniger Onkel als vielmehr landwirtschaftlicher Unternehmer und Kommunalpolitiker, hielt einen Vortrag über die Chancen des Rapsanbaus und seine anstehende Wiederwahl beim Vorstand des Bauernverbandes. Natürlich kamen auch die Sturmschäden und die Versicherungsprobleme zur Sprache.

Lena hörte das alles, aber sie lauschte mehr dem Klang der Stimmen als den Inhalten all dieser Reden. Doch plötzlich schreckte sie aus ihrem wohligen Halbschlaf auf, denn nun war sie an der Reihe.

Onkel Gottfried sagte: „Prächtig, Lena, dass ihr den Pferdehof wieder zum Leben erweckt habt! So einen berühmten Hof darf man einfach nicht verkommen lassen. Heutzutage mach ich ja alles mit dem Trecker, aber damals, als wir noch Pferde hatten, da hat mein Vater mich manchmal mitgenommen zum Pferdehof. Alle unsere Pferde haben wir nur bei Mattes Jansen gekauft, alle! Gibt's eigentlich den alten Tewes noch?"

„Und wie es den gibt!" Lena erzählte und erzählte, und ihr wurde richtig warm dabei, wie sie so von zu Hause und von Raja und den anderen Tieren berichten konnte. Sie fühlte sich auf einmal sehr behaglich, und sicher wäre dies ein gemütlicher Abend geworden, wenn Tante Cilly nicht auf einmal aufgesprungen wäre.

„Hallo, vor lauter Reden hätten wir's ja beinahe verpasst! Heut gibt es was Tolles im Fernsehen. Wollen wir uns das zusammen anschauen?"

Annette zwinkerte Lena zu, Lena zwinkerte Annette zu. Das fehlte noch, dass sie sich mit diesem Schwachsinn den Abend versauen ließen! Eine Show mit viel Lärm und Trara: Prominente führten sich wie Halbgescheite auf, beantworteten kichernd alberne Fragen, spielten kindische Spielchen und bekamen Punkte dafür.

„Lena und ich, wir sind sehr müde von der Fahrt", sagte Annette. „Habt ihr was dagegen, dass wir schon schlafen gehen?"

„Aber natürlich nicht", antwortete Tante Cilly, obwohl ihr anzusehen war, dass sie dafür kein Verständnis hatte. Wie konnte man sich so eine großartige Übertragung entgehen lassen!

„Armer Lutz!", flüsterte Annette an diesem Abend zum zweiten Mal. Laut sagte sie: „Lutz, rufst du noch bei uns und bei den Belkers an, dass alles okay ist und so?"

„Aber sicher", gab Lutz zurück und verdrehte ein bisschen die Augen, was aber nur Lena und Annette bemerkten. Er hatte sich den Abend gewiss auch anders vorgestellt.

Im Obergeschoss gab es ein kleines Zimmer, das von einem altmodischen Doppelbett beinahe ausgefüllt wurde. Hier waren Lena und Annette für die Nacht untergebracht. Die Matratzen hatten zwar tiefe Kuhlen, doch das war den Mädchen egal. Sie hatten natürlich Bücher in ihren Reisetaschen mitgebracht.

„Wow, kalt hier!" Annette schüttelte sich, während sie sich auszog. „Wie findest du meine Verwandten?"

„Gestreift", antwortete Lena ehrlich.

„Genau wie ich, Lena!" Annette huschte ins Badezimmer.

„Hauptsache, wir haben einen schönen Tag vor uns!", rief Lena ihr nach. Sie dachte: Heute war doch auch ein schöner Tag! So vieles habe ich gesehen, so vieles gehört. Und dazu der Schnee ...

Undeutlich plärrten von unten die Geräusche der Fernsehübertragung herauf: Musikfetzen, Klatschen, Gelächter. Onkel Gottfrieds Stimme wurde immer lauter. Von Lutz war nichts zu hören. Lena und Annette lagen auf dem Bauch und lasen beim funzligen Schein der Nachttischlampen.

„Ich muss noch mal pinkeln", sagte Annette auf einmal und lief aus dem Zimmer. Als sie wiederkam, wurde sie von einem riesigen grauen Kater begleitet. „Besuch, Lena!", rief Annette.

Der Kater sprang auf Lenas Bettseite und kratzte sich im Oberbett eine Kuhle. Dann lag er da mit unbewegtem Katergesicht und reagierte weder auf Schmeicheleien noch auf die Streichelversuche der Mädchen. Er war einfach nur da: wie eine Porzellanfigur. Sein Blick war irgendwohin gerichtet, vielleicht nach innen, die beiden Menschen schienen für ihn nicht vorhanden zu sein.

Lena nahm dieses Bild mit in ihren Schlaf, und als sie am Morgen im spärlichen Frühlicht aufwachte, lag der Kater fast an derselben Stelle auf der Bettdecke wie am Abend. Lena war sicher, dass er sich die ganze Nacht nicht bewegt hatte. Merkwürdig! Lena weckte Annette. Die brummte unwillig, wollte sich auf die andere Seite wälzen und weiterschlafen, doch da klopfte Lutz energisch an die Tür.

„Aufstehen, ihr Murmeltiere! Die Pferde warten schon!"

Der graue Kater sprang vom Bett und schritt würdevoll aus dem Zimmer, als Lena die Tür öffnete. Danach blieb er unsichtbar.

Der kleine schwarze Hund allerdings machte lautstark klar, dass er jede Menge Zuwendung brauchte, und wäre wohl am liebsten auf den Frühstückstisch gesprungen. Das kam Lena sehr bekannt vor. Es gab Spiegeleier mit Schinken, Milchkaffee, Butter, Mettwurst und selbst gebackenes Brot. Onkel Gottfried machte einen ziemlich verkaterten Eindruck, Tante Cillys Haare standen in alle Windrichtungen ab, Helga war schon fort zum Dienst, die Zwillinge wollten unbedingt mit Annette und Lena eine Schneeballschlacht machen.

Lutz blieb fest. „Gleich nach dem Frühstück fahren wir los!"

„Gemein!", schrie Bernd und war den Tränen nahe. „Jetzt haben wir euch nicht mal unsere Weihnachtsgeschenke gezeigt!"

Annette vertröstete ihn. „Wir kommen bestimmt irgendwann wieder zu Besuch. Dann spielen wir auch Monopoly. Versprochen!"

Langes Abschiedswinken, Hundegebell, Kinderlachen: Benno und Motte gingen los, als könnten sie es kaum erwarten. Mitten auf der Emsbrücke apfelten die Pferde ausgiebig. Dann stieg der Weg merklich an, aber das schien den Haflingern nichts auszumachen. Vielleicht wurde da so etwas wie die Erinnerung wach, dass ihre Vorfahren aus dem Südtiroler Berggebiet um das Dorf Hafling stammten, wo sie den Bergbauern bei der Arbeit auf den steilen Hängen zuverlässige Helfer gewesen waren. In Serpentinen wand sich der Weg dem Waldrand zu. Der Schnee auf den Wiesen hatte seinen Glanz verloren, der Wind wehte flattrig von Südwesten, Feuchtigkeit hing in der Luft.

Lena und Annette allerdings waren strahlender Laune. Die Vorfreude auf den Öko-Hof und seine Bewohner, von denen Lutz ihnen erzählt hatte, machte sie kribbelig. Lutz nahm ihr Kichern und Getuschel gelassen hin.

Nach einer steilen Spitzkehre führte der Weg direkt in den Hochwald hinein. Die Haflinger rutschten einige Male auf dem schneenassen Asphaltweg, doch geschickt fanden sie ihr Gleichgewicht wieder. Einige Nadelbäume waren vom Orkan umgerissen worden, doch die hohen Buchen hatten das Unwetter unbeschadet überstanden. Die Mädchen wurden still und bestaunten die moosüberzogenen Felsbrocken, die sich wie Köpfe schlafender Märchenriesen aus dem Berghang reckten.

„Schön ist es hier", flüsterte Lena.

„Es war eine gute Idee, mit dem Pferdewagen zu reisen", sagte Lutz. „Die Schönheit einer Landschaft bekommt man beim Autofahren kaum mit."

Aus der Ferne tönte das Sirren von Baumsägen. Dicke Schwarzdrosseln stöberten im Laub herum. An den Schlehdornhecken turnten Meisen. Und dann, als sie sich einer großen Lichtung näherten, erblickten die drei Reisenden plötzlich eine große Gruppe von Rehen. Als hätten sie keine Scheu, so äugten die Tiere dem Fuhrwerk entgegen.

„Oh, so ein großes Rudel!", wisperte Annette. „Schön!"

„Neun Ricken mit fünf Kitzen", murmelte Lutz. „Ungewöhnlich, so ein großes Rudel. Eigentlich leben die Muttertiere mit einem oder mit zwei Rehkälbern allein, es kommt auch vor, dass sich drei, vier Tiere zu einem so genannten Sprung zusammenschließen. Aber solch eine Herde – das ist unnatürlich!"

Lena verstand das nicht. Wieso nörgelte Lutz denn so

herum? War das denn nicht ein wunderbares Bild? Die schlanken Rehe, die bewegungslos verharrten und die Ohren gespitzt hatten ... „Magst du Rehe denn nicht leiden?", fragte sie Lutz.

Lutz hob kaum merklich die Hand, als wollte er anzeigen: Du verstehst mich falsch. Leise sagte er dann: „Rehe sind herrliche Tiere. Einerseits so schnell und elegant, andererseits so verletzbar. Und so hilflos in den Scheinwerferkegeln der Autos." Es schien, als wollte er nicht weitersprechen, sondern nur die Rehe beobachten, doch dann sprudelte es geradezu aus ihm heraus: „Es gibt zu viele Rehe hier in den Wäldern. Das ist das Problem. Der Wald hält das nicht aus. Die Rehe haben längst keine natürlichen Feinde mehr. Und die bescheuerten Jagdherren, die können ja nicht genug Rehe in ihren Revieren haben! Ist doch schick, wenn man die einflussreichen Geschäftsfreunde und ein paar schießgeile Politiker zur Jagd einladen kann, und man hat dann ordentlich was zum Abballern. Ein toter Rehbock mit einem schönen Gehörn: Das ist doch was! Schönes Foto, schöne Trophäe, schönes Besäufnis. Da können sich die Forstleute das Maul fusselig reden, auf die hören die Herren Jagdpächter ja nicht!" Lutz lachte bitter.

„Pst!", mahnte Annette.

„Das mit dem Wald", sagte Lena, „das verstehe ich nicht. Wieso hält der das nicht aus?"

Lutz erklärte es ihr. Im Winter, wenn sie kein Gras finden, knabbern die Rehe die Rinde von den jungen Bäumen, und die Keimlinge der Bäume fressen sie mit Stumpf und Stiel. Das bedeutet, dass viele Bäume eingehen und dass nichts nachwächst. Gerade im Münsterland, wo es meist nur kleine Wälder gibt, ist das Baumsterben durch Wildverbiss eine akute Gefahr. Und was tun die Jagdpächter? Sie halten künstlich den Rehbestand so hoch wie nur möglich, sie richten jede Menge Futterstellen ein, was zwar nach Tierliebe aussieht, aber absolut egoistisch und widernatürlich ist. So kommen auch kranke und schwache Tiere, die die Natur sonst aussondern würde, über den Winter.

„Aber wenn sie doch an den Futterstellen was zu fressen kriegen", wandte Lena ein, „dann brauchen sie doch nicht die jungen Bäume anzufressen."

„Schön wär's!" Lutz schniefte. „Wenn die Rehe an den Futterstellen all das Kraftfutter mit den chemischen Zusätzen verputzt haben, dann brauchen sie dringend Verdauungsstoffe. Und was fressen sie dann, Lena?"

„Ich weiß schon", sagte Lena kleinlaut.

„Genau! Baumrinde und Baumsprösslinge!" Lutz sagte das sehr laut.

„Mist, verdammter!", schimpfte Annette. „Warum hast du so laut krakeelt? Jetzt sind sie weg."

Fast wie in Zeitlupe verschwanden die Rehe mit großen Sätzen über den Hügelkamm. Wildtauben stoben auf, gurrten aufgeregt und stoben mit knatterndem Flügelschlag durch das Astwerk der kahlen Buchen.

„Ich finde Rehe aber trotzdem schön", beharrte Lena.

„Finde ich auch, das hab ich doch grad gesagt!" Lutz schwenkte ein bisschen ärgerlich die lange Peitsche. „Die Rehe können nichts dafür, dass sie sich hier so stark vermehren. Die Menschen haben die Schuld. Hast du schon mal was von dem Philosophen Hans Jonas gehört?"

Lena schüttelte den Kopf.

„Der Hans Jonas hat mal was Bemerkenswertes gesagt: *Der Mensch ist das einzige uns bekannte Wesen, das Verantwortung haben kann. Indem er sie haben kann, hat er sie.* – Kapiert?" Lutz stieß einen Pfiff aus. „Hopp, Benno! Hopp, Motte! Noch knappe zehn Kilometer, dann sind wir am Ziel!"

Die Haflinger fielen in Trab. Sie schüttelten die weißen Mähnen, als wollten sie sagen: Das ist es doch, was wir die ganze Zeit schon wollten.

Zwei Stunden waren ungefähr vergangen, da erreichten sie auf der Hochebene eine zauberhafte Landschaft. Alte Linden säumten die Allee, an deren Ende das Gehöft lag. Große Gartenflächen dehnten sich rechts und links, dahinter waren Obstplantagen zu erkennen. Zwischen den winterkahlen Beerenbüschen weideten Schafe und kleine Esel. Pfauen und Truthähne stolzierten zwischen dem Hühnervolk.

„Was für ein Haus!" Lena staunte. Sie dachte: In Büchern gibt es solche Häuser und in der Fantasie. Aber dies ist die Wirklichkeit.

Es war ein zweigeschossiges Fachwerkhaus, wunderschön in der Struktur seines Gefüges, voll Harmonie in den Ausmaßen. Ein Rankengewächs umrahmte die Tür. Im Türmchen auf dem Dach hing eine kleine Glocke. An der großen Scheune im Hintergrund wuchs wilder Wein, ein flacher Bau – die Fassade von großen Fenstern wie bei den Orangerien barocker Schlösser gegliedert – schien das Winterquartier von Oleander und Palmgewächsen zu sein. Schuppen und Treibhäuser waren weiter dahinter zu erkennen. Mächtige Kiefern überragten das Dach und standen wie Scherenschnitte vor dem Horizont.

„Ja“, echote Annette, „was für ein Haus!“

„Wir sind am Ziel“, sagte Lutz.

„Man hat uns schon gesehen.“ Lena zeigte auf das Fenster neben der Haustür. „Seht ihr? Da winkt jemand.“

In diesem Augenblick begann das Glöckchen zu bimmeln.

Im Hexenhaus

Chantal und Björn kamen aus dem Haus geeilt, als Lutz vom Kutschbock kletterte. Sie begrüßten ihn herzlich und ernsthaft zugleich, schauten ihn prüfend an und lachten dann, als wollten sie sagen: Du bist noch unser alter Freund. Wie schön, dass es dich gibt!

Lutz stellte Annette und Lena vor. Auch die beiden Mädchen wurden freundlich umarmt. Erleichtert erkannte Lena, dass die Gastgeber sich in ihrem Äußeren und in ihrer Art von jenen Öko-Freaks unterschieden, die Lena nicht besonders mochte: Männer mit ungepflegten Zottelbärten, in demonstrativ zerrissenen Kordhosen und in Holzpantinen, Frauen mit Schuppen im zerzausten Langhaar, in sackähnlichen Kleidern und mit Ketten aus dicken Holzperlen – selbstgerecht und überheblich und schwatzhaft zumeist. Nein, Björn und Chantal waren ganz anders.

Chantal war schmal und von südländischem Charme, nicht nur die Färbung ihrer Sprache verriet, dass sie aus Frankreich stammte. Sie trug schwarze Leggins, Wildlederstiefeletten und eine bestickte Kosakenjacke. Björn sah ein bisschen so aus, wie Lena sich immer Architekten vorstellte: Goldrandbrille, Schnurrbart, Jeans und dunkles Hemd. Nur dass Björn sich keine modische Fliege vorgebunden hatte. Sein Haar war über der Stirn schon ziemlich gelichtet, obwohl er wohl kaum älter als dreißig Jahre war. Lena dachte: Ich mag die beiden.

„Willkommen im Hexenhaus!", sagte Chantal.

„Hexenhaus?" Annette und Lena riefen es gleichzeitig aus.

„So heißt unser Haus bei den Leuten in der Umgebung", erklärte Björn. „Angeblich hat hier einmal eine Frau gewohnt, die hexen konnte."

„Hexenhäuser sehen eigentlich ganz anders aus", sagte Lena. „Jedenfalls in Märchenbüchern."

Chantal nickte. „In den meisten Märchenbüchern sind die Hexen ja auch als schrecklich hässliche und böse Weiber dargestellt. Doch in Wirklichkeit waren die so genannten Hexen besonders kluge Frauen, was natürlich den herrschenden Männercliquen nicht gefiel. Darum haben sie die Hexen verfolgt und verbrannt. Aber nun kommt endlich rein in unser Hexenhaus, ihr Mädchen! Es ist lausig kalt."

„Aber die Pferde ..."

Björn unterbrach Annette. „Lutz und ich kümmern uns um die schönen Haflinger. Ich finde das ganz stark, dass ihr mit dem Pferdewagen gekommen seid."

„Es hat viel Spaß gemacht!", rief Annette über die Schulter, als sie mit Chantal und Lena ins Haus ging.

Lena war vom Inneren des Hexenhauses genauso angetan wie vom äußeren Anblick. Ein Herdfeuer in der Diele, Massen von Büchern an den Wänden im Wohnraum, überall Bronze- und Steinskulpturen und Bilder von erregender Farbigkeit, Wollteppiche auf den Holzbohlenfußböden, eine große Küche mit einem Rauchfang, wo es nach Früchten und Gewürzen und Gebackenem duftete. Lena wusste von Lutz, dass Björn und Chantal an der Bielefelder Hochschule als Dozenten gearbeitet hatten, bevor sie den Öko-Hof zu bewirtschaften begannen. Dass es hier so heimelig sein würde, hatte Lena nicht erwartet. Sie stand da mit ihrer Reisetasche und der Schlafsackrolle und staunte.

„Schön haben Sie's hier!", sagte Lena.

Chantal tippte ihr auf die Nasenspitze. „Unter Freunden sagt man doch du zueinander, oder? Bewegt euch im

Haus, wie es euch gefällt. Wenn ihr irgendwo jemanden schnarchen hört, dann ist es der Longus, der hat eine lange Autofahrt hinter sich. Und wenn gleich jemand ganz laut kräht, dann ist es unsere kleine Véronique, die wird dann Hunger haben. Am besten zeige ich euch erst mal euren Schlafplatz für die Nacht."

Die Mädchen folgten Chantal die Treppe hinauf. In einem Raum, der offenbar als Atelier diente, waren Strohmatratzen ausgebreitet. Lena und Annette rollten ihre Schlafsäcke aus. Erst jetzt erkannte Lena an den Signaturen, dass die meisten Bilder im Haus von Chantal stammten.

„Das Badezimmer hat eine blaue Tür", sagte Chantal, „nicht zu übersehen. Und, wie gesagt, versucht einfach, euch wie zu Hause zu bewegen. Zwischendurch haben wir ja immer Zeit, miteinander zu reden, damit wir uns auch besser kennen lernen. Wer zwischen den Mahlzeiten Hunger oder Durst hat, muss sich in der Küche was suchen. Okay?"

„Okay!", riefen die Mädchen.

Chantal hob die Hand und verschwand wieder nach unten, wo Babygeschrei eingesetzt hatte. Véronique war also aufgewacht und verlangte Nahrung.

„Klasse ist's hier!" Annette war ans Fenster getreten und schaute in den Hof hinunter. „Motte und Benno wohnen drüben in dem flachen Stall. Lutz und Björn füttern sie gerade. Hast du die Winzesel gesehen, Lena?"

„Logo!"

„Lutz hat mir erzählt, dass die Esel und die Schafe sozusagen als Rasenmäher arbeiten. Sie weiden auch zwischen den Beerensträuchern und in der Baumschule mit den größeren Nadelbäumen. Lutz meint, das funktioniert astrein, und Dünger produzieren sie natürlich auch reichlich. Wollen wir uns die Tiere mal aus der Nähe anschauen?"

„Na klar", antwortete Lena, „den ganzen Hof sollten wir uns mal aus der Nähe anschauen. Ich bin rasend neugierig. Hast du gesehen, dass es auf der Wiese ein Windkraftwerk gibt?"

„Ich kann die Flügel von dem Ding sogar von hier aus sehen." Annette presste die Backe gegen die Fensterscheibe.

„Und das Ding liefert so viel Energie, dass Björn und Chantal fast den ganzen Strombedarf für ihren Hof damit decken können", sagte da plötzlich jemand von der Tür her.

Die Mädchen fuhren herum. Da stand ein junger Mann, der war enorm dünn und enorm lang. Er steckte in einem fast knielangen Rollkragenpullover, hatte darunter nackte Beine und nackte Füße, rauchte ein Zigarillo und hatte sich die Brille auf die Stirn geschoben.

„Ich bin der Longus", sagte der dünne Mann. „Und ich wette, ihr seid die Mädchen, die zusammen mit Lutz erwartet wurden. Eigentlich heiße ich zwar Friedbert, aber ich finde den Namen so bescheuert, dass ich mich längst an Longus gewöhnt habe. Schön, dass ihr gekommen seid!" Geradezu feierlich gab Longus den Mädchen die Hand.

„Jesses, du musst mindestens zwei Meter groß sein!", entfuhr es Annette.

Longus schüttelte scheinbar gequält den Kopf. „Eben nicht. Ein Zentimeter fehlt, *ein* winziger Zentimeter. Das muss man sich mal vorstellen!"

„Aber es reicht auch so", tröstete Annette. „Ich heiße Annette und bin die Schwester vom Lutz."

„Sieht jeder", sagte Longus.

„Ich heiße Lena und bin die Freundin der Schwester vom Lutz", erklärte Lena.

„Sieht auch jeder. Hast du Indianer unter deinen Vorfahren?"

Lena strahlte. „Jede Menge. Ich stamme in direkter Linie von Winnetou ab." Sie dachte: Der lange Lulatsch scheint in Ordnung zu sein.

„Die anderen kommen erst morgen", sagte Longus.

Da platzte Lena einfach so raus. „Sag mal, woher kennt ihr euch denn eigentlich alle? Ich meine, der Lutz und du und Chantal und Björn und die anderen."

Longus war erstaunt. „Das wisst ihr gar nicht? Beim Sitzstreik haben wir uns kennen gelernt. Beim Sitzstreik gegen die verbrecherischen Pferdetransporte. Wir waren sozusagen die Gruppe Münsterland bei der großen Blockade an der österreichisch-italienischen Grenze oben auf dem Brenner-Pass. Hat Lutz euch nichts davon erzählt?"

„Nein", sagte Annette, „hat er nicht. Wie war das denn?"

Longus zog den Pullover noch mehr in die Länge. „Wir

sind alle beim Deutschen Tierschutzbund engagiert. Als das damals so richtig bekannt wurde, was viele schon geahnt hatten, dass da nämlich Massen von Schlachtpferden unter geradezu mörderischen Bedingungen auf riesigen Lastwagen nach Süden transportiert wurden, also, da sind wir zu einer internationalen Aktion zusammengekommen. Wir haben uns aneinander gekettet und die Trucks mit den entsetzlich zugerichteten Pferden nicht durchgelassen, obwohl die Fahrer mit Knüppeln auf uns eingeschlagen haben. Ich weiß noch, es war brütend heiß. Und all die gequälten Tiere in diesen rollenden Folterkammern ..." Longus ballte die Fäuste und biss sich auf die Unterlippe, als ständen die schrecklichen Bilder der Erinnerung zum Greifen nah vor ihm.

Lena und Annette hielten für Sekunden den Atem an. Was Longus da berichtete, das machte sie sprachlos. Warum hatte Lutz nie davon gesprochen? Er war doch dabei gewesen! Traute er sich nicht, so schlimme Erlebnisse zu schildern? Wollte er den Mädchen so etwas nicht zumuten?

Longus redete weiter. „Wir waren informiert worden, dass wieder Transporter der Killer-Buyers unterwegs waren."

Annette schaute ihn fragend an. „Killer-Buyers?"

„Todeskäufer", übersetzte Longus. „Sie ersteigern oder kaufen billige Pferde für den Schlachtmarkt und transportieren die lebenden Tiere unter grauenhaften Bedingungen dorthin, wo man ihnen den höchsten Fleischpreis bietet. Über Tage können solche Fahrten gehen, viele der Pferde ersticken oder sterben vor Schwäche, andere verdursten oder verhungern oder werden von den anderen Tieren in Panik tot getreten. Ich kann euch sagen, wir haben so entsetzliche Bilder gesehen, dass man gar keine Worte dafür findet. Es gibt Menschen, die sind zu jeder Brutalität fähig, wenn der Zaster lockt. Da waren Pferde mit gebrochenen Beinen, zerfetzter Haut, blutenden Köpfen ... Und sie klebten da geradezu zusammengepresst aneinander. Und die schreckliche Angst in ihren Augen ...“ Longus schüttelte sich. „Ich will euch das nicht näher beschreiben.“

Die Bilder der Vorstellung zogen wie in einem Albtraum durch Lenas Kopf. Sie versuchte die Gedanken abzuschütteln. „Und eure Sitzblockade? Wie ging das weiter?“

Longus wischte mit den Händen durch die Luft. „Die Zollbeamten guckten zunächst weg, als die Brutalinskis von Fahrern auf uns einprügelten, dann riefen sie die Polizei. Wir hatten nämlich dafür gesorgt, dass Journalisten und Fernsehleute erschienen. Und wenn das Fernsehen da ist, dann kommen auch sofort die Politiker geflitzt und halten die Köpfe vor die Kamera. Sie zeigten sich alle zutiefst betroffen. Ich sage euch, wenn ich die Phrase *zutiefst betroffen* von einem Politiker höre – egal, in welchem Zusammenhang – dann kommt mir die kalte Kotze. Wenn diese Heuchler strengere Gesetze beschlossen hätten und für schärfere Kontrollen und knallharte Knaststrafen gesorgt hätten, dann wären solche Todestransporte nicht möglich."

„Aber gibt es so etwas denn immer noch?", fragte Annette.

„Natürlich." Longus zog den Mund zusammen, als wollte er ausspucken. „Glaubt ihr denn, mit ein paar spektakulären Aktionen könnte man den geldgeilen Tierschindern das Handwerk legen? Damals am Brenner, da wurden dann Tierärzte geholt, da wurden die Pferde von der Folter erlöst und rasch getötet. Durch den Druck der Öffentlichkeit sind vielleicht manche Behörden aus dem Tiefschlaf aufgeschreckt worden, man kontrolliert wahrscheinlich inzwischen genauer. Aber die Transporte gehen ungehindert weiter, da hat sich nichts geändert. Das Problem muss grundsätzlich und europaweit – ja, sogar weltweit – angegangen werden. Eine Gesellschaft, die sich human nennt, dürfte solche Verbrechen an der hilflosen Kreatur nicht hinnehmen. Aber Menschen führen ja auch Kriege gegen Menschen. Es ist nicht zu fassen!"

„Aber ... aber was müsste denn geschehen wegen der Pferde ..." Annette war verwirrt, sie konnte ihre Gedanken nicht richtig ordnen. „Was könnte man denn tun?"

Longus berichtete, was damals geschehen war. Gemeinsam mit dem Tierschutzbund und vielen zornigen Tierschützern und streitbaren Journalisten hatte man Forderungen an das Europa-Parlament gerichtet, und viele tausende Tierfreunde hatten mit ihren Unterschriften diese Forderungen unterstützt. *Macht Schluss mit den Todestrans-*

318

porten! Das war die Hauptforderung. Longus sagte: „Das bedeutete das grundsätzliche Verbot von Import und Export lebender Schlachtpferde. Ein generelles Schlachtverbot ist nicht durchsetzbar. Wir essen ja nun mal Tiere, das kann man drehen und wenden, wie man will. Nur wenige Menschen verzichten bewusst auf Fleisch. Aber die fachgerechte Tötung auf dem nächst gelegenen Schlachthof: Die muss ja wohl durchsetzbar sein. Selbst auf kurzen Transporten müssen die Tiere versorgt und von Fachleuten beobachtet werden. Jeglichen Stress muss man ihnen ersparen. Ein europäisches Tierschutzgesetz, in dem Tiere nicht als Sache, sondern als Lebewesen behandelt werden und das Tierquälerei schwer bestraft, wurde überfällig. Aber ihr wisst ja, wie weit Theorie und Praxis auseinander klaffen. Und neuerdings haben wir ja ein zusätzliches Problem. Ich meine: Was die Pferdetransporte betrifft.“

„Welches denn?“, fragte Lena.

„In Europa sind weitgehend die Grenzen offen. Zwischen den EG-Mitgliedsländern gibt es also kaum noch Grenzkontrollen. Das bedeutet, dass ein Lastzug mit Schlachtpferden quer durch Europa brausen kann, und keiner kümmert sich drum. Eine Scheiße ist das! Wenn doch endlich alle tierliebenden Menschen aufwachten und den Tierquälern auf die Finger hauten! Da ist noch viel zu tun. Wir müssen vor allem die Politiker unter Druck setzen.“ Longus holte tief Luft.

„Und Lutz und Chantal und Björn, die waren damals auf dem Brenner alle dabei?“, wollte Annette wissen.

„Ja, wir alle!" Longus nickte.

„Dass Lutz mir nie davon erzählt hat!", sagte Annette leise.

Longus sagte: „Damals haben wir Leutchen aus dem Münsterland beschlossen, dass wir uns mindestens einmal im Jahr treffen, um unsere Erfahrungen auszutauschen und um einfach ein bisschen beieinander zu sein. Das wärmt. Das macht Mut. Darum treffen wir uns hier im Hexenhaus. Ich bin eigens aus Ravensburg angetuckert. Dort hab ich einen Ferienjob als Kellner. Tja, und diesmal seid ihr zwei also auch dabei. Finde ich schön! Und jetzt ziehe ich mir mal ganz rasch meine Klamotten an und begrüße den ollen Lutz."

Longus sauste aus dem Zimmer. Der Pullover schlabberte ihm um die dünnen Beine.

Lena und Annette brauchten einige Zeit, um sich wieder in der Gegenwart zurechtzufinden. Sie schauten sich im ganzen Haus um, spielten ein bisschen mit den drei Katzen, die sich aber nicht anfassen lassen wollten, und sahen dann Chantal und Véronique in der Küche zu, weil die mit dem Möhrenbrei eine lustige Schlammschlacht veranstalteten. Die kleine Véronique mit der witzigen Hahnenkammfrisur hatte ihren hellgrünen Overall schon voll gespuckt. Sie hockte auf dem Tisch und strampelte vergnügt.

„Wir laufen mal durch euer ganzes Gehöft", sagte Annette. „Es ist ja noch ziemlich hell."

„Ja, macht das!", rief Chantal. „Dann seht ihr auch, dass das alles mit sehr viel Arbeit zu tun hat."

„Hast du denn dann noch Zeit zum Malen?", fragte Lena.

„Nein, eigentlich nicht." Chantal lachte.

Als sie über den Sandweg zwischen den jungen Obstbäumen zu der Wiese liefen, wo sich die Zwergesel tummelten, hielt Annette ihre Freundin plötzlich an den Haaren fest. „Du, sag mal, wie findest du eigentlich den Longus?", fragte sie.

Lena guckte auf ihre Schuhspitzen. „Ganz toller Typ. Und was der uns alles erzählt hat!"

„Magst du ihn?"

„Nicht so, wie du denkst", antwortete Lena schnell. Sie wusste selber: Das konnte alles und gar nichts bedeuten. Aber was sollte sie denn auch antworten? Longus gefiel ihr sehr, aber Lutz gefiel ihr auch sehr. Verrückt, solche Gefühle! Und die Schmetterlinge im Bauch machten sich auch wieder bemerkbar.

Die sieben kleinen Esel ließen sich gern streicheln. Allerdings schienen sie aber auch darauf aus zu sein, Hosen und Jacken zu zerbeißen. Die Mädchen mussten höllisch aufpassen. Die Schafe lagen wiederkäuend im Schnee und blickten gleichmütig.

Bei den Gartenbeeten zwischen den Treibhäusern trafen Lena und Annette auf Björn und einen fremden Mann. Die beiden waren dabei, einen Treckeranhänger mit Grünkohl zu beladen.

„Wenn er Frost bekommen hat, dann ist der Grünkohl am besten", erklärte Björn, „genauso wie der Rosenkohl.

Herr Hentschel beliefert heute Abend noch ein paar Geschäftsleute." Björn zeigte auf den Mann in lehmverschmierten Stiefeln, der tippte sich nur kurz an die Kappe. Dann zeigte Björn auf die Mädchen. „Das sind Lena und Annette, die sind zu Besuch gekommen."

Als der Trecker mit dem beladenen Anhänger losknatterte, streifte Björn sich die Gärtnerhandschuhe ab und forderte die Mädchen auf, mit ihm im Treibhaus Küchenkräuter abzuschneiden, weil gleich am nächsten Morgen zwei Supermärkte beliefert werden mussten. Lena und Annette freuten sich, dass sie ein wenig helfen konnten.

„Wir haben feste Kunden", erklärte Björn, „die beliefern wir mit Gemüse, Obst und Kartoffeln, was halt so jahreszeitlich anfällt. Sie wissen, dass es bei uns etwas teurer ist als anderswo, weil wir die Pflanzen nicht mit Chemikalien hochpuschen. Wir verwenden auch keinerlei Herbizide, und das bedeutet natürlich intensive Arbeit bei der Landbestellung in unserer Großgärtnerei. Aber dafür bekommt man bei uns garantiert unvergiftete Ware." Leise fügte Björn hinzu: „Gegen das Gift, das aus der Luft kommt, sind wir allerdings machtlos."

„Handelt ihr auch mit Eiern?", wollte Annette wissen.

„Ein bisschen", sagte Björn. „Wir haben ungefähr sechzig Hühner, die laufen selbstverständlich frei herum."

„Sehen wir", meinte Lena. „Und die Pfauen ..."

„Oje!", unterbrach Björn. „Die haben wir bloß so. Ich meine: Weil sie so schön sind. Aber die müssen jetzt ganz schnell in ihren Stall. Sonst wird's zu kalt für die großen

Vögel. Ich hab sie ganz vergessen. Das kann passieren, wenn man Besuch kriegt."

Als Björn eine Flügeltür der Orangerie öffnete, stolzierten die beiden Pfauen von selbst in ihre Nachtbehausung. Sie stießen dabei seltsame Kieks-Laute aus. Ihre Krönchen zitterten.

„Ihr habt ja ganz schön viel um die Ohren!" Annette breitete die Arme aus, als wollte sie das gesamte Gehöft umfassen.

„Das haben wir!" Björn nickte. „Ein paar Leute aus der Umgebung arbeiten für uns. Manchmal ist es schon hart. Aber es macht ja auch Spaß. Vor allem: Wir wollten es so. Und nun kommt erst mal mit ins Haus! Die Tiere versorgen wir später. Auch eure tollen Haflinger."

Chantal, Lutz und Longus saßen am Küchentisch, tranken Bier und klönten. Auf dem großen eisernen Allesbrennerherd blubberte duftende Gemüsesuppe in einem mächtigen Topf. Chantal hatte auch frisches Brot aus der Vorratskammer geholt, das hatte sie selbst gebacken.

„Auf euer Wohl, Freunde!" Björn hatte sich einen Krug bis zum Rand voll gegossen, sodass der Schaum überquoll, und stieß mit Lutz und Longus an. „Auf euer Wohl, Freundinnen!" Björn prostete den Mädchen zu. „Was wollt ihr denn trinken?"

Chantal schlug selbst abgefüllten Saft von eigenen Obstbeständen vor. Annette und Lena waren einverstanden. Véronique krabbelte quiekend Björn entgegen und rupfte dann an seinem Schnurrbart herum.

„Es wird wieder kalt", sagte Björn, „kalt und sternenklar. Gutes Wetter."

Lutz fragte: „Kann ich mal euer Telefon benutzen? Ich hab Gesine einen Anruf versprochen. Sie sitzt in Göttingen an ihrer Examensarbeit, während ich hier gemütlich Bier trinke."

„Du weißt ja, wo das Ding steht." Björn zeigte zur Tür des Nebenraumes, der als Büro eingerichtet war.

Als Lutz verschwunden war, fragte Lena leise: „Gesine? Wer ist das?" Sie fragte so, als hätte es eigentlich gar nichts weiter zu bedeuten.

Annette kicherte. „Na, wer schon! Du kannst vielleicht doof fragen."

„Ach so!" Lena kicherte auch, doch es fiel ihr schwer, und sie wusste genau, dass sie rot wurde. Irgendwo in ihr drin tat es ein bisschen weh.

Telefonieren schien ansteckend zu sein. Kaum war Lutz wieder in der Küche, da reckte Longus seine hundertneunundneunzig Zentimeter in die Höhe, um ebenfalls ganz dringend jemanden anzurufen.

„Rosemarie büffelt in Münster für ihr Mündliches. In drei Wochen ist sie an der Reihe. Germanistik, Skandinavistik und Soziologie. Völlig beknackte Fächerkombination. Auf der Rückfahrt werde ich sie besuchen."

Als Longus verschwunden war, gluckste Annette: „Lena, jetzt frag mich bloß nicht, wer Rosemarie ist!"

„Keine Sorge", antwortete Lena. Die verdammten Schmetterlinge! Sie dachte: Warum kann ich nicht vernünftig ticken? Was bilde ich mir eigentlich ein, ich blödes Huhn?

Später fragte Chantal sie, ob sie nicht zu Hause anrufen möchte, weil die Eltern doch sicher gern wüssten, was die Tochter so mache. Lena nickte und ging auch zum Telefon.

Gregor meldete sich. Ja, auf dem Pferdehof laufe alles gut, die Sturmschäden seien beseitigt, Pitt habe den üblichen Bärenhunger, Hanna befinde sich zur Zeit bei einer Diskussion über Düsenjägerlärm in der Kreisstadt, Raja gehe es ausgezeichnet. „Und was ist mit dir, Lenamädchen?"

Lena dachte einen Augenblick nach. „Ich glaube, mir geht es gut. Ich hatte eine wunderbare Reise, ich habe tolle Leute kennen gelernt, und ich habe viel Neues erfahren. Wenn ich wieder zu Hause bin, habe ich euch eine Menge zu erzählen."

Sie tauschten Grüße aus. Gregor versprach, die alte Stute in Lenas Namen zu streicheln. Lena überlegte: Habe ich Heimweh?

Chantal rief zum Abendessen. „Nachher versorgen wir gemeinsam die Tiere, und dann machen wir uns einen gemütlichen Abend. Wir haben uns doch so viel zu sagen nach der langen Zeit!"

Es wurde ein sehr langer Abend. Lena fühlte sich glücklich und traurig zugleich, als sie dann in ihrem Schlafsack lag und die Sterne funkeln sah.

Das Fest

Winzige Schneekristalle flimmerten in den Strahlen der Morgensonne und brachten die Luft zum Glänzen. Der Atemhauch blieb in den Augenbrauen kleben und gefror. Die verharschte dünne Schneedecke auf der Wiese knirschte bei jedem Schritt. Lena und Annette zogen die dick vermummte Véronique im Bollerwagen hinter sich her. Das kleine Mädchen brabbelte endlose Geschichten. Einer der Pfauen schrie kläglich. Die Hühner und die Puten pickten Maiskörner. Tief im Wald gurrten Tauben.

Das wird ein guter Tag, dachte Lena.

Lutz half Chantal im Haus bei den Festvorbereitungen. Longus war gleich nach dem Frühstück mit dem Caravan zum kleinen Flugplatz nach Greven gefahren, um die drei Gäste aus München dort abzuholen. Björn hatte in einem der Gewächshäuser zu tun. Zwei Esel übten Boxen.

„Nachher müssen wir Motte und Benno ein bisschen bewegen", sagte Annette und kickte mit der Schuhspitze die Eishauben von den vertrockneten Tomatenpflanzen.

„Ausmisten müssen wir auch." Lena schüttelte sich die Anorakkapuze vom Kopf. „Ob's zu kalt ist für die Kleine?"

„I wo! Solche Winzlinge müssen früh abgehärtet werden. Das ist gesund für die Lungen."

326

Lena stellte sich in Pose. „Verehrte Zuschauerinnen, verehrte Zuschauer, sie hörten den heutigen Gesundheitstipp der bekannten Kinderärztin Doktor Annette Schulze-Gehling! Und nun folgen die Nachrichten mit der Wettervorhersage."

Die folgten dann allerdings nicht mehr, weil Annette ihre Freundin mit harten Schneebrocken attackierte.

Véronique hatte ihre Freude an der Kabbelei der Mädchen. Die Schafe guckten auch zu und schienen zu grinsen.

Als Lena und Annette eine Stunde später mit den Haflingern am Führstrick vom Kiefernhang zum Hof zurückkamen, stand der Caravan im Schuppen. Longus war wieder da!

„Schnell, Lena!", rief Annette. „Wir bringen die Pferde in den Stall, komm! Ich bin neugierig auf die Neuen!"

Fröhliche, laute Stimmen schallten aus der Küche. Die ersten Begrüßungsrituale waren wohl schon vorüber. Longus machte die Ankömmlinge mit Annette und Lena bekannt.

Die Neuen, das waren Angelika, ihr Bruder Gabriel und dessen Freundin Esther. Gabriel, stämmig, athletisch und mit schulterlangen Locken, redete mit dröhnender Bassstimme. Die schmale Esther mit den ovalen Brillengläsern und der olivfarbenen Haut brachte höchstens die Hälfte von Gabriels Gewicht auf die Waage. Angelika war offenbar älter als ihr Bruder und hatte einen herben Zug um den schmallippigen Mund, doch das fröhliche Blitzen in ihren Augen wirkte fast wie ein Widerspruch dazu. Lena fand Angelikas Gesicht ungemein anziehend. Sie suchte nach dem richtigen Wort dafür, fand es aber nicht.

Gabriel sagte: „Liebe Freunde, das war Millimeterarbeit! Wenn unser Alter uns nicht die Flugtickets zu Weihnachten spendiert hätte, wären wir schön angeschmiert gewesen. Angelika hat seit Monaten keinen Pfennig Gage gesehen, weil das Fleckerl-Theater wieder mal pleite ist, Esther hat ihren Scheck aus Tel Aviv noch nicht bekommen, und ich armer Hund von Assistenzarzt nage sowieso am Hungertuch. Aber jetzt sind wir ja da!"

„Trinken wir auf das Wohl unseres Alten!", schlug Angelika vor. „Der grantigste Vater mit dem goldenen Herzen!"

Alle griffen nach ihren Begrüßungsschnapsgläschen, und nur Lena und Annette standen mit leeren Händen da. Das machte ihnen aber nichts.

Lena erfuhr, dass der gemeinsame Spaziergang durch den Wald und über das Hochmoor fester Bestandteil der Treffen im Hexenhaus war. Dieses Mal lud das Wetter in besonderem Maße zum Wandern ein. Manchmal, wenn einer etwas sehr Wichtiges zu berichten hatte, blieben alle stehen und stellten sich im Kreis zusammen, diskutierten, berieten, schimpften und lachten.

Esther, die in München Sozialpädagogik studierte, erzählte von einem aktuellen Fall schlimmer Tiermisshandlungen. Zusammen mit anderen Tierschützern war sie dem Besitzer eines Trabergestüts auf die Schliche gekommen, der mehr als zwanzig Pferde in total verwahrlostem

Zustand ohne Pflege und Futter in einen Stall eingeschlossen hatte. Die Tiere waren nur noch Haut und Knochen gewesen, als man mit Hilfe der Polizei die Türen gewaltsam öffnete. Einige Pferde mussten getötet werden. Die Leute in der Umgebung hatten angeblich nichts gemerkt. Doch nun war endlich der Staatsanwalt tätig geworden. Esther wusste aber auch von einem schönen Ereignis zu berichten. Nach dem Vorbild einer Frau im Sauerland, die ein großes Gelände als neues Zuhause für alte und herrenlose Hunde eingerichtet hatte, waren junge Leute auf der Schwäbischen Alb aktiv geworden und kümmerten sich unter fachlicher Leitung um alte Pferde, die auf einem Einödhof eine Heimat gefunden hatten, und eine Schule und ein Verlag hatten die Patenschaft übernommen.

Dann, als die anderen ihre Berichte beendet hatten, forderte Lutz Lena auf, vom neuen Leben auf dem Pferdehof zu erzählen. Lena überwand ihre Scheu sehr schnell, denn sie war ja unter Freunden, und sagte alles, was ihr einfiel. Klar, dass Raja dabei die Hauptrolle spielte!

Natürlich bekam Lutz eine Menge Beifall, weil er ganz zünftig mit dem Planwagen zum Jahrestreffen angereist war, doch er gab das Lob an die beiden Mädchen weiter. „Also, damit die Sache auch ihre Richtigkeit hat! Die Idee stammt von Annette, und das Fuhrwerk stammt vom Pferdehof. Ich bin bloß der Kutscher."

Sie erzählten von ihren Plänen und persönlichen Schwierigkeiten, von Erfolgserlebnissen und kleinen privaten Dingen, plauderten in Grüppchen oder Zweiergesprächen, und Lena und Annette lernten diese jungen Leute allmählich kennen, die sich damals beim Sitzstreik angefreundet hatten. Sie schlenderten über Wildpfade, stapften durch angefrorenes Laub, überquerten zwischen Birken und Ginsterstauden das Hochmoor. In einer Art Rucksack hockte Véronique auf Björns Rücken und summte ganz leise erfundene Lieder.

Der Raureif hatte Gräser und Büsche verzaubert. In den Gräben gleißte das Eis. Lena dachte: Hoffentlich hört unser Rundweg niemals auf. Ich könnte tagelang so gehen.

Esther ließ die Arme wie Propeller kreisen. „Mir wird langsam kalt. Ein heißer Tee wär jetzt nicht schlecht."

Gabriel schlang den Arm um die Freundin. „Gleich sind wir im Hexenhaus, da bullert ein heißer Ofen, und da kriegst du auch deinen Tee, du Zittertante, du."

Lena zeigte zu den Baumwipfeln hoch. „So viele Tannenzapfen hab ich noch nie gesehen! Schön sieht das aus."

Lutz knurrte unwillig. „Lass dich nicht täuschen, Lena! Das sind Paniktriebe. Die meisten Bäume hier im Teutoburger Wald sind nicht mehr gesund. Aber wir sollten das Thema jetzt nicht vertiefen, denn ab jetzt wird gefeiert."

Ein kleiner Trecker parkte vor dem Hexenhaus. Im Näherkommen sah Lena einen Mann mit Pudelmütze, der einen großen Grill vom Anhänger lud.

„Hallo, Ansgar!", rief Chantal. Zu Lena und Annette sagte sie: „Ansgar ist ein guter Freund von uns. Er betreibt im Dorf eine Reparaturwerkstatt für Landmaschinen.

Wenn er uns nicht schon so oft geholfen hätte, wären wir mit unserem Betrieb ganz schön baden gegangen. Von technischen Dingen hatten Björn und ich am Anfang überhaupt keine Ahnung."

Ansgar zeigte zum Hausdach hinauf. „Ihr habt ganz enorm Schwein gehabt, Chantal. Euch hat der Sturm verschont."

Chantal lächelte. „Vielleicht hat uns die gute Hexe beschützt. Hast du Heike nicht mitgebracht?"

„Sie kommt etwas später." Ansgar stellte den Grill vor dem Hauseingang auf. „Soll ich schon anheizen?"

„Aber sicher!", rief Björn. „Bis die Glut richtig ist, dauert's glatt zwei Stunden. Ich schätze, die Leutchen hier werden bald vor Hunger schreien."

Sofort stieß Longus einen Schrei aus. Angelika fasste sich wie gequält an den Magen. Alle trampelten sich den Schnee von den Schuhen und strebten ins Haus, wo Lutz das Bierfässchen angestochen hatte. Annette und Lena kochten in der Küche das Spezialgetränk aus Früchtetee und Säften und Gewürzen. Esther und Angelika wurden vom Duft angezogen. Sie machten sich nichts aus Bier.

Hentschel und seine Frau trafen ein und brachten einen Topf Kartoffelsalat mit. Mit einem uralten VW-Bus kamen junge Leute aus dem Dorf getuckert, brachten Gelächter ins Haus, bewegten sich ungezwungen, spielten mit Véronique und schleppten dann Eichenscheite und Strohballen aus dem Gerätehaus heran und entzündeten auf dem Vorplatz ein Feuer. Der Eisenofen in der Küche, das

Kaminfeuer in der Diele, die Flammen unter den Grill-
kohlen und das große Feuer vor dem Haus: Eine Wärme-
zone entstand an diesem kalten Spätnachmittag, die eine
wundersame Stimmung verbreitete.

Annette stieß Lena an. „Träumst du?"

„Ein bisschen", sagte Lena. „Ja, ein bisschen träume ich."

Lutz und Chantal hatten am Vormittag Salate gemischt,
Fleischstücke geschnitten und Würste zurechtgelegt. Die
Brotlaibe dufteten würzig, und als dann das Feuer im Grill
zu heißer Glut geworden war, legten Gabriel und Annette
Kartoffeln und Äpfel zum Garen auf den Rost. Fett spritz-
te, Würstchen zischelten, Musik ertönte aus der Diele.

Gabriel verkündete, ein wirklich guter Rotwein-Punsch
könne selbstverständlich nur von einem Mediziner herge-
stellt werden, und so machte er sich, assistiert von Longus,
an die Arbeit. Der große Kessel auf dem Herd war bald
von Neugierigen umstellt.

„Aber mach das Gesöff nicht zu stark!", forderte Esther.

„Anweisungen an einen der erfahrensten Punschbrauer
der Welt!" Gabriel tat empört. „Hört nicht auf das Weib!
Vertraut dem Meister! Verraten euch eure Nasen nicht,
dass hier etwas Göttliches entsteht?"

„Was ist denn da alles drin?", fragte eine Frau skeptisch.

Alle Gifte, die ein Hexenhaus halt zu bieten habe, antwortete Gabriel, den Rest verrate er aber nicht. Und
während er mit der linken Hand Gewürze in den sieden-
den Wein streute, schüttete er mit der rechten Hochpro-
zentiges aus einer bauchigen Flasche dazu.

„Riecht wie im Krankenhaus", bemerkte Lutz.

„Man merkt, dass du noch nie in einem Krankenhaus warst", gab Gabriel zurück. „Und nun stört mich nicht, denn der Meister muss sich konzentrieren."

„Das Fleisch wird allmählich gar!", rief Ansgar von draußen. „Und zehn Würstchen sind auch schon fertig. Die hungrigsten Figuren können schon mal antraben. Bringt euch Senf mit!"

Teller, Gläser und Bestecke waren auf einer langen Bank in der Diele bereitgestellt. Munteres Getümmel begann. Die einen umlagerten den Grill, die anderen drängten sich in der Küche, wo Gabriel mit einer Schöpfkelle das dampfende Gebräu ausschenkte.

Lena genoss das fröhliche Durcheinander. Den Grund wusste sie nicht genau, doch sie mochte all diese Leute, von denen sie einige gerade erst kennen gelernt hatte und von denen ihr andere nicht einmal mit dem Namen bekannt waren. Vielleicht war es die offene Art, in der dieses Völkchen plauderte, fragte, berichtete und schmauste.

Annette häufte sich Unmengen Nudelsalat auf einen großen Teller. „Da sind Kapern drin", erklärte sie Lena. „Für Kapern würd ich glatt meine Großmutter verkaufen."

„Das verrate ich Oma Toni", sagte Lena, „und dann wirst du enterbt. Hast du den Radieschensalat schon mal probiert?"

„Nee, aber den kalten Käseauflauf. Allererste Spitze!"

Also machte Lena sich an den Käseauflauf heran. Sie fand Annettes Urteil bestätigt, probierte anschließend den

Möhrensalat und das Knoblauchbrot und verputzte auch noch ein paar gefüllte Zucchini. Ihr Spezialgetränk war inzwischen von mehreren Frauen gelobt worden. Von den Männern hatte kaum einer daran genippt. Typisch, dachte Lena, bei denen muss immer Alkohol im Spiel sein.

Beim großen Feuer hatten inzwischen die ersten Tänzerinnen und Tänzer die dicken Jacken abgestreift. Lena erkannte die Rhythmen aus *Orfeo Negro*. Chantal legte die Platten auf. Björn brachte derweil die kleine Véronique zu Bett, und das nahm eine Menge Zeit in Anspruch. Als er später aus dem Haus kam, brachte er eine Hand voll Zigarren mit, doch nur Gabriel, Hentschel und er selber wollten rauchen.

Angelika stand ein wenig abseits mit ihrem Punschglas. Sie schirmte mit der Hand die Augen gegen das Licht des Feuers ab und schaute zum Sternenhimmel hinauf. Plötzlich wusste Lena das Wort, das ihr zuerst nicht eingefallen war: schön! Angelikas Gesicht war schön.

Auf einmal nahm einer der Jungen aus dem Dorf Lena bei der Hand. „Komm schon!", bat er. „Oder willst du nicht tanzen?"

„I-i-i-ich kann doch gar nicht tanzen", stammelte Lena verwirrt. Doch da war sie schon hineingezogen in das Gequirle und Gewoge beim Feuer. Sie spürte, wie sich die Bewegungen der anderen auf sie übertrugen, das war fast wie ein gemeinsames Atmen. Nur dann oder wann fühlte sie die Hände des Jungen mit der Baskenmütze, dann war auf einmal Longus vor ihr, dann Lutz und dann Björn. Sie tanzte auch mit Esther und Chantal, und eigentlich tanzten sie alle miteinander. Als sie Annettes Stimme dicht an ihrem Ohr hörte, musste sie lachen.

„Macht's dir Spaß?", rief Annette.

Lena nickte nur. Sie schloss die Augen und bewegte sich ganz leicht zu den schwingenden Takten einer Handtrommel, dann röhrte ein Saxophon auf. Jemand nannte den Namen Gerry Mulligan, doch den hatte Lena noch nie gehört. Lena erfuhr ein Lebensgefühl, das ihr bis jetzt unbekannt gewesen war. Sie dachte an Lutz und an Longus, gab sich Mühe, die Gesichter der beiden aus der Vorstellung zu streichen, schaffte es aber nicht. Lutz tanzte mit Chantal, Longus war im Haus, um die nächste Platte auszusuchen, Gabriel hatte die Arme um Esther geschlungen. Eine junge Frau tanzte weltvergessen für sich allein am Rande des Feuerscheins. Hentschel brachte den Trinkern Nachschub.

Und danach hatte Lena den dringenden Wunsch, die Haflinger im Stall zu besuchen. Als ob sie auf diese Weise in dieser merkwürdigen Stunde eine Beziehung zum Pferdehof herstellen müsste: So kam ihr das vor.

Niemand schien es zu merken, dass Lena den Kreis der Feiernden verließ. Die Musik war im niedrigen Stall nur schwach zu vernehmen. Die kleinen Esel schauten von ihrem Strohlager auf, als Lena hereingeschlüpft kam. Sie erhoben sich aber nicht. Motte und Benno gaben mit leisem Schnauben zu verstehen, dass sie Lena erkannt hatten. Lena wühlte mit den Händen in den Mähnen der

Haflinger. Sie fühlte sich wohlig müde. Sie atmete den Geruch ein, der von den Pferden ausging. Ein Schaf blökte klagend im Schlaf.

Als Lena den Stall verließ, sah sie Longus im Dunkeln stehen. Er betrachtete intensiv den Sternenhimmel, der zu vibrieren und zu fließen schien.

„Hallo, Lena!", rief Longus leise. „Guck dir den Orion an! Mein Lieblingssternbild. Er war der griechischen Sage nach ein schöner Jüngling und ein gewaltiger Jäger, aber Artemis hat ihn getötet. So eine blöde Kuh! – Da – erkennst du ihn? Der Gürtel, das Schwert, die Schultersterne. Sogar vom Orionnebel ist was zu sehen."

Lena sagte: „Mein Lieblingssternbild ist die Große Bärin. Ich muss dann immer an Peterchens Mondfahrt denken. Sehr kitschig?"

„Aber wieso denn?" Longus sprach sehr ernst. „Warum sollen in unseren Träumen nicht die Märchengestalten herumspuken? Der Alltag ist doch so schrecklich vernünftig, dagegen müssen wir unsere Träume setzen, sonst werden wir meschugge. Wenn wir die Große Bärin anschauen wollen, müssen wir uns allerdings umdrehen."

„Weiß ich doch", sagte Lena. „Die ist im Norden, und wenn wir die Achse der hinteren Sterne fünfmal verlängern ..."

„... dann sehen wir den Polarstern."

Sie kicherten beide und schlenderten zum Feuer zurück, das zu dunkler Glut zusammengefallen war.

Lena erkannte die Musik: *The Soul Cage* von Sting. Manche der Tänzerinnen und Tänzer waren ein bisschen beschwipst, und alle bewegten sich nun ruhiger. Sie hatten einander die Hände auf die Schultern gelegt und einen großen Kreis gebildet. Lena und Longus reihten sich ein.

Später holte Chantal eine Gitarre aus dem Haus und sang französische Lieder: die Ballade von den Matrosen von Groix, das Lied vom Leuchtfeuer von Saint Malo und zum Schluss *Au clair de la lune*. Alle, die die Melodien und ein wenig vom Text kannten, sangen und summten mit. Gabriels Baßstimme dröhnte immer einen Viertelton zu tief.

Zeit zum Schlafengehen!

Die Leute aus dem Dorf zogen still davon.

Ansgar sagte: „Lasst das Feuerchen einfach ausbrennen. Es geht kein Wind. Da kann nichts passieren. Wir helfen dann alle beim Aufräumen und Spülen und so. Ehrensache. Aber jetzt brauche ich erst mal 'ne Mütze Schlaf."

Angelika hatte sich auf dem Matratzenlager bei Annette und Lena einen Schlafplatz gesucht. Sie atmete nun ruhig, als Lena als Letzte in den Schlafsack kroch. Aus den anderen Zimmern waren noch eine Weile Geräusche zu hören, dann wurde es still im Hexenhaus.

Lena beugte sich zu Angelika hinüber und betrachtete sekundenlang ihr Gesicht im fahlen Sternenlicht. Sie dachte: Dass sie Schauspielerin ist! Ich weiß so wenig über diese Frau. Hoffentlich sehe ich sie im nächsten Jahr wieder.

„Leg dich endlich hin!", wisperte Annette.

Lena hatte noch eine von Chantals Melodien im Kopf, die nahm sie mit in ihren Schlaf.

Wieder daheim!

Ach, diese heiter-traurigen Abschiede, bei denen einem zum Lachen und Tränenzerdrücken ist! Vorbei das Fest, vorbei die Stunden mit den neuen Freunden, vorbei die Zeit im Hexenhaus. Und während es irgendwo ums Herz herum noch wehtut, weil das Erlebte so stark nachklingt, flattern die Schmetterlinge schon wieder aufgeregt im Magen herum, weil es heimwärts geht.

Jedenfalls empfand Lena das an diesem Morgen so, als sie mit Annette und Lutz auf den Kutschbock kletterte. Beim Frühstück waren alle ziemlich schweigsam gewesen und hatten reichlich zerknittert ausgeschaut. Kunststück nach solch einer Nacht! Aber Björns starker Kaffee weckte die Lebensgeister allmählich. Ansgar war auch gekommen und hatte knusprige Brötchen mitgebracht.

Dann war nervöse Aufbruchstimmung ausgebrochen, die steckte an, die machte alle hastig und etwas albern. Véronique spürte das und plärrte. Lutz hatte schon früh die Haflinger versorgt und angeschirrt. Obwohl es keinen wirklichen Grund gab, hatte er die Mädchen zur Eile angetrieben.

Lutz knallte kunstvoll mit der Peitsche. „Los, Motte! He, Benno! Auf geht's!" Als die Pferde sich ins Geschirr legten und den Planwagen zum Rollen brachten, stieg

Lutz auf die Sitzbank und drehte sich noch einmal den Freunden zu. „Wir sehen uns wieder! Freunde, wir sehen uns wieder!"

Annette und Lena winkten, doch sie schauten sich nicht um. Der Kloß im Hals machte die Stimme fremd. „Lebt wohl! Lebt wohl!"

Und bis zum Waldrand klangen ihnen die Rufe nach von Björn und Chantal, von Angelika, Esther und Gabriel, von Ansgar und vom langen, langen Longus.

Véroniques Stimmchen war längst nicht mehr zu hören. Die Pferde gewannen offensichtlich Gefallen an ihrem flotten Tempo. Lutz musste sie energisch zurückhalten auf dem abschüssigen Waldweg. Holzarbeiter schauten dem Fuhrwerk nach und riefen ihnen allerlei Blödsinn zu. Nach der klaren Nacht war Dunst aufgekommen. Die Temperatur stieg merklich. Die Schneeflächen schienen zu schrumpfen und wirkten im schräg einfallenden Licht beinahe blau. Lutz pfiff das Lied von den Matrosen von Groix. Den Kehrreim schmetterte er mehr laut als schön: „Mon traderi tra, tralala! Mon traderi tra lanlère ..."

In das Gesinge und Gepfeife hinein fragte Annette: „Mal ganz ehrlich, Lena, hat sich die Reise gelohnt?"

Lena lächelte, sie überlegte einen Augenblick. „Die Reise ist ja noch nicht zu Ende", sagte sie, „wir sind noch nicht wieder zu Hause." Aber das war nicht ganz richtig so. Lena legte der Freundin die Hand auf den Arm. „Und ob die Reise sich gelohnt hat! Ich werde das alles nicht vergessen."

„Ich auch nicht", antwortete Annette leise.

Lutz hatte für die Heimfahrt eine andere Route ausgesucht. Nördlich von Bad Iburg fuhren sie unterhalb des Dörenbergs auf Lienen zu. Dunkelgrauer Matsch spritzte, wenn Autos überholten. Die Beine der Pferde glänzten nass und schwarz. Ein Hof im Kattenvenn war das Tagesziel.

Die Leute vom Sägewerk waren mit den Schulze-Gehlings zwar nicht verwandt, doch es gab anscheinend starke familiäre Bindungen: Lutz und Annette duzten sich mit den Großeltern, Eltern und Kindern der Familie Averesch. Es gab wohl fünf Kinder. Lena überschaute das Gequirle der fröhlichen Schar nicht ganz. Hatte Lutz den van Oyes auf der Hinfahrt nicht auch einen Besuch auf der Rückreise zugesagt?, überlegte sie zwischendurch, vergaß es dann aber wieder, wie auch Lutz das Versprechen wohl vergessen hatte. Oder war das nur eine Floskel gewesen, die nicht ernst gemeint war?

Beim Abendbrot und beim allgemeinen Geplauder war Lena nicht bei der Sache. Alles ging ihr nun nicht schnell genug. Sie brannte darauf, nach Hause zu kommen. Auf einer ausziehbaren Couch in einem kühlen Büroraum schlief sie neben Annette, wälzte sich unruhig, träumte auch von bissigen Zwergeseln und sturmzerzausten Wäldern und kam erst gegen Morgen wirklich zur Ruhe.

„Das war der letzte Schlaf in diesem Jahr!", kreischte Annette, als sie Lena aufweckte. „Weißt du nicht, was für einen Tag wir haben?"

Die verdutzte Lena wusste zunächst nicht einmal, wo sie sich befand. Doch dann begriff sie. „Silvester!"

„Ja, du Schlafwagen! Silvester ist heute. Schnupper mal! Riechst du auch Spiegeleier und Speck? Raus aus der Schlafkoje, Lena! Bald sind wir zu Hause."

Johlend begleiteten die Kinder vom Sägewerk die trabenden Haflinger bis zur Landstraße.

„Und bestellt zu Hause gute Wünsche zum neuen Jahr!", rief Frau Averesch dem Wagen nach.

„Machen wir!", schrie Lutz gegen den Lärm der Kinder an. „Und Dank für die Gastfreundschaft!"

Bald erreichten sie Landschaften, die ihnen vertraut waren. Die Pferde spürten das und Annette und Lena erst recht. Lutz machte altkluge Bemerkungen über die Aufgeregtheit der Mädchen, doch die tuschelten unbeeindruckt weiter. Lena hatte sich auf der Heimfahrt ganz bewusst auf den rechten Außenplatz gesetzt, obwohl sie sich über den Grund dafür nicht recht klar war. Sie ahnte jedoch, dass es mit ihr selbst zu tun hatte und nicht mit Lutz. Entspannt lauschte sie dem Klappern der Hufe und dem Summen der Wagenräder auf der nassen Straße.

„Gutes Stündchen noch", sagte Lutz.

Annette zeigte zu den Wespenbussarden hoch, die auf einer Pappel thronten. „Das ist das Begrüßungskomitee!"

Am frühen Nachmittag erreichten sie den Pferdehof. Die hölzernen Pferdeköpfe am Hausgiebel schienen zu wiehern – jedenfalls empfand Lena das so. Heimzukommen: So stark hatte sie das vorher nie erlebt.

Als die Räder auf dem Kies knirschten, sprang die Haustür auf. Pitt und Ronja kamen gleichzeitig die Stufen heruntergepurzelt. Die Wuschelhündin überschlug sich fast vor Freude. Dann erschien auch Hanna unter der Tür und winkte.

„Hallooo!", brüllte Pitt. „Habt ihr mir was mitgebracht?"

Annette und Lena schauten sich betreten an. Daran hatten sie wirklich nicht gedacht. Aber Lutz wusste Rat. Er klopfte auf die Klappe der Sitzbank. Im Kasten waren doch noch die Butterbrote, die Mutter Averesch geschmiert hatte. Pitt und Ronja freuten sich über die zusätzliche Mahlzeit.

„Die habt ihr extra für mich mitgebracht?", fragte Pitt freudig erregt. „Alle diese Butterbrote? Mensch, mit Schinken und mit meiner Lieblingsleberwurst! Danke!"

Die Haflinger hielten an. Sie wippten mit den Köpfen, ihre Nüstern dampften. Hanna streichelte ihre Flanken und nahm ihre zärtlichen Nasenstüber entgegen.

„Wie war die Reise?", fragte Hanna.

„Gut!", riefen Lutz und Annette und Lena zugleich.

„Ich hab euch so viel zu erzählen!", fügte Lena hinzu, als sie vom Bock gesprungen war und der Mutter einen Kuss auf die Backe drückte. Spontan wollte sie auch Pitt küssen, doch der ergriff entsetzt die Flucht. Ronja konnte sich nicht recht entscheiden, ob sie noch weiteres Begrüßungsgehopse vollführen oder besser zu Pitt mit den Butterbroten laufen sollte.

„Wirklich, es war eine gute Reise", sagte Lutz zu Hanna. „Wir hatten schöne Tage bei guten Freunden. Was will man mehr?"

„Das ist sehr viel", entgegnete Hanna ernst.

„Und wie war's hier bei euch?", wollte Lena wissen.

„Wie immer", sagte Hanna. „Aber du hast uns natürlich gefehlt. Und ehe du weiterfragst: Raja ist gesund und munter. Xerxes und Mux hatten zweimal Streit. Sturmwind ist auf Sparration gesetzt worden, weil der Bursche nach Tewes' Meinung zu fett geworden ist. Ach ja, deinem Vater geht es auch gut, falls dich das interessiert. Da kommt er gerade."

Gregor hatte die letzten Sätze gehört. Zusammen mit Ioannis transportierte er mit einer Schubkarre Kaminholz von der Scheune zum Wohnhaus. „Typisch!" Er lachte laut. „Erst wird über das Befinden der Tiere schwadroniert, und dann verliert man so nebenher auch mal ein Wort über den ollen Vater. Na, ich bin's ja gewöhnt. Hallo, Lutz! Hallo, Annette! Wie mein trübes Auge feststellt, sind alle Beteiligten wohlbehalten heimgekehrt. Prima! Wollen wir ins Haus gehen?"

Lutz und Annette hatten es aber eilig, zum Hof von Schulze-Gehling zu kommen, und darum waren sie dankbar, dass Hanna sofort den Volvo aus der Scheune holte. Während Lutz noch mit Gregor über die Stationen der Fahrt sprach, luden Lena und Annette schon das Gepäck vom Planwagen und verstauten die Reisetaschen von Lutz und Annette auf der Ladefläche des Volvo.

„Zum Erzählen haben wir noch 'ne Menge Zeit", sagte Annette zu Hanna. „Die Ferien sind ja noch nicht zu Ende. Und jetzt freue ich mich auf unseren Hof. Und besonders auf Odin!"

„Darf ich die Haflinger ausspannen?", fragte Ioannis.

„He, ich helfe mit!", schrie Pitt mit vollem Mund.

„Aber vorsichtig!", mahnte Gregor.

„Und reibt die Pferde gut trocken!", erinnerte Hanna.

„Das wissen wir doch alles", erklärte Pitt. „Wir sind ja schließlich keine Kinder mehr. Wir sind Spezialisten."

„Genau", bestätigte Ioannis, „wir sind Spezialisten."

„Das hab ich doch schon mal irgendwann gehört", murmelte Gregor. „Hatte das nicht mit einem beleuchteten Weihnachtsbaum zu tun?" Er nahm Lenas Tasche und den Schlafsack auf. „Ich trage die Sachen rein, ja? Ich weiß doch, wohin du jetzt erst mal ganz dringend laufen musst."

„Aufs Klo?", fragte Pitt.

„Käsekopp!" Lena tippte sich an die Stirn. „Zu Raja natürlich."

„Sehen wir uns morgen?", fragte Annette.

„Logo." Lena klatschte die Handflächen gegen die Handflächen der Freundin. „Dann müssen wir uns doch ein gutes neues Jahr wünschen – und ganz viel erzählen."

„Tschüss zusammen!", rief Lutz aus dem Seitenfenster.

Lena winkte dem Volvo nach. Eigentlich wollte sie sich bei Lutz bedanken, doch auf einmal fühlte sie sich unsicher. Wahrscheinlich weiß Lutz doch auch so, dachte sie, dass er mir mit dieser Reise eine große Freude bereitet hat.

Und dann rannte Lena zum Pferdestall und schlang die Arme um Rajas Hals und lachte unter Tränen. „Raja, gute alte Raja, ich bin wieder bei dir! Frag mich nicht, warum ich heule, hörst du? Ich weiß es nämlich selber nicht."

Sie hatte der alten Stute so viel zu erzählen: von den neuen Freunden, von ihren Gesprächen und Erfahrungen, von der Reise und vom Hexenhaus. Lena flüsterte: „Ich denke jetzt über viele Dinge schärfer und genauer. Ich habe viele Gedanken der Freunde in meine eigenen Gedanken aufgenommen. Ich bin ein bisschen älter geworden. Verstehst du das, Raja?"

Raja schnaubte leise und zeigte die Zähne. Dass dies Lachen bedeutete, wusste nur Lena. Und Lena verstand auch, was Raja ihr mitteilen wollte: Hör mal, Lena, ich wär für einen kleinen Ausritt. Was hältst du davon?

„Ja", sagte Lena, „wir machen jetzt zusammen einen kleinen Ausritt. Und unterwegs erzähle ich dir die ganze Geschichte von meiner Winterreise."

Britta reitet für ihr Leben gern. Zuerst ist es das freche Pony
Lillemann ihrer Freundin Eva Lena, mit dem sie spannende
Abenteuer erlebt. Eines Tages geht Brittas größter Wunsch
in Erfüllung: Sie bekommt von ihren Eltern das wunder-
schöne Welshpony Silber geschenkt. Von nun an sind die
beiden unzertrennlich. Britta bildet ihr Pony selbst aus,
und schließlich darf sie mit Silber sogar an einem
wichtigen Turnier teilnehmen ...

Edgar Wallace
jagt das Phantom
Raymond M. Sheridan

Schneider Buch

„Geben Sie auf, Scorpio!", ruft Edgar Wallace. Aber
Scorpio, das Phantom, lacht nur spöttisch. Wird es dem
berühmten Krimi-Autor mit Hilfe seiner drei jungen
Freunde gelingen, den gerissenen Phantommörder zu
fassen?

Nach vielen Jahren kehrt ein Mann in seine Heimatstadt
zurück. Er will Rache nehmen, Blutrache! Edgar Wallace
und die 3 vom Dock Hurricane kommen ihm auf die Spur
und geraten dabei in Todesgefahr.

 Schneider
Buch

Meine beste
Freundin
Gitta von Cetto

Schneider
Buch

Camping am Mittelmeer – für die Zwillinge Karl und
Karoline wird das zum Erlebnis. Dort lernen sie Mike
kennen, der Zoff mit seinen Eltern hat. Werden die
Zwillinge Mike helfen können?

Als Nicole erfährt, dass sie ihre Ferien auf dem Land
verbringen soll, ist sie zunächst entsetzt. Aber schon bald
findet sie dort echte Freunde, mit denen sie so manches
Abenteuer besteht.

Freundschaft dauert ein Leben lang – das hat Jette immer
geglaubt. Mit ihrer besten Freundin Ruth verbringt sie jede
freie Minute, und die beiden sind unzertrennlich. Doch
dann ist plötzlich alles anders ...

Schneider
Buch

Ein Herz voll
Liebe

Claus Bela · Marie Brückner

Schneider
Buch

Phil liebt Pferde, Mädchen und vor allem sich selbst. Als
Maria sich in den gut aussehenden Jungen verliebt, ist sie
zunächst skeptisch. Kann man so einem Macho vertrauen?
Und tatsächlich dauert es eine ganze Weile, bis die beiden
sich näher kommen ...

Beate kommt sich wie ein Mauerblümchen vor. Warum
kann sie nicht so sein wie ihre große Schwester Corinna,
die immer alle Herzen im Sturm erobert? Als sie den
charmanten Philipp kennen lernt, beschließt sie, ihr Leben
in die Hand zu nehmen.

Schneider
Buch